高等职业教育创新创业系列教材

创新与创业教育

主　编　高美兰　白树全
参　编　丁振波　夏凤奕
主　审　段建平

机械工业出版社

本书着眼于当前高职毕业生的创新创业环境、就业形势，广泛借鉴国内外专家学者创新创业研究的学术成果，吸收各行业创新创业者的成功经验和失败教训，以"大众创新，万众创业"的社会呼唤为背景，全面系统地介绍了创新创业的基本知识。内容分为创新篇和创业篇，创新篇包括创新教育、创新思维、创新技法；创业篇包括创业教育、创业能力、创业资源。

本书由具有丰富创业经验的企业家和具有多年教学经历的高校教师联合编写，既有来自实践的经验、感悟，又有来自高校的教学提炼，既有理论概述，又有案例讲解，融思维创新、技法训练、创业实战于一体，文字叙述简洁，注重与创新创业实际紧密联系，具有较高的参考价值。本书可供高职高专、中职学校、成人高校和技师学院选用，也可作为普及性出版物参考使用。

本书配有电子课件，凡选用本书作为教材的教师，可登录机械工业出版社教育服务网（www.cmpedu.com）下载。咨询电话：010-88379375。

图书在版编目（CIP）数据

创新与创业教育／高美兰，白树全主编．—北京：机械工业出版社，2018.3（2021.6 重印）
高等职业教育创新创业系列教材
ISBN 978-7-111-59268-6

Ⅰ.①创… Ⅱ.①高… ②白… Ⅲ.①创造教育-高等职业教育-教材 Ⅳ.①G718.5

中国版本图书馆 CIP 数据核字（2018）第 035449 号

机械工业出版社（北京市百万庄大街22号 邮政编码100037）
策划编辑：杨晓昱　　责任编辑：杨晓昱
版式设计：张文贵　　责任校对：姚　琴
责任印制：常天培
固安县铭成印刷有限公司印刷
2021年6月第1版第2次印刷
184mm×260mm・13印张・254千字
标准书号：ISBN 978-7-111-59268-6
定价：45.00元

电话服务　　　　　　网络服务
客服电话：010-88361066　机　工　官　网：www.cmpbook.com
　　　　　010-88379833　机　工　官　博：weibo.com/cmp1952
　　　　　010-68326294　金　书　网：www.golden-book.com
封底无防伪标均为盗版　机工教育服务网：www.cmpedu.com

Preface 前言

创新是创业之基，创业是民生之本和就业之源。《国家中长期教育改革与发展规划纲要（2010—2020年》中明确指出，要大力推进高等学校创新创业教育工作。《关于深化高等学校创新创业教育改革的实施意见》（国办发〔2015〕36号）、《教育部关于大力推进高等学校创新创业教育和大学生自主创业工作的意见》（教办〔2010〕3号）和《国家"十二五"规划纲要》均提出，"在高等学校开展创新创业教育，积极鼓励高校学生自主创业，是教育系统深入学习实践科学发展观，服务于创新型国家建设的重大战略举措；是深化高等教育教学改革，培养学生创新精神和实践能力的重要途径；是落实以创业带动就业，促进高校毕业生充分就业的重要措施。""要加强大学生的创新创业教育，调动创新创业教师参与教学改革和开展教学研究的积极性，提升创新创业课程教学质量，建设优质教育资源共享体系，提高创新创业课程教学水平和人才培养质量，有利于培养学生的创新精神、创业意识和提高创新创业能力，促进创新与创业理论发展和实践经验融入课堂教学。"

习近平总书记指出："青年是国家和民族的希望，创新是社会进步的灵魂，创业是推动经济社会发展、改善民生的重要途径。""全社会都要重视和支持青年创新创业，提供更有利的条件，搭建更广阔的舞台，让广大青年在创新创业中焕发出更加夺目的青春光彩。"李克强总理也指出："大学生要有双创精神，在校学习既要致力于创新，到社会上工作也要敢于创业。"

以"大众创新，万众创业"的社会呼唤为背景，开展创新创业教育，是服务于创新型国家建设的重要举措，是深化高等教育教学改革，培养学生创新创业精神和实践能力的重要途径。创新创业教育是适应经济社会和国家发展战略需要而产生的一种教学理念与模式，以转变教育思想、更新教育观念为先导，面向全体学生，融入人才培养全过程。在专业教育基础上，以提升学生的社会责任感、创新精神、创新意识和创新能力为核心，以改革人才培养模式和课程体系为重点，大力推进高等学校创新创业教育工作，不断提高人才培养质量。

本书由具有丰富创业经验的企业家和具有多年教学经历的高校教师联合编写,既有来自实践的经验、感悟,又有来自高校的教学提炼,既有理论概述,又有案例讲解,融思维创新、技法训练、创业实战于一体,文字叙述简洁,注重与创新创业实际紧密联系,具有较高的参考价值。

本书由包头职业技术学院高美兰和白树全担任主编,丁振波、夏凤奕参加编写,内蒙古超维度科技有限公司段建平担任主审。其中:高美兰编写项目1、项目3,白树全编写项目2,夏凤奕编写项目4,项目5由丁振波和夏凤奕共同编写,丁振波编写项目6。本书的编写参考了有关文献资料,在此对原作者表示感谢。

编 者

Contents 目 录

前言

创新篇：培养"创新"之魂

项目1　创新教育 ·················· 2
 1.1　创新 // 2
  1.1.1　创新的概念 // 2
  1.1.2　创新的特点 // 6
  1.1.3　创新的种类 // 7
  1.1.4　创新的作用 // 10
 1.2　创新教育简述 // 11
  1.2.1　创新教育的内涵 // 11
  1.2.2　创新教育的定位 // 12
  1.2.3　创新人才的培养 // 14
 1.3　创新能力 // 23
  1.3.1　创新能力的概念 // 23
  1.3.2　创新能力的形成过程 // 25
  1.3.3　创新能力的开发 // 27
 1.4　综合训练 // 35

项目2　创新思维 ·················· 36
 2.1　创新思维简述 // 36
  2.1.1　创新思维的概念和特征 // 36
  2.1.2　创新思维的形成机制 // 40
 2.2　创新思维的方向和过程 // 43

  2.2.1　创新思维的方向 // 43
  2.2.2　创新思维的过程 // 51
 2.3　创新思维的障碍 // 53
  2.3.1　思维障碍的含义 // 53
  2.3.2　常见的思维障碍类型 // 59
 2.4　综合训练 // 65

项目3　创新技法 ·················· 72
 3.1　创新的原理和原则 // 72
  3.1.1　创新的原理 // 72
  3.1.2　创新的原则 // 74
 3.2　创新技法简述 // 76
  3.2.1　智力激励法 // 76
  3.2.2　奥斯本检核表法 // 83
  3.2.3　组合思考法 // 97
  3.2.4　列举分析法 // 104
  3.2.5　逆向思考法 // 112
  3.2.6　缺点逆用法 // 114
  3.2.7　还原分析法 // 116
  3.2.8　综摄法 // 117
 3.3　综合训练 // 121

创业篇：寻找"创业"之路

项目4　创业教育 ……………… 126
- 4.1　创业与创业教育 // 126
  - 4.1.1　创业的内涵 // 126
  - 4.1.2　创业的类型 // 127
  - 4.1.3　创业教育的内涵 // 136
- 4.2　创业环境与创业政策 // 139
  - 4.2.1　创业环境分析 // 139
  - 4.2.2　创业环境特征 // 142
  - 4.2.3　创业政策 // 144
- 4.3　树立正确的创业观 // 144
- 4.4　综合训练 // 147

项目5　创业能力 ……………… 148
- 5.1　培养创业意识 // 148
  - 5.1.1　创业意识的内涵 // 148
  - 5.1.2　创业意识的内容 // 149
- 5.2　构建创业心理品质 // 150
  - 5.2.1　创业心理品质的内涵与内容 // 150
  - 5.2.2　创业心理品质的影响因素 // 151
  - 5.2.3　创业心理品质的培养途径 // 153
- 5.3　锻炼创业能力 // 157
  - 5.3.1　创业能力的内涵 // 157
  - 5.3.2　创业者必备的创业能力 // 158
  - 5.3.3　创业能力的培养途径 // 163
- 5.4　综合训练 // 167

项目6　创业资源 ……………… 168
- 6.1　创业机会的发现 // 168
  - 6.1.1　创业机会的内涵与特征 // 169
  - 6.1.2　创业机会的来源 // 171
  - 6.1.3　机会窗口 // 173
  - 6.1.4　创业机会识别 // 174
- 6.2　创办企业的基础知识 // 176
  - 6.2.1　创办企业所需条件 // 177
  - 6.2.2　企业法人登记注册 // 178
  - 6.2.3　创业融资知识 // 179
- 6.3　创业管理的基础知识 // 182
  - 6.3.1　新企业的生存管理 // 182
  - 6.3.2　新企业成长的驱动因素 // 185
  - 6.3.3　新企业成长管理的技巧与策略 // 187
  - 6.3.4　新企业的风险控制和化解 // 189
- 6.4　创业营销策略的选择 // 192
  - 6.4.1　产品策略 // 192
  - 6.4.2　价格策略 // 193
  - 6.4.3　渠道策略 // 196
  - 6.4.4　促销策略 // 198
- 6.5　综合训练 // 201

参考文献 // 202

创新篇　培养"创新"之魂

21世纪是知识经济时代，知识经济的核心是创新。没有创新，人类社会就不可能有发展。创新，始于创意，成于创造，服务于创业。创意产生新的构思和设想，创造将创意转化为创新产物，创业则利用创新产物创立新的企业，成就新的事业。因此，高素质的技术技能型人才，应首先契合以改革创新为核心的时代精神的需要，培养创新能力，塑造创造性人格，提高创新创业能力，实现个人的全面可持续发展。

项目 1　创新教育

国际广告创意大师大卫·奥格威说："在生活中，只要你肯启动创造的灵感，善于把创意融入生活，崭新而美好的东西就会出现。"创新始于创意，成于创造，服务于创造。创新是打破常规的哲学，是破旧立新的创造，是跳出庐山之外的思路，是超越自我、超越常规的导引，是思维碰撞和智慧对接，它点燃创造激情之火。

1.1　创新

【案例引入】寓言：上帝为人间制造了一个怪结，被称为"高尔丁"死结，并承诺：谁能解开奇异的"高尔丁"死结，谁就能成为亚洲王。所有试图解开这个怪结的人都失败了，最后轮到亚历山大，他说："我要创建我自己的解法规则。"他抽出宝剑，将"高尔丁"死结劈为两半。于是他成了亚洲王。

【案例解析】这个寓言道出了"创新"的真谛。也许，创新本身就是一个怪结，但创新绝不是简单的模仿、重复、循规蹈矩。大多数人能够想到的称不上创新，创新必须是新奇的、惊人的、震撼的、实效的。"物以稀为贵"是事物不变的法则，死结看上去根本无法解开，那就只有采取超乎寻常的非凡手段。

1.1.1　创新的概念

1. 创新的来历

从词源来看，"创新"的英文 innovation 一词，源自拉丁语 innovatre，它有三层含义：更新、创造新的东西、改变。《现代汉语词典》对"创新"的解释是，抛开旧的，创造新的。

"创新"的概念首先由美籍奥地利经济学家熊彼特（1883—1950）在 1912 年出版的《经济发展理论》一书中提出。熊彼特从经济学的角度，认为所谓创新，就是企业家建立一种全新的生产函数，也就是说创新是企业家对生产要素的"新组合"。创新包括五个方面的内容。

（1）产品创新：引入一种新的产品或提供产品的新特征。即把科学技术引入生产领域，生产出市场需要的产品，比如莱特兄弟发明飞机就属于原创性创新。但原创性创新是很难的、少有的。现实中更多的是组合式创新，即提高一种产品的质量。如20世纪60年代，波音公司在波音737系列飞机基础上生产出波音747系列飞机，载客量从几十人增至几百人。

（2）工艺创新：采用一种新的生产方法。其目的是提高质量、降低成本，这也需要把科学技术引入生产领域。

（3）市场创新：开辟一个新的市场。

（4）资源开发利用创新：获得原材料或半制成品的新来源。

（5）体制和管理创新：实现任何一种新的产业组织方式或企业重组。例如，造就一种垄断地位，或打破一种垄断地位。

熊彼特创新观念的含义是相当广泛的，它包含了一切可提高资源配置效率的创新活动。熊彼特对创新观念的主要贡献是明确发明与创新的区别，并把创新看作是企业家的事。它认为创新不等于科学技术上的发明，而是把已有的发明运用于实际，形成一种新的生产力。

因此"创新"不是一个技术概念，而是一个经济概念，它严格区别于技术发明，而是把现成的技术革新引入经济组织，形成新的经济能力。

2. 狭义的创新概念

创新是指人类为了满足自身的需要，遵循已知的事物发展规律，突破常规的思维和技法，对事物的整体或部分进行变革和改进，从而获得新颖、有价值的新设想（方案）、新产品、新方法的活动。从上述定义可知以下几方面。

（1）创新的本质目的：满足人类自身的需要，包括物质、文化和精神需要，促进经济发展和社会进步，改善生产条件和生活质量。

（2）创新的主体：人类，即每个人（不只是发明家、科学家）。

（3）创新的客体：客观事物（包括人类自身）。

（4）创新的过程：不断拓展和改变对客观事物（包括人类自身）认知与行为的动态活动本身。

（5）创新的方法：突破常规的思维和技法。

（6）创新的关键：革新、改变、完善。

（7）创新的特点：得到先进性、新颖性和具有价值的创新成果。

（8）创新的结果：有物质产品，还有非物质的设想（方案）、方法。

创新是在前人基础上的一种超越，只要能在前人或他人已有成果上有新的发现，提出新的见解，开拓新的领域，解决新的问题，创造出新的事物，或者对既有成果进行有效的运用，都可以称为"创新"，它主要强调的是主体行为的结果。例如，科学创新、技术创新、管理创新、制度创新、企业创新乃至通过社会变革产生的社会体制上的创新等。

狭义创新与创造的主要区别如下：

（1）创造的特征是强调首创性（独创性）和新颖性，即从无到有，在这一点上，它类似于发明，其标志是具有法律意义的专利权；而创新强调优化、完善和价值性，扬弃"旧的"，创造"新的"，把"新的"付诸实施并取得更高的社会效益和经济价值。创新也强调"创"，但不一定是"首创"，可以是对既有事物进行"创"，使之更新、完善等。创新是一个经济学范畴的概念，必须有价值、收益。如果根据新的思想生产出新的产品，虽然很新颖，若不能应用，没有收益，就可以说是创造，但不是严格意义上的创新。创新更侧重于将创造的结果在生产、商业、教育、文化等领域的实现。

（2）创造要求是"开创性"的"新"，是事物的"质变"，在水平、层次上更高；而创新所强调的"新"，在水平、层次上较低，是事物的"转型"，本质上并不发生改变。例如，我们提出的教育体制创新，就是指教育体制由一种类型转变为另一种类型，其社会主义教育的本质不变。又如，由计划经济体制转变为市场经济体制，就是一种创新，在这种情形下，就不宜使用"创造"一词。相比较有"新意"、有"新的进展"即是创新。

（3）创造既有促进社会发展的积极创造，也有阻碍社会发展的消极创造，而创新必须是促进社会发展的积极创造。如计算机的发展是积极创造，而计算机算命、计算机病毒则是消极创造；核科学和技术的发展是积极创造，而核武器的发展是消极创造；生物和化学科学的发展是积极创造，而生化武器、毒品提炼技术则是消极创造。但是创新则不同，它是指有积极意义的创造，没有人会将伪科学或假冒伪劣称为创新。

案例1-1 何谓创新

某公司的四个车间在通过很多方法提高劳动生产率，但当提高到一个临界点时，再想提高就非常难了。关于怎么进一步提高劳动生产率，有人给出了个主意，从四个车间的员工构成上着手。经过分析他们发现，第一个车间都是男孩，就加进去几个女孩，结果效率提高了。这叫男女搭配，工作不累。第二个车间都是年轻人，就加进去几个中老年人，他们老成持重，结果效率提高了。第三个车间都是中老年人，就加了几个年轻人进去，有新鲜活力，结果效率也得到了提高。那么第四个车间呢？老的、少的、男的、女的都有，怎么提高效率？经过分析发现，这个车间都是本地人，于是就加了几个外地人进去，大家都比着干，效率也提高了。人数还是这么多，只把结构变换一下，劳动生产率都得到了提高，这叫创新吗？

案例1-2　便利贴的发明

据调查统计，在全球范围内，便利贴每年有十多亿美元的市场，而九成多的市场份额被3M公司出品的便利贴占据。3M公司也是便利贴的发明和推广公司，便利贴的发明要得益于该公司的两位员工亚瑟·弗莱和史宾塞·席佛。

20世纪70年代时，弗莱是3M公司产品开发部的一位化学工程师，业余时间喜欢唱歌。他有一本厚厚的歌本，为了便于查找曲目，他习惯在歌本里夹张小纸条做记号。但小纸条经常会在不知不觉中从书里掉出来，导致他在寻找曲目时要花费一些时间，有时会影响他唱歌时的心情。一次，他产生了一个想法：要是有种很容易粘住、又很容易扯下来的纸条，那就方便多了！然后弗莱想起了同事席佛几年前发明的一种特殊的黏合剂。

席佛是3M公司的一名研究员，1968年的一天，他随意调配了一些原料来做实验，得到了一种新的黏合剂。这种黏合剂黏性一般，但聚合性强。用一张纸按住它再拿开，它要么被纸全部粘走，要么全部留在原来的地方，不会分开。席佛对这个新发现，非常兴奋，但同事们认为黏合剂自然是黏性越大越好，这种似粘非粘的东西显然就是失败的产物，根本无法开发成产品。公司方面对席佛的研究成果也没表示出多大的兴趣，这项新发明就这么搁置起来了。

要是在小纸条上配上席佛发明的那种似粘非粘的黏合剂，是不是就能做出易粘好撕的贴纸了呢？弗莱决定从这个想法入手，开发一种全新的产品。1977年，便利贴作为一种成熟的产品被推向了市场，但由于当时用户习惯没有培养起来，市场反响平平。1978年，3M公司的营销人员大范围赠送试用装给上班族们，大多数人用过之后都觉得便利贴比较有用，会掏钱购买。就这样，便利贴逐渐推广到全美及世界各地，成了必不可少的一种办公用品。

如今，便利贴从最初的黄色、方形衍生出来更多的颜色和形状，从单一的追求实用发展到实用性和艺术性相结合。便利贴也走出了办公室，扩展了使用范围，用途变得五花八门。比如，一些咖啡馆专门开辟出一面便利贴墙，供顾客写下心情寄语贴在墙上，满足顾客的情感诉求的同时也提高了顾客的忠诚度。

2014年，3M公司开发出了Post-it Plus软件，成功地将便利贴由线下产品变成了线上产品。用户用手机摄像头对准贴纸墙，可以一次将五十张便利贴扫描到手机，并可以在手机上自由组合、排列这些便利贴，并分享给好友。

3. 广义的创新概念

广义的创新既包括狭义的创新，又包括创造、发明、发现，是一个以独创和革新有机结合的复合概念。从外延来说，它既包括纯理论的发明与建构、新事物的创制与改良、新技术的发明与革新，又包括新制度、新体制、新的经营与管理的首创与改革，还包括概念的创新，方法、谋略的创新，文学、艺术、竞技体育创新等。

当今我国提出建设创新型国家的战略，强调走自主创新之路。自主创新有三个方面的含义：①要加强原始创新，要在各个生产领域内努力获得更多的科学发现和重大技术发明。②要突出加强集成创新，使各相关技术成果融合汇集，形成具有市场竞争力的产品和产业。③要在广泛吸收全球科学成果，积极引进国外先进技术的基础上，充分进行消化吸收和再创新。可见，自主创新的概念就是广义的创新。

案例 1-3　日本的创新史

20世纪90年代前，日本走的是引进、消化、吸收、革新的路子，使日本在第二次世界大战后仅用了三四十年的时间就成为世界第二经济大国。然而进入20世纪90年代以来，日本经济连年出现零增长甚至负增长，这与美国连续多年保持高速增长形成鲜明对照。经过反思，日本人认识到，依靠技术革新的路子发展经济必受制于人，与美国相比，日本致命的弱点是独创力的贫乏。日本许多有识之士大声呼吁："独创是国家兴衰之关键。"日本政府于1995年制定了《科学技术基本法》，使科学技术创造立国的战略方针得到法律上的保障。该基本法明确指出，今后必须向未知的科学技术领域挑战，最大限度地发挥创造性。为了开拓光明的未来，必须开发有独创性的科学技术，并以此创出新产业。

1.1.2　创新的特点

创新的最主要特点是先进性、新颖性和价值性。

1. 先进性

先进性从科学技术角度看，是指发明创新比传统的、他人的或同类的水平高，更理想、更进步。发明创新结果在结构、操作、材料、形状、功能、效益等方面更好、更简单、更经济、更省力、更节能等。例如，一般焊接电子管器件的电烙铁，由于温度逐渐升高，用它来焊接电子管有可能烧坏管子。在普通电烙铁的前端安装上一个双金属片温度调节装置制作成恒温电烙铁，就解决了上述问题。这种电烙铁虽然在用途、性能上与一般电烙铁类似，但它在功能上却先进很多。

2. 新颖性

新颖性既包括在形态、构造、材料、操作等方面的精巧别致，出奇制胜，又包括在时间和速度上比别人优越。谁出得快、用得早，谁的价值就更高。发明创新是尚未被人发现的、尚未公开的、前所未有的和与众不同的新颖创造。

新颖性包括三个层次：①世界新颖性或绝对新颖性。例如，计算机、电灯、卫星、原子弹、氢弹的发明。②局部新颖性。例如，液晶电视、大屏幕电视、袖珍词典等。③主观新颖性，即只是对创造者个人来说是前所未有。例如，自制的果汁饮料、自己酿制的酒、自己制订的计划等。

3. 价值性

发明创新可提高人类的生存能力、生活质量或工作效率。这个特点与新颖性密切相关，全局新颖性的价值层次更高，局部新颖性次之，主观新颖性再次之。

另外，创新还具有艰巨性、高风险、高回报性等特点。

1.1.3 创新的种类

创新包括观念创新（思维创新）、技术创新、产品服务创新、管理创新、组织与制度创新、营销创新，以及文化创新。

1. 观念创新（思维创新）

观念创新（思维创新）是一切创新的源泉，包括市场观念、资本观念、知识观念等创新。在人类发展的历史上，凡是繁荣强盛的社会，都是人的观念飞跃的时候。例如，我国春秋战国时期，当时人们的思想很活跃，观念的更新带来了技术、制度的创新，由分散、混战形成了统一的国家，还有文字的统一、货币的统一、交通工具的统一，奠定了之后中华民族两千年的发展基础。又如，14~16世纪欧洲的文艺复兴，带来了牛顿、伽利略这些科学家的创新发现，为欧洲的产业革命奠定了基础，促进了欧洲的发展。

2. 技术创新

技术创新是指企业运用创新的知识和新技术、新工艺，采用新的生产方式和经营管理模式，来提高产品质量，开发生产新的产品，提供新的服务，占据市场，并实现市场价值，从而提升企业的核心竞争力。

技术创新的特点包括以下三个方面。

（1）综合性。技术创新是一个系统工程，不是某一项单独的技术过程，它是技术和经济以及教育文化等相结合的综合性活动。它包括技术能力、决策能力、生产能力和市场开发能力有效结合的综合能力。

（2）市场跟技术创新是紧密连接的。技术创新的主要动力来自市场需求的拉动，又以市场应用的成功作为它的实现目标和标志。市场从两方面来影响技术创新，一方面是创新的原因，即为了满足市场需求，另一方面是创新的市场表现。市场创新的结果是发展市场，在市场上得到实现。所以，市场跟技术创新是紧密连接的。

（3）高投入性：技术创新一般都要求有较大的投入，否则就难以取得预期的效果。2016年中国研发经费投入总量为15676.7亿元，比上年增长10.6%，总量保持在世界第二位。引导全社会加大对研发的投入，是落实创新驱动发展战略的重要基础，也是2020年我国进入创新型国家行列的关键因素。

3. 产品服务创新

产品服务创新是指企业在改进产品的性能或完善售后服务方面的创新。例如，手机在短短的几年时间已从模拟机、数字机、可视数字机发展到可以上网的手机。2005年格兰仕空调研发中心经过两年多时间对数万名消费者的市场调研发现，色彩可以为产品、品牌的信息传播扩展40%的受众，产品知名度显著提高。在不增加成本的基础上，成功的色彩能使空调增加15%~30%的附加值。于是该公司全力研发并推广深海蓝、浅紫灰、铁锈红、浅香橙、暗红、金棕色以及沼泽绿等色彩空调，让消费者的有限投入可得到更多的视觉享受。

4. 管理创新

管理创新是指基于新的管理思想、管理原则和管理方法，改变企业的管理流程、业务运作流程和组织形式。企业的管理流程主要包括战略规划、资本预算、项目管理、绩效评估、内部沟通、知识管理。企业的业务运作流程有产品开发、生产、后勤、采购和客户服务等。组织形式包括管理对象、管理机构、管理信息系统、管理方法等。通过管理创新，企业可以解决主要的管理问题，降低成本和费用，提高效率，增加客户满意度和忠诚度。20世纪50年代，美国管理学家彼得·德鲁克第一次把创新引入管理领域，他认为创新就是赋予资源以新的创造财富能力的行为。目前，企业管理从全面质量管理、柔性管理、知识管理、创新管理、文化管理到战略管理，企业流程再造、企业资源计划、综合平衡计分表、企业形象识别、知识资本管理等新的管理方法不断涌现。

案例1-4　台湾健生工厂的"颜色管理"

颜色管理，就是用颜色显示的办法掌握生产经营活动情况，以指挥生产。在生产管理上，台湾健生工厂对完工进度状况用不同颜色表示，绿灯表示"准时交货"，蓝灯表示"迟延但完工"，黄灯表示"迟延一日"，红灯表示"迟延两日"，双红灯表示"迟延三日以上"。

在费用管理上，即把费用开支与标准比较，用不同颜色显示其差异程度。财务分析之收益、偿还、经营能力、增长率和生产率，依优劣以不同颜色显示。

在开会管理上，即准时参加会议者为绿色灯，迟到五分钟者为蓝灯，迟到五分钟以上者为黄灯，无故未到者为红灯。得蓝、黄、红灯者给予不同的罚款。

案例 1-5　日立公司的危机感管理法

1974年在石油危机的冲击下，日立公司和其他公司一样，在经济上遭受很大损失，在这种情况下，日立公司采用了由"激将法"和"救灾式管理法"构成的危机管理法。

首先，他们施用"激将法"，让工人们暂时回家待命。对公司来说，这样也不会有多大的节约。但日立公司认为，在生产任务不足的情况下，与其让全体工人在工厂里拖拖拉拉地只干70%~80%的活，还不如让大部分工人回家待命，这样更有利于保持工人饱满的劳动热情。同时，离厂回家待命能使工人有一定的危机感，有利于刺激工人产生紧迫感。其次，按"救灾式管理法"调整管理人员的工资。1975年1月，日立公司对4000名管理人员实行了消减工资的措施。其中董事长、总经理、副总经理减薪15%，高级管理者、理事减薪10%，参赞、参事、参事助理减薪7%，副参事减薪5%，从而加深了管理人员的危机感。1975年4月，日立公司又将新录用的工人上班日期推迟了20天，促使新工人从一开始就产生紧迫感并让其他老工人产生危机感。由于采取了这些措施，有力地促进了工人奋发努力，公司的恢复情况比其他公司好。

5. 组织与制度创新

组织与制度创新是指企业环境或个人环境方面的创新，其中包括企业内部微观环境和社会外部宏观环境两个方面的创新。企业内部微观环境方面的创新包括以下三个方面。

(1) 以组织结构为重点的变革和创新，如重新划分或合并部门，流程改造，改变岗位及岗位职责，调整管理幅度。

(2) 以人为重点的变革和创新，即改变员工的观念和态度，知识的变革、态度的变革、个人行为乃至整个群体行为的变革。如有的企业制定了鼓励管理人员、员工提出合理化建议的制度；有的企业制定了创新性设想开发制度；有的企业积极组织和实施智力激励活动，利用创新技法收集各种创新性设想；有的企业建立闲谈式"沙龙"，让员工们相互激发创新性设想；有的企业制定了旨在激励参与创新活动的创新性设想奖励制度（如创新奖）等。

(3) 以任务和技术为重点的变革和创新，即任务重新组合分配，更新设备、技术创新，达到组织创新的目的，如收益核算制度等创新。

社会外部宏观环境的创新，主要是指社会管理制度的创新，即国家创新体系。如各个城市都设立了鼓励、支持创新创业的开发区、科技园、孵化园、创业中心，对应这些都有各种优惠政策和便利服务，使创新成果尽快产业化。同时，一些地区或单位还专门举办创新培训、创新比赛、发明展览与评奖等活动，使群众性的创新活动能持续发展。

6. 营销创新

营销创新是指为取得最大化的市场效果，或突破销售困境所进行的营销策略、渠道、方法、广告促销策划等方面的创新。以苹果公司 iPod 产品为例，该公司是 MP3 播放器市场的后起之秀，它不仅提供了不俗的 MP3 播放器产品，还联合唱片公司，利用 iTunes 软件推出了便宜、便捷的音乐下载服务。用户可以选择下载音乐专辑中的单曲，而无须为整张专辑付费。苹果公司没有重新发明 MP3，而是依靠营销方法的创新，取得了巨大的商业成功。

7. 文化创新

文化创新包括文化的内容、形式、体制、传播手段等方面的创新，使社会文化和企业文化呈现出崭新的面貌。

1.1.4 创新的作用

1. 创新是推动人类历史向前的原动力

人类发展史是一部发明创新史。人类的衣、食、住、行、生产、工作以及精神活动的方方面面，都是发明创新的结果。人类要生存就必然要向自然界索取，人类要发展就必须把思维的触角伸向明天。创新推动科学技术、生产力的发展，进而推动政治制度、经济制度和其他社会制度的变革，所以，创新是推动社会进步发展的重要手段和途径。没有发明创新，就没有人类社会的变革和高科技文明的时代。火的发明，促进了人的饮食改善，进而促进了人机体和人脑的发达程度；电视、广播的发明，使地球相对变小了；电子计算机的发明使人变得更聪明，几乎每次发明都产生巨大影响。苏格拉底、亚里士多德和柏拉图等哲学家的新思想帮助弱小的雅典进入了世界最初的民主政治；我国东汉时代的蔡伦发明了造纸术，打破了贵族阶层对知识的垄断，使普通劳动者有了接受教育的可能性，对中华文明甚至整个世界都起到了不可估量的作用；牛顿等科学家的卓越发现，为工业革命奠定了基础；凯恩斯创立的经济理论改变了美国社会，影响了整个世界；比尔盖茨等人在 IT 领域的创新发明将人类带入了知识经济时代。

2. 创新是企业发展的原动力

企业要在市场经济大潮中求得生存和发展，就必须不停地去进行产品服务创新、管理创新、制度创新和企业文化创新，才能不断增强其生存和发展能力。

3. 创新是提高人们认识和改造客观世界能力的重要途径

社会生产力的发展速度和水平直接受制于人的智能和潜力的发挥程度。发明创新活动能够更充分、更集中、更有效地开发利用人的潜能。如果人们在创新思维方面努力开发自己的大脑，就会改进大脑的利用率，相应地，也会促进学习、记忆、工作等多方面能力的提高。创新可直接减少人的劳动强度，优化人的劳动方式和手段，增强人认识自然、改造自然的积极意识，促进人们科学世界观与方法论的形成。

1.2 创新教育简述

1.2.1 创新教育的内涵

创新教育通过学生主动参与、主动实践、主动思考、主动探索、主动创造，培养学生的创新意识，并有意识地将潜存于个体身上无意识的或潜意识的创新潜能引发出来，以自己的实践活动实现创新的思想，从而实现社会整体的创新行为，实现社会的知识创新、科技创新和制度创新等。从这个意义上说，创新教育是素质教育的核心内容之一。1999年颁布的《中共中央国务院关于深化教育改革，全面推进素质教育的决定》明确指出，要全面深化教育改革，为实施素质教育创造条件，并且强调，实施素质教育，就是要全面贯彻党的教育方针，以提高国民素质为根本宗旨，以培养学生的创新精神和实践能力为重点。

实施创新教育就是要从培养创新精神入手，以提高创新能力为核心，带动学生整体素质的自主构建和协调发展。而创新精神和能力不是天生的，它虽然受遗传因素的影响，但主要在于后天的培养和教育。创新教育的过程，不是受教育者消极被动地被塑造的过程，而是充分发挥其主体性、主动性，使教学过程成为受教育者不断认识、追求探索和完善自身的过程，亦即培养受教育者独立学习、大胆探索、勇于创新能力的过程。因此，在教学过程中要致力于培养学生的创新意识、创新能力及实践能力。

前面已述创新教育的任务就是培养学生的创新素质。而创新是一种综合素质，有关专家认为它主要由三方面要素构成：一是创新人格，二是创新思维，三是创新技能。由此可见，创新教育的任务就是培养学生的创新人格、创新思维和创新技能，而不仅仅是创新思维。

1.2.2 创新教育的定位

创新教育应首先着眼于人的创新精神和创新能力培育,为人的创新素质的持续发展打下初步的基础。

1. 创新教育的认识定位

创新教育的定位可以是多维度的,其中认识定位就是一个十分重要的方面。在创新教育的认识上,教育实践界存在许多误区,澄清这些模糊认识对学校创新教育实践有极为重要的意义。

误区一:创新只是少数天才学生的事。许多教师以为创新是人的高级智慧,非一般学生所能拥有。其实,创新是人的本性,人人都具有创新的潜能与倾向;创新是人生存的需要,只要人存活一天就片刻也离不开创新。问题的关键是我们后天的教育是否尊重、保护并培育了这种潜能,激发、促进并满足了这种需要。人的创新精神与能力不完全是由先天因素决定的,后天的教育因素也是重要的决定力量。所以,创新教育应具有全体性,应面向每一个学生。

误区二:创新只是自然科学的事。许多人以为创新就是科学发现、技术发明,只有科学教育才能培养人的创新精神与能力。实际上,不仅自然科学需要创新,社会科学与人文科学也同样需要创新,特别是在科学技术的负效应日益显现的今天,科技创新与人文创新更应平衡发展,使未来社会人既是高智商的,又是高情商的。不仅如此,即使自然科学创新也离不开社会和人文思维方式的支持。例如,一些中学老师开展"哲理诗训练",这既是一种人文创新训练,同时又支撑了科学创新精神。所以,创新教育应面向每一门学科。

误区三:创新只是课外活动的事。也有许多教师以为,课堂教学的任务就是传授知识,发展知识是课外活动的事。实际上,这种区分人为地割裂了传承与创新之间的内在联系。创新是整个教育模式、教育制度和教育观念的全局性改变,并不是局部的修改和增减,它应贯穿于课堂教学、课外活动和日常教育生活等方方面面,成为全部现代教育的精神特质,局部性的教育创新不可能是真正意义上的创新教育。其中,课堂教学是创新教育的主渠道,也是学校教育改革的着重点。所以,创新教育还具有全面性,是教育系统的整体性改造。

误区四:创新只是智力活动的事。还有一些人认为,创新是一个人的智力表现,高智商必然会有高创新力。这也是一种错误认识。创新不仅是一种智力特征,更重要的还是一种人格特征或个性特征,是一个人综合素质的凝结性表现,是一个人的自我超越和自我发展,是一个人潜能和价值的充分实现。在人的智力水平相当或恒定的情况下，非智力因素往往起着决定性的作用，许多有创新精神的人并非智力超群，而是非智力的人格特征出众。单纯的智力活动只能培养匠人，而不可能培养大师。所以，创新教育还具有综合性，是个体生命质量的全面提升。

误区五：创新只有正面效果。几乎所有人都认为，创新是"正面的、好的"事情，人们可以尽情地去追求。殊不知，创新是一种双刃剑，它既可以成为天使，也可以成为魔鬼；既可以为人类造福，也可以使人类致祸。创新只是工具，并不是方向本身，创新还不能单独成为目的，创新教育也不能代替现代教育的全部，它必须与道德教育整合，培养人的同情心和责任感，把人的创新精神与创新能力引向为人类造福的方向上来。所以，创新教育具有双重性，现代教育必须致力于相互整合，兴利去弊。

误区六：创新就是"小发明、小创造"。谈到创新教育，一些教师自然地与学生的"小发明、小创造"相联系，认为"小发明、小创造"多的学校，创新教育就有成就，否则没有成绩。

2. 创新教育的目标定位

具有深厚基础性和广泛迁移性的创新品质究竟包括哪些？这是创新教育定位应予以优先回答的问题。概括地说，为持续的创新打下基础主要包括两大方面：一是打下创新精神的基础，二是打下创新能力的基础。

（1）创新精神。创新精神是创新人格特征，是主体创新的内部态度与心向，它包括创新意识、创新情感和创新意志三大方面。

1) 创新意识。创新意识是个体追求新知的内部心理倾向，这种倾向一旦稳定化，就成为个体的精神与文化。经验性的研究表明，具有创新意识的人常常是不满足于现实，有强烈的批判态度；不满足于自己，有持续的超越精神；不满足于以往，有积极的反思能力；不满足于成绩，有旺盛的开拓进取精神；不怕困难，有冒险献身的精神；不怕变化，有探索求真的精神；不怕挑战，有竞争合作的精神；有强烈的好奇心，旺盛的求知欲，丰富的想象力和广泛的兴趣等。

2) 创新情感。创新情感是个体追求新知的内部心理体验，这种体验不断强化，就会转化为个体的动机与理想。经验性研究也表明，有创新情感的人常常是情感细腻丰富，外界微小的变化都能引起强烈的内心体验；人生态度乐观、豁达、宽容，能比较长时间地保持平和、松弛的心态；学习和工作态度认真、严肃，一丝不苟，有强烈的成就感，工作的条理性强；对世间的所有生命都有同情心和责任感，愿意为改善它们的生存状态而尽心尽力等。

3) 创新意志。创新意志是个体追求新知的自觉能动状态，这种状态的持久保持，就会成为个体的习惯与性格。经验性的研究表明，有创新意志的人常常是能排除外界的各种干扰，能长时间地专注于自己的活动；工作勤奋，行为果断，对自我要求较高，对工作要求较严；善于沟通与协调，组织能力强，有较强的灵活性，为达到目的愿意变换工作的途径和方法；有较强的独立性和自制力，在没有充分的证据和理由之前，不轻易放弃自己的主张，能容忍别人的观点甚至错误等。

（2）创新能力。创新能力是创新的智慧特征，是主体创新的活动水平与技巧，它包括创新思维和创新活动两大方面。

1）创新思维。创新思维是个体在观念层面新颖、独特、灵活的问题解决方式，创新思维是创新实践的前提与基础。经验性的研究表明，具有创新思维的人常常感受敏锐，思维灵活，能发现常人视而不见的问题，并能多角度地考虑解决办法；理解深刻，认识新颖，能洞察事物本质并能进行开创性的思考；思维辩证，实事求是，能合理运用发散与辐射、逻辑与直觉、正向与逆向等思维方式，不走极端，能把握事物的中间状态等。

2）创新活动。创新活动是个体在实践层面新颖、独特、灵活的问题解决方式，创新活动是创新思维的发展与归宿，经不起实践检验的思维是无价值的。经验性的研究也表明，具有创新活动能力的人常常实践活动经历丰富或人生经历坎坷，经受过大量实践问题的考验；乐于动手设计与制作，有把想法或理论变成现实的强烈愿望；不受现成的框框束缚，不断尝试错误、不断反思、不断纠正；愿意参加形式多样的活动，乐于求新、求奇，乐于创造新鲜事物等。

1.2.3　创新人才的培养

所谓创新人才，就是具有创新意识、创新精神、创新思维、创新知识、创新能力并具有良好的创新人格，能够通过自己的创造性劳动取得创新成果，在某一领域、某一行业、某一工作上为社会发展和人类进步做出了创新贡献的人。

知识经济时代呼唤着千千万万有为的创新人才，共同担负起振兴中华的重任。创新人才应该是德才兼备、有胆有识、敢作敢为、勤于思考、勇于创造、能够开创新局面、富有献身精神的创造型人才。这种人才最重要的特征，就是创新精神。那些因循守旧、墨守成规、心胸狭窄、目光短浅、不敢越雷池半步的人，是不能适应改革开放时代的需要的。

《中华人民共和国高等教育法》明确规定，"高等教育的任务是培养具有创新精神和实践能力的高级专门人才"。《教育部关于大力推进高等学校创新创业教育和大学生自主创业工作的意见》（教办〔2010〕3号）提出："创新创业教育是适应经济社会和国家发展战略需要而产生的一种教学理念与模式。在高等学校中大力推进创新创业教育，对于促进高等教育科学发展，深化教育教学改革，提高人才培养质量具有重大的现实意义和长远的战略意义。创新创业教育要面向全体学生，融入人才培养全过程。

要在专业教育基础上,以转变教育思想、更新教育观念为先导,以提升学生的社会责任感、创新精神、创业意识和创业能力为核心,以改革人才培养模式和课程体系为重点,大力推进高等学校创新创业教育工作,不断提高人才培养质量。"因此,重视培养学生的创新与创业能力,应成为教育的主要任务。

1. 培养创新精神

科学技术的进步,是不断创新的结果。人类社会的发展,也是不断创新的结果。一切创新活动既以经验继承为基础,又以知识创新为目的。任何创新型人才,都必须具有创新精神,才能在前人取得的创新成果的基础上,向新的目标前进。创新精神不是天生固有的,是靠培养逐步塑造的。创新精神是创造发明的前提,没有创新的愿望和动机,是绝不会有创新行为的。一般说来,创新精神通过动机、信念、意志和情感表现出来。

(1) 强烈的创新动机。动机是激励人、推动人去行动的一种力量,创新动机是发明创造活动的内在动力。如何培养和激发创新动机呢?最根本的是要有崇高的理想和深厚的兴趣,这是激发创新动机产生的思想基础。

1) 要有崇高的理想。在科学探索、技术创新过程中,由于人们从事的是探索未知的活动,不了解其中蕴藏的奥秘和潜伏的危险,很可能遭到重大的挫折或惨痛的失败。因此,从事创新活动,需要有崇高的理想、无畏的勇气、献身的精神。

案例 1-6 名人轶事

我国明代地理学家、文学家和旅行家徐霞客(1587-1641)一生志在四方,考察了中国大江南北许多省份,在考察中历尽艰险、九死一生,多次遇盗、遭劫、断粮、缺水,在广西融县的龙洞探险时落入深涧几乎淹死,但他不畏艰险,坚持游览祖国的名川大山,并写下丰富的游记,为我国古代地质科学做出了重要的贡献。

天文学家布鲁诺因坚信哥白尼的"日心说",被投入监狱,囚禁7年,1600年2月17日在罗马鲜花广场被施以火刑。布鲁诺在受刑时,熊熊的烈火吞噬着他的身体,他还拼尽全力高喊:"火并不能把我征服,未来的世界会了解我!"

居里夫人是现代科学史上传奇性的人物,她同丈夫皮埃尔·居里一起发现了镭和钋,开创了放射科学。她先后两次获得诺贝尔奖,一生中获得世界各国授予的荣誉称号达107种、奖章达32种。居里夫妇是在十分艰苦的条件下进行研究和探索的,当他们检验到铀沥青矿中含镭时,为了提炼出纯镭,他们购买了价格便宜的铀沥青矿废渣,在居里工作的理化学校的一所阴暗潮湿的小木棚里,一点一点地从几吨重的矿渣中提取。那时候,居里夫人一面蹲在大锅前烧火,一面用一根与她身高相仿的铁条搅拌锅中沸腾的黑色浆液。烟熏火燎、闷热难当,怪味刺鼻、筋疲力尽,居里夫人承受了超过男子的工作量。为了使实验持续不断,居里夫人还得在小棚子里做供两人吃的饭菜,既当实验员,又当炊事员,有时还要当搬运员。寒来暑往,居里夫人连续苦战45个月,历尽千辛万苦,终于从几吨废矿渣中提炼出0.1克纯氯化镭。1906年她的丈夫因车祸去世,她强忍悲痛,坚持独自开展科学探索,1910年,她成功地分离出金属镭。

2)对创新的浓厚兴趣。对创新的强烈兴趣是进行创新活动最重要的心理条件之一。对一项创新活动只要有了兴趣,就能钻进去,不知疲倦、不畏艰险去闯去干。

丁肇中经常在实验室连续几天几夜工作,有人问他苦不苦?他是这样回答的:"一点也不苦,正相反,我觉得很快活,因为我有兴趣,我急于要探索物质世界的秘密。"

郭沫若说过:"兴趣爱好也有助于天才的形成。爱好出勤奋,勤奋出天才。"这就是说,一个人如果被某一事物或者某一种思想完全吸引住的时候,他就会对所有和这种事情或者这种思想联系的一切产生兴趣。当他被这种兴趣引起的求知直到突破的欲望完全控制了的时候,就到了钻研入迷的程度。"培养兴趣——创新入迷——获得成功",这往往是创新成功的三部曲。

陈景润在高中读书时,他的老师讲"哥德巴赫猜想"的故事:"科学的皇后是数学,数学的皇冠是数论,'哥德巴赫猜想'是皇冠上的明珠。"这番话使陈景润对数学产生了浓厚的兴趣,激励他不懈努力,终于摘下了这颗科学皇冠上的明珠。

爱因斯坦说过:"只有热爱才是最好的老师,它永远超过责任感。"这说明了兴趣在学习、科研和创新性活动中的巨大作用。对学习与工作的兴趣,使人观察敏锐、精力集中、思维深刻、想象丰富,有助于学习和工作效率的提高。兴趣是成才的起点,也是创新的起点,把兴趣、理想和事业融汇在一起,就可以取得辉煌的成就。

(2)坚定不移的成功信心。自信心是人们相信自己并认为自己能够成功的一种心理状态。自信心是事业的立足点,是成功的思想基础。要相信只要功夫深,创新不负有心人。自信心是建立在科学原理和现实可行性基础上的,是对自我力量的正确估计和评价,包括自己的承受能力和潜在力量。

例如,在如何取得果实这一点上,一般人往往就事论事,凝固地、静止地看问题。假如果实离地面有2.5米,一个人伸手的高度只有2.2米,他就摇摇头,说摘不下来,甚至被2.5米高度吓跑了。而自信者却另有一番想法,这0.3米的差距,"跳一跳"是可以把果实摘下来的。这"跳一跳"是经过自己的努力,即充分发挥了主观能动作用的巨大力量,他甚至还可以用撑竿、梯子等其他方法,把更高的果实也摘下来。

美国钢铁工业的奠基人、著名企业家卡耐基曾讲过一段中肯的话:"世界上无论哪一个成功者,都是绝对信任自己的。至于庸人们,偶然受到一次挫折,就心灰意懒、一蹶不振,而归咎于命运的不济。其实,他们失败的原因多数是由于不自信,心灵无异于已经死亡。"古人说:"哀莫大于心死,而身死次之。"足见没有自信心的人,事情就难以成功，坚强的自信心是夺取成功的基本前提，凡取得成功的人，都具有自信心。

法国文学家巴尔扎克说："我唯一信赖的，是我狮子般的勇气和不可战胜的从事劳动的精力。"正是这种自信，帮助他写出了《人间喜剧》等一大批传世巨著。

美国一家大企业，请心理学家对工作人员调查了3个月，最后得出的结论是：凡取得成果的人，都具有自信心。可见，创新需要坚强的自信心，自信才能导致一个人产生积极的心理状态行为，才能不畏艰险、不怕挫折去战胜困难，从而夺取成果。

自信心是成功的必要条件。一是自信心是产生创新和进取动机的基础，人们只有相信自己有力量和水平时，才能产生创新和进取的动机；二是自信心是产生意志力和毅力的基础，人们只有相信自己能最终胜利，才能会有坚持下去的动力。所以，自信心是成功的铺路石，是灵魂的防腐剂。

（3）顽强的创新意志。意志是人们在社会实践过程中坚持不懈、长期保持坚强的一种毅力，是人们勇往直前、顽强克服各种困难的心理品格。人们要达到远大的目标，必然会遇到各种意想不到的困难。

案例1-7　名人名言

美国汽车大王福特，经历了许多失败才成为了百万富翁。他有句名言："当一切似乎都不顺利的时候，要记住飞机是逆风起飞的。"

法国文学家巴尔扎克说："勇气和天才是成功的一半，而毅力是成功的另一半。"

英国文学家狄更斯也说："顽强的毅力可以征服世界上任何一座高峰。"

创新人才最显著的标志之一就是他们具有坚定自信、百折不回、锲而不舍的毅力。创新和毅力分不开，成功和坚韧分不开。顽强的毅力是创新活动取得成功的重要保证之一，因为任何创新过程都是充满艰难险阻的崎岖之路，都需要人们拿起披荆斩棘的利剑和劈山开路的快斧去排除障碍。

案例1-8　名人的意志力

我国古代画家郑板桥曾写诗言志道："咬定青山不放松，立根原在破岩中。千磨万击还坚韧，任尔东西南北风。"

李时珍为了写出医药巨著《本草纲目》，博览历代医药文献800余部，踏遍深山老林去寻觅、校对各种草药，前后足足花了27年时间，才完成了这部长达12卷的"东方医药圣典"。

宋朝政治家司马光罢官后，用了19年时间写成了具有很高政治和历史价值的《资治通鉴》。

马克思用了40年心血写出了划时代的经典巨著《资本论》。

哥白尼写《论天体的运动》用了 30 年时间。

德国大诗人歌德写《浮士德》，几乎用了一生的时间——60 年。

曹雪芹写《红楼梦》则披阅 10 载，大修 5 次，正如他自己说的"字字看来都是血，十年辛苦不寻常"。

只有那些不畏艰险、不惧攀登、不怕挫折的人，才能摘到成功的果实。爱迪生在谈到成功的经验时曾说："如果你希望成功，当以恒心为良友，以经验为参谋，以小心为兄弟，以希望为哨兵。"这话可作为我们的座右铭。

顽强的意志是使创新活动得以在困境中持续发展、在险途上始终前进的强劲动力，同时毅力还是人们主观意志的自我调节和自我控制。贝多芬患上耳聋，但这并不能阻碍他成为世界著名的音乐家，他凭着顽强的意志，克服各种困难，用心灵感受音乐，其作品雄浑刚健、气势磅礴、意义深刻，充满与黑暗专制势力抗争的战斗激情。诺贝尔试验硝化甘油炸药，一次试验中自己鼻子被炸伤了，父亲受了重伤，其弟弟和 4 名助手被炸死，他仍继续研究，终于获得成功。我国古代著名史学家司马迁在总结历史人物成功的经验时曾指出："文王拘而演《周易》；仲尼厄而作《春秋》；屈原放逐，乃赋《离骚》；左丘失明，厥有《国语》；孙子膑脚，《兵法》修列；不韦迁蜀，世传《吕览》；韩非囚秦，《说难》、《孤愤》。《诗》三百篇，大抵贤圣发愤之所为作也。"由此可见，对于毅力顽强的人来说，命运的坎坷、遭遇的不幸，只会促进他们发奋图强而不能阻止他们成功。

意志不是先天的，从来没有所谓天生就意志坚强的人。意志是在实践中、在奋斗中逐渐培养或锻炼出来的。创新活动困难重重，本身就是一个很好的锻炼环境和机会。人们进行意志品质的培养，可以从以下几方面进行：树立远大的奋斗目标，充满达到远大目标的强烈愿望和必胜信念，并积极培养自己的道德情感；在创造实践活动中获得意志品质的锻炼和体验；针对自己意志品质的特点，有目的地加强自我锻炼；依靠纪律的约束并加强自律，以规范自己的行为；多参与磨炼意志的体育活动，如长跑、登山、冬泳等，在锻炼身体的同时培养自己的意志品质。

（4）健康的创新情感

情感是人对客观事物是否满足自己需要的态度上的反映。情绪是情感的外部表现，情感是情绪的本质内容。情绪、情感与创新有十分密切的关系。在人的创新活动中，情感常常发挥着一种动力的功能，情感还会影响智力因素，而作用于创新过程。

在创新过程中，情感对人的一切认识和行动起着发动作用，达尔文说："我之所以能在科学上成功，最重要的一点就是对科学的热爱，坚持长期探索。"什么样的情绪最有利于创新效率的提高？心理学研究表明，从情绪的性质来看，它是乐观、坚定、自信、愉快的积极情绪。积极的情绪对创新活动起"增力"的作用，消极的情绪对创新活动起"减力"的作用。

情绪、情感还大量地表现为通过智力因素影响科学创造。首先，一个人在注意、观察过程中所体验到的丰富而又生动的情感，可以加强积极性、主动性并减少疲劳，从而提高注意力、观察力的水平。例如，当一个人注意、观察一事物时，引起了人的愉快情绪，他会觉得时间过得很快，效果也好。反之，会觉得观察的时间长得难以忍受。其次，情感对于记忆的过程也会产生显著的影响。当我们的情绪处于良好状态时候，我们的记忆效率就比较令人满意。我们知道，凡是足以引起浓厚兴趣和强烈情感的事物，都会在我们的头脑中留下难以磨灭的痕迹，都会使我们发生无意记忆，虽未下多大工夫，这些内容却自然而然地记住了。再次，在情绪、情感比较轻松、愉快和适度兴奋的情况下，最珍贵的创新思维和想象力最容易显现，稍纵即逝的创新灵感也最容易闪现。许多发明、创造和科学发现，常在散步、聊天时获得突破性成功，因为此时的情绪往往比较轻松、安适和愉快。例如，凯库勒顿悟到苯环的结构，是在火炉边取暖时获得的；高尔基的许多出色构想，是在看戏时想到的。相反，情绪不好，能压抑创新思维，影响正常的判断。

案例1-9　情绪影响创新成果的诞生

德国化学家奥斯特瓦尔德收到一篇提出新的溶液理论——离子论的论文。不巧的是化学家正受着牙痛的折磨，而且妻子难产，情绪可想而知。他勉强粗略看了一下论文，顿觉心中烦躁，觉得满纸胡诌，索然无味，便弃之不读。几日后，化学家牙痛消除，又得贵子，情绪好转，重新阅读论文，禁不住拍案叫绝，该论文提出了一个杰出的思想，有重要科学价值。他立即提笔撰文推荐。

人的情绪是受意识和意志制约的，掌握了控制情绪的心理方法，对发明创造有一定帮助。一是意识调节法。意识能够调节和控制情绪的发生和发展，心理素质较高的人往往比心理素质较低的人更能有效地调节情绪。人们以自己的意志力不定期控制自己情绪的变化，用社会规范和理性标准来约束自己的情绪，使自己成为能驾驭感情的人。二是语言调节法。语言是人们的情绪体验与表现的强有力的工具，通过语言可以引起或抑制情绪反应；即使是不出声的内部语言也能调节自己的情绪。有时墙上的长幅，案头、床边的字条，对控制紧张情绪也是有益处的。三是注意转移法。注意转移就是把自己消极的情绪转移到有意义的方面。比如在苦闷、烦恼的时候，欣赏能够唤起内心力量的音乐，如贝多芬的《第五交响曲》，就能收到良好的效果。四是行动转移法。行动转移法就是把某些情绪化为行动的力量。比如创新活动受挫，既可使人垂头丧气，也可激起奋发图强的力量。总之，平常保持愉快心境和火热的热情，遇到失意之事要持豁达态度，自我解脱困境，要有一点幽默感，丰富自己的生活内容，注意体育锻炼，这些都有助于情绪调节。

2. 培养创新素质

创新的素质因素包括吸收素质、记忆素质、想象素质、观察素质和操作素质。它们属于创新者必须具备的素质。

（1）吸收素质的培养。吸收素质包括学习素质和信息收集素质。

1）学习素质。社会上有各种各样的素质，而最重要的是学习素质。现代科学技术发展极为迅速，人类知识总量急剧增加。如果不学习，那么在复杂的创新面前，就会感到知识陈旧、方法过时、技术落伍、手段单一，就不能胜任时代赋予的重托。我国著名科学家钱伟长曾主张："大学教育的过程，就是要把一个需要教师帮助才能获得知识的人，培养成在他毕业后不需要老师也能获得知识。有了这样的能力，将来干什么，他就能学什么，才有可能避免知识老化。"

古今中外无数发明创造的成功事例都告诉我们，自学能力是创新者披坚执锐的有力武器，培养和强化自学能力，才能使人们走上成才之路。良好的学习素质，使人不断获得新知识，增强自己的创新能力。在科学技术高度发展的今天，没有知识的更新，要做出高水平的创新是难以想象的。如何提高学习素质呢？

书山有路勤为径，学海无涯苦作舟。这是人们用来鼓舞自己勤学苦练的两句古语。爱因斯坦是 20 世纪的科学巨人，他创立的相对论开创了物理学的新纪元。有人问他为什么能获得如此巨大的成就，他写下了 $A = X + Y + Z$ 这样一个公式，并解释说 A 代表成功，X 代表艰苦劳动，Y 代表正确的方法，而 Z 呢，则代表少说空话，这就是爱因斯坦的成功之路，也就是我们常说的，唯有苦干、巧干加实干，才能造就一番事业。我国数学家华罗庚说过："勤能补拙是良训，一分辛苦一分才。"华罗庚小时候天资并不好，有点"笨头笨脑"，功课勉强及格，后来患伤寒病左脚残疾了。然而，"顽强和勤奋"终于使他成为世界著名的大数学家。马克思讲过："只有不畏劳苦，沿着陡峭山路攀登的人，才有希望达到光辉的顶点。"

勤学好问，多思善疑。在"学"和"问"两方面，"学"是基础，只有在勤学的基础上好问，才能学有心得，学得深入。有的人学而不问，则孤陋寡闻，他们或思考不深，提不出问题；或好面子，爱虚荣，耻于发问；或过于自信，自以为是，无可问人，因而阻碍自己学习向深入广阔的方向发展。有的人好问而不深思，则流于浅薄。勤学离不开好问，一个人的经验是有限的，思维能力也是有限的，不依靠前人和他人的知识来弥补自己认识的不足，学习过程就将无法进行。学、问、思、疑是学到知识、练好本领、有所创新的重要环节，多思善疑是其核心。学而不思则罔，思而不学则殆。疑点、问题常常是学习中的难点和重点，在关键处抓住这些问题，深入思考，则会使学习不断得到深入。多思善疑就是要不断思考，一问到底，举一反三，学以致用。

我们在学习中应该善问。一是问自己。发现疑难问题，先动脑筋，认真思考，联想已经学过的知识，对比所学的新内容，找出它们之间的区别和联系，设想各种解答方案，多问几个"为什么"，看看是不是把学的东西真正弄懂弄通了。二是问别人。经过自己反复推敲，刻苦钻研之后还解决不了，就要虚心向周围人请教，一人不解，就向多人请教。对自己没有搞清楚的难题，要有"打破砂锅问到底"的探讨精神。

2) 信息收集素质。创新离不开信息，信息是创新的基本材料。作为创新者，对信息情报需要有十分敏锐的感知能力。人们必须通过信息窗口，了解社会已取得的创新成就和创新动向。信息闭塞，免不了在低水平上重复劳动。

（2）记忆素质的培养。记忆力是人脑对经历过的事物的反应能力。记忆是智慧的仓库，学习的基础。凭借记忆力，人们才能不断储存与提取知识，发挥才智。记忆力是创新人才不可缺少的基本条件之一，是人脑贮存、重现过去经验和知识的能力。良好的记忆力能使人们迅速而准确地记住必要的信息材料，尤其善于把所学或所用的信息材料与过去已有的知识或经验结合起来，纳入自己现有的知识体系中，成为自己个人的精神财富，以便在需要的情况下可以从记忆的仓库里检索出来。记忆科学的研究成果表明，健康人的记忆潜力大得惊人。据粗略统计，人的大脑细胞数超过全世界人口总数 2 倍多，每天可处理 8600 万条信息，其记忆贮存的信息超过任何一台计算机。正是由于人脑的记忆潜能非常强大、非常神秘，所以人们必须尽量开发它们、利用它们，掌握先进的记忆理论，运用科学的记忆方法为创新服务。

（3）想象素质的培养。想象力就是在记忆的基础上通过思维活动，把对客观事物的描述构成形象或独立构思出新形象的能力。简言之，就是人的形象思维能力。创新者通过想象，能使智力活动"思接千载""视通万里"，打破时间和空间的限制，使人们看得更远、想得更深。

法国著名科幻作家儒勒·凡尔纳，凭借其出神入化的想象力，带领世人一起神游科技时代和未来世界。对一些目光短浅、讥笑自己的人，他坚定地回答道："一个人能产生想象，另一些人就能将这种想象变为现实。"创新以想象为先导，一般情况下，科技创新者在创新开始前，都会通过想象在自己头脑里拟定研究过程的蓝图，并借助想象力在头脑中构成可能达到的目标结果。正如马克思所说："在蜂房的建筑上，蜜蜂的本事曾使许多以建筑师为业的人惭愧。但是最蹩脚的建筑师都比灵巧的蜜蜂优越的是，建筑师在以蜂蜡建筑蜂房以前，已经在他的脑子中把它构成了劳动过程终了时取得的结果。"没有想象，就没有创新意向；没有想象，就没有科学发明、技术创新、工艺革新活动的顺利进行。英国科学家贝弗里奇指出："想象力之所以重要，不仅在于引导我们发现新的事实，而且激发我们做出新的努力，因为这使我们看到可能产生的后果。"那么，如何培养想象力呢？

一是通过想象把过去的知识经验加工、改造、构思，而形成新的印象。专业技术人员的知识经验越丰富，想象力驰骋面就越宽阔，就越能发挥想象力的作用，创新成功的可能性就越大。增强想象力的关键在于不断地打破习惯思维对自己的束缚,经常进行发散性思维,给思维插上翅膀,让它在广阔的世界中自由飞翔。但是,脱离了已有知识经验的想象,往往是漫无边际的胡思乱想或毫无根据的空想,是经不起实践检验的。

二是注意强化自己的好奇心。好奇心是对自己还不了解的周围事物自觉地集中注意力,想把它弄清楚的心理倾向。科学巨匠爱因斯坦曾说:"我没有特别的天赋,我只有强烈的好奇心。"他曾想象:"如果我以真空中的光速去追随一条光线运动,那么我就应该看到这条光线好像一个在空间里振荡着而停止不前的电磁场。"这种想象就是导致狭义相对论产生的导火索。要使自己具有好奇心还得养成遇事爱问个"为什么"的习惯,爱迪生自幼就爱"打破砂锅问到底",爱提问题也是求知欲、好奇心强的表现。专业技术人员要终生保持强烈的好奇心,在科学面前,对不知道的问题要提出疑问,勇于探索。

三是培养创新的激情。人的情绪对想象的丰富性、想象的强烈性、想象的倾向性都有影响,对想象力的发展有很大作用。列宁指出:"没有人的情感,就从来没有,也不可能有人对真理的追求。"如果对周围的一切都漠然置之,无动于衷,甚至麻木不仁,可以断定这种人是不可能积极探索未知世界秘密的,也就不可能搞出创新成果。人的创新热情可使想象展翅飞翔,乐观情绪能增添想象的创造性成分。

(4)观察素质的培养。观察是一种有目的、有组织的知觉,全面、正确地深入认识事物特点的能力。观察是创新的源泉,许多创新起源于对事物的细心观察。

1876年,英国物理学家克鲁克斯在进行真空管放电现象的研究时,多次发现放在实验台附近的包装得很密实的照相底片被感光了。他认为是底片质量差,到工厂将货一退了事。19年后德国物理学家伦琴做实验,也发生了同样的现象,但他通过深入研究发现了X光。

达尔文曾说:"我既没有突出的理解力,也没有过人的机智力,只是在觉察那些稍纵即逝的事物并对其进行精确细致观察的能力上,我可能在众人之上。"应该如何提高观察能力呢?养成注意观察的习惯。良好的观察习惯,是指乐于观察、勤于观察和精于观察。乐于观察是指对周围的事情有强烈的兴趣。勤于观察和精于观察是指坚持进行长期的、系统的观察。观察时能注意事物的细枝末节,留心意外现象,思想集中,态度认真,注意寻找有价值的富有启发的线索。缺乏观察力的人,对所观察的事物的把握浮光掠影,粗心大意,既不准确又不深刻,甚至错误百出。

案例1-10 一件耐人寻味的事

英国曼彻斯特市医学院曾发生过一件耐人寻味的事。一位教授在上课的第一天对他的学生说:"当医生最要紧的就是胆大心细!"课堂上讲糖尿病时,他当着学生的面,用手指蘸了一下糖尿病病人的尿液,然后用舌尖舔了一下手指,接着,他要求在场的学生也重复他的动作。学生迫于老师的严厉,只得勉强照着做。尝尿结束后,这位教授说："哈哈，不错，不错，你们每个人都够胆大的，只可惜你们看得不够心细。如果你们看得仔细，就会注意到，我伸进尿液的是食指，而舔的却是中指。"

（5）操作素质的培养。操作素质是指在某种设想完毕后，独自完成这种设想的能力。比如绘制加工图、制作样品模型和进行实验修正等方面的技能。如果说发明的选题和构思阶段主要是用脑，那么，发明的完成则主要靠动手。创新设想是否正确，需要通过某种形式的操作来检验其正确性，这时，操作能力的强弱甚至能决定创新的成败。比如，美籍华裔科学家杨振宁与李政道一起推翻了宇称守恒定律，而李-杨理论的确立，必须用实验证明其正确性，才能得到世人的承认。有关的实验方案多达5种，难度十分惊人，最后由著名物理学家吴健雄女士勇承重任，完成了关键性的实验，使李-杨理论得以证明。

1.3 创新能力

1.3.1 创新能力的概念

创新能力是指一个人运用一切已知条件和信息，通过自身的努力，创造出符合社会意义的具有独创性或革新性的新设想、新方法（方案）、新产品的能力。

创新能力是突破思维障碍、发现创新点、提出创新思路、设计创新方案、转化创新成果的基本能力。也是创新人才的核心素质。与创新能力有关的概念还有创新精神、创新素质、创新意识、创新技能和创新思维，它们与创新能力密切相关但又不同。

1. 创新能力与创新精神

创新精神是影响创新能力生成和发展的非智力因素，没有创新精神，很难谈得上提高创新能力。

创新精神是指人们在创新活动中逐渐凝聚而成的一种胆识与气魄，包括不唯书、不唯上、不迷信权威的敢于怀疑的精神，充满着强烈的求知欲、好奇心的坚定不移的探索精神，勇于实践不怕失败的冒险精神和为真理而献身的精神。一个具有创新精神的人，一定是敢想、敢干，有勇气独辟蹊径，有能力开拓新的领域，敢于想前人所未想、做前人所未做的事。从古至今，从国外到国内，那些创新能力高、有所成就的人，都离不开创新精神的激发。

案例 1-11　名人的创新精神

宋代发明家毕昇，他发现前人的书籍印刷术太笨拙，为了改变这种印刷方法，他在总结前人印刷术的基础上，终于创造出一种新的印刷方法，即活字印刷术。同今天的印刷方法相比，虽然显得原始了一些，但是它从刻制活字、排版到印刷的基本步骤，对后代书籍的印刷产生了深远的影响。

李时珍发现药物书中介绍的药，有许多药性、药效未写清楚或未记载，他历尽千山万水，冒着烈日严寒，到各地去采药、尝药，最终写成了《本草纲目》。

1905年，清政府决定兴建我国第一条铁路京张铁路（北京至张家口），受到了帝国主义国家的要挟和阻挠，甚至污蔑：中国能够修建这条铁路的工程师还在娘胎里没出世呢！杰出的爱国工程师詹天佑为给中国人争口气，临危受命，亲自参加铁路线路、桥梁、隧道的勘探设计和施工。在没有新式开掘机、抽水机和通风机设备的困难情况下，詹天佑对开凿居庸关隧道创造性地采用两端同时向中间凿进法，对八达岭隧道采用中部凿开法，顺利解决了施工难题；对地势陡险、坡度大的八达岭，在青龙桥地段设计成"人"字形路线，解决了火车爬陡坡的难题，终于提前两年在1909年9月全线通车，大长了中国人的志气，为我国铁路事业做出了巨大贡献。

2. 创新能力与创新素质

创新素质是创新能力的基础，创新能力是创新素质的外化。

创新素质是指人在先天遗传因素的基础上，把从外在获得的创新知识、创新技术、创新精神等，通过内化而形成的稳定的个性品质。创新素质尽管还不是创新能力，但却是创新能力的源头活水。创新素质要在创新活动中通过外化作用才能转化为创新能力。

3. 创新能力与创新意识

创新意识是影响创新能力生成和发展的非智力因素。

创新意识是指人们根据社会和个体生活发展的需要，引起创造前所未有的事物或观念的动机，并在创造活动中表现出的意向、愿望和设想。简言之，创新意识是指创新的愿望和动机。有了强烈的创新意识的引导，个体才可能产生强烈的创新动机，树立创新目标，充分发挥创新潜力和聪明才智，释放创新激情。

4. 创新能力与创新技能

创新技能是创新能力中的智力方面的能力，是开发创造能力的重要方法。

创新技能是一种智力化特征的能力，而创新能力不仅是一种智力化特征的能力，更是一种人格化特征的能力。创新技能是反映创新主体行为技巧的动作能力。智力激励法（又称BS法）、综摄法、德菲尔法等创新技法都是诱发创新联想、激发创新潜能、开发创新能力的主要方法。

5. 创新能力与创新思维

创新思维是创新能力的核心。

创新思维在人们的创新性活动中具有不同于一般思维的特征。其主要有：①积极的求异性，表现为对司空见惯的现象和已有的权威性理论持怀疑的、有分析的、批判的态度，而不是盲从和轻信。②创造性的想象，表现为不断地改造着旧表象，赋予抽象思维以独特的形式。③活跃的灵感，能突破关键，使兴奋的选择性泛化得到加强，产生神经联系的突然性接通。

1.3.2 创新能力的形成过程

当人发现现实条件不能满足自己的需要，便会发现问题，并力图解决它，以便达到目的，这一过程就是创新能力的形成过程。例如，企业家开发新产品、改进产品的过程即是创新能力的形成过程。

1. 发现问题、提出问题

发现问题、提出问题是创新的前提，发现不了问题，提不出问题就不可能有创新。爱因斯坦说过："提出一个问题往往比解决问题重要，因为解决问题也许仅仅是一个数字上或试验上的技能而已，而提出新的问题，新的可能性，从新的角度去看待旧的问题，却需要有创造性的想象力，而且标志着科学的真正进步。"发现问题、提出问题的角度如下。

（1）身边事物：向身边事物寻找创新课题，这是很多成功创新者的经验。只要你有创新欲望，想要发明创新，就需要留心观察，开动脑筋，你就发现周围很多事物都会向你发出创造课题的信息。例如，不湿裤雨衣、折叠自行车、伸缩毛笔、带密码锁的信报箱等，都是从身边的习以为常的事物中找到创新课题的。

（2）在工作岗位上：在工作中寻找创新课题，使很多人成为拥有发明专利和财富的发明家。因为在工作岗位上，很多工作者都要使用工具、量具、仪器、设备等。这些工具、设备在使用、操作时方便吗？安全吗？效率高吗？再如，工作中的产品、半成品、样品，使用方便吗？耐用吗？美观大方吗？有没有更好的材料代用？能否降低成本？工艺过程能否简化？怎样才能降低能耗？怎样才能提高效率？凡此种种问题都是发明创新取之不尽的课题源泉。

（3）运用现有的产品和资料：参照已有产品，参阅专利文献与资料，从中寻求启示以选择创新目标，使许多科技人员获得成功的发明创新。这种方法的特点是快速、可靠、有效。例如，采用干印术的复印机的发明，就是在查阅专利文献中发现了干印术技术，发现者立即意识到这是一项具有很大市场前景的创新课题。在利用这份资料的基础上试制成功了性能良好、使用方便、具有商品价值的复印机。

2. 解决问题

解决问题的一般步骤如下。

（1）界定真问题：弄清楚问题到底是什么，也就是要发现真问题，不要被假象迷惑。只有正确地界定了问题，才能找准应该瞄准的"靶子"，否则找不准"靶子"，就可能劳而无获，甚至南辕北辙。

案例 1-12　把上司调走

一个出色的汽车公司主管十分热爱自己的工作，能力也挺不错，但就是与上司的关系处理得不好，便决定跳槽。他的太太对老公说："不对，解决这个问题的根本只是你与他分开，既然是只要你和他分开就可以，那么不一定是你走，让他走也行。"于是，他们将解决问题的方式颠倒过来，为他的上司准备了一套资料，送到了猎头公司。不久，上司接到猎头公司电话，请他去别的公司高就。想不到的是，上司也厌倦了他目前的工作，而且新工作待遇更好，便欣然接受了这份新的工作。上司很好奇，就问猎头公司，才知道是自己的下属为自己找到这么好的机遇。上司想想以前跟这个下属关系不好，心里也过意不去，想着这个人能力不错，就向公司高层推荐了他。于是，这个主管没有离开原来的公司，就解决了与上司之间的矛盾，更重要的是还加官晋级。这当然得感谢他太太对问题的正确界定。著名思想家杜威说："一个良好的问题界定，已经将问题解决了一半。"

（2）制定解决方案：问题之所以存在就是因为现有的组织形式、管理方法已经不适应经济社会的发展变化的趋势与规律，对于已经发生了变化的环境而言，常规的解决办法已经落后不适应了，必须利用创新思维，跳出旧的思维圈子，转变思维，换一个角度提出新的、更好的解决办法。

案例 1-13　用相对满意原则解决问题

学生向苏格拉底请教人生的真谛。苏格拉底把他们带到一片果林，树枝上沉甸甸地挂满了果子。苏格拉底吩咐说："你们各顺着一行果树，从林子的这头走到那头，每人摘一枚自己认为最大最好的果子。不许走回头路，不许做第二次选择。"学生们出发了，在穿过果林的整个路程中，他们都十分认真地进行了选择。苏格拉底问："你们是否都选择到了自己满意的果子？"学生们你看看我，我看看你，都说选择的不好。一个学生说："我刚走进果林时，就发现了一个很大很好的果子。但是，我还想找一个更大更好的。当我走到林子的尽头时，才发现第一次看见的那枚果子就是最大最好的。"另一个学生紧接着说："我恰好相反，我走近果林不久就摘下了一枚我认为最大最好的果子。可是，以后我发现，果林里比我摘下的这枚更大更好的果子多的是。老师，请让我再选一次吧。"苏格拉底摇了摇头说："孩子，没有第二次选择，人生就是如此。"

我们在解决问题时，只能以相对满意为原则，而不能以最优化为标准。因为外部世界是复杂的，我们不可能把所有的因素都考虑在内，最优的方式是很难发现的。如果一味地去追求最优的、最好的，我们很可能就贻误了时机，最后反而不能解决问题。

（3）实施解决方案、评价结果。

1.3.3 创新能力的开发

开发的对象不是被生产、被制造出的，不是无中生有的，而是从埋藏、蕴含、隐藏和幼小状态显露和壮大起来，也就是从隐到显、从小到大、由不知到知晓，变不完善为更完善、更发达。创新能力开发也是如此。

1. 创新能力开发的含义

（1）创新能力开发的内容含义

1）创新能力的发现。创新能力的发现包含对创新能力的唤醒、挖掘、启发、解放、显露等含义，强调人以一种新的观念审视自己，从一个新的视角观察自己，以"创新能力人皆有之"的理论依据发现自己，认识到自己和所有的人一样，确实具有尚待开发的创新能力。

2）创新能力的培养。创新能力的培养是在发现和确认创新能力的基础上，对幼小、不成熟、不发达的创新能力实施健全、提高、发展、培育的综合性措施，使创新能力得以成熟、发展和强大，以实现提高创新能力水平的目的。创新能力的培养在创新能力开发中有很重要的地位也是操作性最强的部分，因为创新能力开发的成败、标志和优劣判断，是看创新能力培养后的实际创新能力水平。

3）创新能力的整合。在创新能力发现的基础上，在创新能力培养的过程中，人们开始知道自己确实有创新能力。不过在创新能力开发的初级阶段，创新能力往往呈低级状态，创新能力结构不健全，结构的各要素和要素中的因素也常处于无序状态，特别是当创新能力处于原始状态时，不免还有一些有关创新能力的错误认识和不恰当行为，创新能力也就处于低效状态，这就需要将创新能力加以整合，使原始状态的创新能力得以健全、理顺和完善。

（2）创新能力开发的教育含义

教育在创新能力开发中的任务：一是承认每个人的首创精神和创新能力，并把它们在现实的生活实践中加以实现；二是传承文化以利出现，而不是以陈腐的模式去压抑创造；三是鼓励每个人发挥自己的创新才能，尊重其表达方式，但不去助长他的个人主义；四是保护和尊重每个人的独特性，同时强调群体创新能力的价值。

（3）创新能力开发的社会含义

创新能力开发是对整个人类社会而言的。对个体来说，创新能力开发是在一定的社会条件的保障下，得益于以创造教育为主的创新能力开发的各项措施，以各种方式展示其创新能力。另一方面，社会为创新能力开发提供良好环境。最终创新能力开发使社会发展永不停顿。

（4）创新能力开发的脑科学含义

创新能力是一个以心理活动为主的系统性合力，而心理活动的生理基础和物质本质，是大脑和神经系统，从脑功能意义上讲，创新能力开发的含义包括：①挖掘脑功能的生理性潜能；②激发脑功能的能动性潜能；③提高脑功能的训练性潜能。

总之，创新能力开发以树立创新意识，培养创造精神，改进思维技巧，学习创新技法，增强创造性解决问题的能力为目的，着眼于创新能力水平的提高。

2. 创新能力开发的思路

（1）个体创新能力开发的思路

1）增强创新意识。创新意识决定一个人想不想创新的问题。因此，要开发创新能力，首先要增强和提高人的创新意识。人的创新意识，细分起来有两种，一种是主动性创新意识，另一种是被动性创新意识。

主动性创新意识是指主体不需来自外部的推动，主体的意识就可以有效地驱使个体去创新，创新活动是主体自身需要的一种创新意识，稳定、持续、主动、习惯化是它的特点。

被动性创新意识是指主体受外部的推动而产生的创新意识，例如，接受交给自己完成的指令性科研课题、开发任务或项目。这类被动性的创新意识同样也会对创新活动产生强大的推动作用，主要是创造主体有责任感、有成就欲且有胜任的能力。

2）掌握创新技法。创新技法和创新方法都是创新活动成功经验的总结和归纳，并上升为工具性的创新方法论。例如日本许多企业家将创新意识和创新技法提炼写成若干个"好办法""好主意"，挂于人们经常经过的墙上，人们将其视为开发创新能力的高招。丰田汽车公司就是这样做的。美国企业关心各种创新思考技法，甚至政界、军区和各机关团体都注意运用创新技法。由于创新技法简单易学，对于创新活动有很大的实用价值和工具价值，掌握创新技法是开发个体创新能力的好思路。

掌握创新技法，首先要熟悉这些技法，了解它们的思维原理、技法要点和适用范围。其次是将技法联系实际、应用于实际,边学边用,学用结合。再次自己在学习、运用中不断总结,勤于思考,将技法个体化、个性化,变成自己的东西,融于自身的创新才能中,提高创新能力。最后在掌握技法中破除思维定式,努力创造出新的创新技法来。

3)培养创新思维。创新思维乃创新能力之本,培养创新思维是开发个体创新能力的关键。美国创造学家罗杰·冯·奥奇说过:"如果你对创新思维持冷淡态度,你就不会认识到在一个发展变化、日新月异的世界上,激发和运用新设想是至关重要的生存技能"。

培养创新思维的方法和途径,简单地说,首先,要突破思维定式,打破思维枷锁。搞改革开放要解放思想,培养创新思维同样也要解放思想。其次要有丰富想象力,"让思想冲破牢笼"去大胆想象,善于想象。再次,要勇于质疑,养成凡事问一个"为什么"的习惯,因为创新思维过程始于提出问题。最后,要学会驾驭灵感,任何创新都有突破的那一瞬间。在大多数情况下,这就是灵感思维,其形式有灵感、直觉和领悟。此外,还应注意开发右脑的优势功能。

4)优化创新人格。创新思维乃创新能力之本,而创新思维之本又是什么呢?那就是创新人格。这是因为人是创新的主体,是一切创新活动的认识者、发出者和操作者,忽视创新人格的优化,开发个体创新能力将是舍本求末和本末倒置的。

5)形成创新环境。创新能力开发离不开一个好的创新环境,尤其是个体创新能力开发。因为人的行为是个体与环境的交互作用的产物,而且相对于群体创新能力的开发来说,个体创新更是势单力薄,更难以承受环境的恶劣。美国心理学家阿瑞提认为:"适宜的气候和环境能极大地促进创新。"

(2)群体创新能力开发的思路

1)制定政策、完善制度。对于群体创新能力开发来说,有利于鼓励创新的政策、制度和法规的建设有根本性的意义。从国家和地方来说,鼓励创新的政策对于启动企业的群体创新有决定性作用。设想一下,假如政府制定政策,对于全新产品上市流通实行优惠政策,使研创者和消费者双方都有实际的利益,何愁新产品不源源上市?反之,对陈旧过时低性能的产品实行限制性政策,又何愁陈旧质劣的产品不会赶快退出市场?这里,市场竞争的优胜劣汰是一个方面,政策的宏观调控又是一个方面。对于企业开发群体创新能力来说,首先要完善制度法规,这主要是指涉及企业设备更新、技术改造、产品开发、研究与开发的投入强度、新产品产值率及保护创新积极性等方面的规章制度和管理办法。

2)强化激励、更新机制。一个部门、一个企业,不进行激励机制的创新,创新能力开发很难形成气候,恐怕也只能靠主动性创新意识发挥作用了。日本一些企业积极鼓励创新,从而在以开发群体创新能力为主的创新能力开发方面,取得了令世人瞩目的创新成果。如果把创新奖励进一步与工资晋级、职务和职称的晋升联系起来，一个企业的群体创新能力开发一定能成功。

3）加强知识经济宣传。知识经济的内核是创新，"科学技术是第一生产力"是对知识经济的最好概括，即形成知识创新、体制创新、营销创新等创新体系。因此，加强知识经济的宣传，并以知识经济的本质特征教育职工树立创新意识，自觉培养和提高创新能力，这对开发群体创新能力是非常必要的。

4）加大创新投入。创新投入是创新的物质条件，加大创新投入的目的在于为开发群体创新能力构建一个良好的经济环境。目前，在一些企业，特别是经营困难的企业，创新投入陷入一个"怪圈"：企业亏损，资金紧张，就把有限的资金用于维持老产品的生产和应付职工的工资，老产品卖不出去不断积压，又无新产品投入市场赢得资金，资金进一步紧缺，直到停产、关门。其实，不景气的企业应该下决心舍弃一些陈旧产品，将有限的资金投入创新，以期以新的产品、适销对路的产品，从根本上改变企业面貌。同时，在创新中群体创新能力也得以开发。

5）开展创新教育。广泛深入开展创新教育，让人人都懂创新、爱创新、支持创新、投身创新，实为群体创新能力开发的重要思路。

6）创新成果展示和创新人物示范。经常进行各级各类的创新成果展示，对创新方面取得大小成绩的人物进行表彰、鼓励和奖励，达到示范作用的目的，都对群体创新能力的开发很有推动作用。

3. 创新能力开发的方法

（1）AUTA 模式。美国的创造学家戴维斯在 1980 年提出的由四个环节构成的创新能力开发模式，描述了开发创新能力的各个步骤，为开发创新能力提供了一个合理安排教学内容和教学活动的框架。该模式由意识（A），理解（U）、技法（T）和实现（A）四个环节组成，即提高创新意识；理解创新原理，包括创新思维、创新能力、创新人格、创新过程、创新环境等；技法的学习、训练和掌握；实现创新，大胆创新，勇于实践，创造出成果。AUTA 模式合理、有效，故而有较大影响。

（2）奥斯本-帕内斯创造性解题训练模式。这一模式又简称奥-帕模式。在美国被认为是效果最佳的教学模式之一。由著名创造学家奥斯本提出理论，由另一创造学家帕内斯制定解题模式，分为六个阶段，其目标和训练内容分别如下。在学习本模式时最好带着一个问题逐次思考。

1）善于发现问题。在训练者给定的或学习者自己发觉的"困境"中，学习者学会提出许多值得探讨的具体问题，并详细描述问题的要素。

2）能够确定问题。给定一个复杂的"问题情境"，也就是对第一阶段描述的问题的要素想得更深些、更广些。辨认出所陈述问题的背面还有哪些潜在的或实质性的问题；能否扩展或重新定义问题，也就是多问几个"为什么"；通过变换动词来扩展或重新定义问题；试着提出几个有可能的低一个层次的"子问题"。

3）打破习惯性思路。按习惯性思路，即按过去一贯地、"自动化"式地思考方法，提出解决问题的方法。冷静评价和审视上述方式真正有效吗？在上一问题的基础上，鼓励提出跳出习惯性思路的、有新意的解决方式，这一步十分重要，而且要追求多种有新意的解决方式，越多越好。最后从上述有新意的方式中选择最优的方式，制定并实施利用该方式的创新方案。

4）学会推迟判断。在思考一个复杂的问题时，力求做到：提出尽可能多的、不追求完美的解决问题的思路和设想；对提出的思路和设想自己不去做评价，这就是延迟判断。因为过早地评价，很可能扼杀有成功希望的设想；忍住不去评价他人提出的设想和思路，这也是为了延迟判断。

5）学会看出新的关系。把问题情境设计得复杂些，以此刺激学习者，使学习者应该能够做到：发现事物之间的相似性；发现事物之间的差异性；根据事物之间的相似性和差异性提出设想。

6）能够评价行动的后果。提出可能的评价标准来解决问题。对评价标准也应推迟判断，不过早下结论，以求找到一个创新而又实际的评价标准。奥—帕模式中最关键的是提出设想和延迟判断。只有打破习惯性思路，在学会延迟判断中看出新的关系，才有可能提出创新设想。

（3）珀杜三阶段模式。珀杜大学教授菲尔德豪森首创三阶段创新能力开发教学模式，最初是智力水平较高的学生设计的一种提高性课程模式，后来证明在职业教育中也取得了很好的效果，本模式教学过程分为三个阶段。

1）第一阶段：主要是开发基本的发散和收敛能力，由教师选择一些训练思维能力的练习，难度可根据学习者而定。然后组织学习者做这些练习。练习时要让全体学员都参与，都动脑，切忌只是部分人参与，其他人在一旁悠闲地充当"观众"和"听众"。方式可采用分为若干小组的方法进行，或者将学习者编号轮流或抽号随机进行，或者适当借助书面练习，使每个人都要练习。

2）第二阶段：是学习和练习创新解题模式，学习使用头脑风暴法、形态分析法、综摄法等较复杂和实用的创新技法。

3）第三阶段：主要侧重提高学习者的独立学习能力，学习者根据自己所从事的工作或兴趣所在，选择实用的或工作中迫切要解决的课题进行研究，运用所学的技法自己解决问题，教师此时则起"参谋"和助手的作用，创新主角是学习者。

（4）"三三一"教学模式。这一创新能力开发模式是我国创新学者鲁克成20世纪90年代以来在讲学、培训学员时常用的一种方式，开发效果较明显，也受到学习者和教学部门的肯定。

"三三一"是指培训共办7天。前3天介绍创新的基本知识、创新技法及其练习，其目的是了解创新、掌握创新技法、突破创新的心理障碍，但并不求深入，因为第二阶段仍可深化。第二个3天是学习者用初步学到的知识，主要是技法和思维，"真刀真枪"地解决带来的实际创新课题，力求解决或获得解题的思路、创意。方法也力求多样，有在独立思考基础上的研讨、小组式研究、师生合作，也可请专业人员一起研究，第二阶段不仅是收获的阶段，也是深化的阶段。第一阶段初步掌握的、但尚未实践的，在第二阶段可得到进一步深入，因此，教师可及时讲授有关问题。最后一天是总结，由师生一起展示成果、畅谈心得收获、明确个人努力方向等，填写由教师评价的学习效果反馈表，以供总结使用。

（5）中国运载火箭技术研究院的"JLZTH"模式。该模式由五个环节构成。

J："介绍"——讲解介绍创新知识、方法。

L："练习"——创新技法和思维的练习。

Z："总结"——学习者根据过去的经验和学习到的创新知识、经练习掌握的思维、技法，对创新做出总结性评述，以强化创新意识。

T："提出"——学习者提出自己的解题方案，针对具体课题拿出解决的设想。

H："培训后"——培训后应巩固和发展学习收获，继续扩大学习成效，例如组织创新群体组织、不断深化培训、经常展示成果、定期表彰先进等。

这一模式的特点是有"培训后"阶段。因为现在不少的创新能力开发活动或培训，虎头蛇尾，有始无终。办班时热气腾腾，感触颇多，学习结束后没有创新能力开发的后续措施跟上，效果也就难以巩固和发展。

（6）日本企业鼓励创新、开发创新能力的做法。日本的创新宣传、推广、普及与提案活动紧密结合，在开发群体创新能力方面很有特色，富有成效，在国际创新应用领域居领先地位，值得我们研究和学习。

1）职工提案活动及其管理。日本企业的提案活动涉及面宽，内容丰富，除技术革新、质量攻关、设备改造、工艺改进、全面质量管理、合理化建议、技术协作等外，还有经营管理、市场营销、新产品开发、企业公共关系、企业形象等与市场运作有关的内容。

企业提案的具体构成有下列几类：职工的一般提案；由班、组职工合作提出并实现的提案；各有关部门互相配合共同实现的专项提案；职工在操作中遇到不安全因素或隐患需采取防范措施的提案（需经主管提案的部门负责人确认）。提案活动均纳入日常管理渠道，成为企业经营管理的重要组成部分。

2）成果发表会。日本企业用提案成果发表会的形式，为职工提供一个舞台，展示他们的聪明才智，满足了他们交流、受到尊重和自我实现的高层次需要，是一种极为宝贵的精神奖励和鼓舞，同时也是提案交流的机会。发表会根据成果的性质和内容，分两个层次进行。

一是生产工人参加的成果发表会。由于提案的内容都是改善生产现场管理的，或产品、工具、工艺等改进的，项目较小，内容较简单，提出及实施也较简单，因此发表会都在午餐后休息时间进行。会上先由车间主任或班、组长作大约1分钟的讲话，接着由提案实施者上台发表成果，其辅助手段为示意图或实物，力求简捷、明确、直观。因为提案是提案完成者自己发表，他们对存在的问题、采取的措施、实施的过程都很熟悉，所以不用读发言稿。一项成果发表时间规定在5分钟之内，一个中午休息时间可发表2~4项成果。全部成果发表完后，主持人再总结1分钟，宣布结束。这样的成果发表会备受欢迎，气氛也很活跃，车间约1个月召开1次，班组每月1~2次。

二是班、组长以上人员发表的成果。成果都是在班、组、车间、科室发表的基础上选择出来的，再经过分厂发表选中后，才能在本社、公司一级发表，其中的佼佼者再向行业或行政地方乃至全国推荐。由于提案内容比较复杂，有些是全班组合力提出实施的，有些是由几个车间和科室配合实施的，项目大、内容多，提出和实施比较困难，因此发表也比生产工人的发表复杂。发表的辅助手段多样，为了说明问题，有用多张大型挂图的，也有用幻灯片、录像片、实物模型的，每项成果发表时间规定在15分钟之内，发表后允许向发表人提问题，并要求当场解答。公司或分厂的提案成果发表会虽然很受重视，也不占用工作时间，一般都在业余时间进行，一年举行几次，视提案情况及需要而定。

3）成果评定。提案成果的等级评定很重要，除了能客观、准确反映提案的水平外，也是对提案完成者的人格尊重和创新肯定，同时也是一种价值导向。

下面是某个企业的评价标准，总分是100分。内容是多方面的、综合性的。阅读后可根据下列的评价表，对提案进行评价、积分。

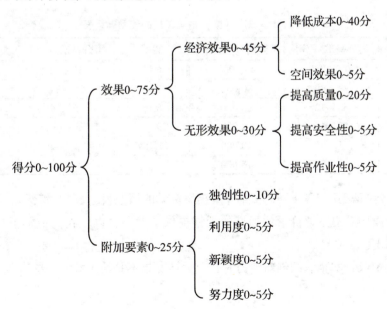

效果占75分，为得分的大部分。其中，经济效果即经济效益占45分。按提案实现后在一年中所取得的经济效益计算，但必须减去实施费用，如果能持续3年以上连续取得经济效益的，实施费用减半。其中的"空间效果"主要是外观。

无形效果是指不能完全用经济效益表示的技术效果，占30分。其中提高产品质量、减少废品可用经济效益来计算。提高产品精度或耐用度、提高安全性、减轻劳动程度、改善劳动环境等用计分表示。

附加要素共0~25分。包括独创性、利用度、新颖度、努力度四项。总分为各细项实得分数之和。

4）成果奖励。提案评定除了给完成者一个公正的评价外，主要是作为奖励的依据。

特别强调的是，只有已经实现并且用于生产或工作的提案成果才能评定等级和给予奖励。这样做主要是强调提案的实用性，避免出现只为追求数量，使提案出现华而不实、哗众取宠，或滥竽充数，甚至弄虚作假的现象。不过，有些提案虽不能马上实现，但确有参与价值和超前意义，也应作为一种"实现"，不然，就可能扼杀了有价值的、有长远效果的提案。这就更要求负有评价责任的专家、领导具有超前意识和预见能力。

表1-1是日产（柴）群马工厂的奖励等级表，其中包括得分基准及奖励金额，需说明的是，当时日本一个普通工人的日工资约26万日元，特等奖约相当于一个普通工人一个月工资的一半还多。如果以一个中国工人一个月是1000元工资为例，获提案特等奖可获600元奖金，而9等奖是几角钱。每个人的年度指标是100条提案，而实际上每个人能达到300多条，这样一来，资金也是不少的。

表1-1 日产（柴）群马工厂的奖励等级表

等级	得分基准（分）	奖励（日元）	等级	得分基准（分）	奖励（日元）
特等	80分以上	150 000	6等	35~42	5 000
1等	73~79	80 000	7等	25~34	2 000
2等	66~72	50 000	8等	15~24	1 000
3等	59~65	30 000	9等	5~14	500
4等	51~58	20 000	鼓励奖	1~4	100
5等	43~50	10 000			

表1-2是该工厂1990~1994年开展提案活动的情况表。表1-1和表1-2给我们在创新能力开发中对提案评价量化标准的把握提供了参照，也使我们了解了日本企业提案活动的情况。

当我们惊叹日本企业的创新活力时，上述情况是不是给了我们一些有益的启示呢？

表1-2 日产(柴)群马工厂1990~1994年开展提案活动的情况表

年度 (年)	职工人数 (人)	年度目标		实际完成			
		条/人	万日元/人 (条)	总条数(条)	条/人	经济效益 (万日元)	万日元/人
1990	755	100	40	230 466	305	32 963	43.66
1991	741	100	40	217 877	367	30 688	41.44
1992	742	100	40	268 814	362	37 907	51.08
1993	703	100	40	265 738	378	38 756	57.12
1994	685	100	40	259 876	379	39 865	58.19

1.4 综合训练

1. 交流与沟通训练

(1) 方式：单数排同学向后转，与后面双数排同学进行5分钟交谈。

(2) 内容：对创新、创新能力、创新思维、创新技法的认识，也可以探讨其他话题。

(3) 介绍交谈内容：时间1分钟。

2. 你认为自己今后能够进行创新活动吗？为什么？

3. 你认为进行创新的关键是什么？

4. 迄今为止，你做过的一件最为不同凡响的事情是什么？它对你有何启发？

5. 你认为自己有没有创新能力？请仔细想一想，你过去曾经有过什么创新的活动？

6. 你认为创新很神秘吗？你过去是怎样理解创新的？请对比学习前后的认识变化。

7. 运用所学，怎样使你所在单位或部门或团队在管理和经营等方面有创新之处？

8. 面对被证明是错误的创意或当你的创意受到批评时，你应该采取怎样的态度？

9. 检查自己的行为，什么时候做了有从众心理、崇拜权威的事情？为什么你要这么做？

10. 试举出你所见过的其他人所做的具有创新性质的活动或事物，它们对你有何启示？

项目 2　创新思维

妨碍人们创新的最大障碍，并不是未知的东西，而是已知的东西。

——法国生物学家贝尔纳

2.1　创新思维简述

人类能够成为地球的主宰，在于人类具有思维能力。有的人有很高的创新能力，做出了划时代的伟大贡献，或者在某一方面有显著成果；而有的人勤奋努力，辛辛苦苦干了一辈子，却没有什么创新成果值得世人赞羡，重要原因在于他们的创新思维有很大的差别。

2.1.1　创新思维的概念和特征

1. 创新思维的概念

创新思维是与传统性思维、常规性思维相对而言的人类思维的一种高级形态，是指人在一定知识、经验基础上，为解决某种问题为前提，突破常规性思维模式，以新的思考方式，创造出具有价值的新设想、新方法、新产品的思维方式。

创新思维的根本特点在于运用独特、新颖的方式方法去解决问题的一种积极主动的思维活动。

案例 2-1　野生动物园观赏动物的方式

按照常规的逻辑思维，猛兽伤人就应该将它关入铁笼中才能安全供人观赏。转化一下思维，将人置身安全的车内，动物自由地活动，更是一种刺激的颇具吸引力的观赏方式，又创造性地解决了动物因长期关入笼中而退化的难题，这就是野生动物园门票卖到上百元一张仍游人如织的原因。

看来思维转化是创新思维的核心，如果仅用获得新颖成果的思维来定义创新思维，是不全面的，因为大多数创造探索和尝试都是以失败而搁置，但失败或暂时的挫折只能说明思维转换不够或不对。野生动物园的观赏动物方式，也不是一下子就思维转化而成功的，克服存在的缺点力求成功就是一种创新思维，称为克弱思维。

创新思维的方式要独特、新颖。所谓独特就是突破固定的、惯常的逻辑通道；所谓新颖是指对这个人、这次行动来说，是前所未有的。

课题训练2-1 做游戏：看谁快

规则：学员分成两队，把地上的两串钥匙分别捡起来，从排首传到排尾，按顺序使钥匙接触到每个人的手。

2. 创新思维的构成

（1）积极的求异性：创新思维是一种求异思维，着力于发掘客观事物之间的差异；现象与本质的不一致性；已有知识、理论和认识的局限性；对习以为常的现象敢于怀疑；对人们异口同声称赞的人和事勇于"挑刺"、找毛病；对已有的权威持分析、批判态度。没有积极的求异性这一构成要素，很难称得上是创新思维。

案例2-2 火箭中的木舵

通常，在火箭箭体的下面都安装有方向舵，以稳定火箭箭体在大气飞行中的姿态。然而在火箭起飞时，初速度等于零，没有气流吹在方向舵上，因而它不能起控制作用。怎么解决这个问题呢？科学家们自然想到要控制火箭喷出燃气流的方向，以稳定在起飞时火箭不至于倾翻。解决的方法是，在高温高压的燃气流中安装一个控制舵，常规的思维方法是需要采用能耐高温高压的材料来制成这种舵。但问题又出来了：火箭起飞后，有了速度，方向舵虽然能够起作用了，但如何除掉燃气舵，防止它产生副作用，又使科学家们大伤脑筋，最后只好请教发明家了。发明家提出了一个出乎大家意料之外的方案，采用易燃烧的木舵来代替耐高温高压的燃气舵。在火箭起飞的瞬间，木舵还没有燃烧或者还没有烧完时，它可以起控制作用，当火箭有了速度，不需要木舵，它也就烧完了。

（2）敏锐的洞察力：洞察力主要表现在观察之中，而观察是知觉与思维相互渗透的认识活动。不断地将观察到的事物与熟悉的事物联系起来，联系其相似性、特异性，发现其内在联系和本质现象，这就是洞察力。

案例2-3 德国的魏格纳创立了大陆漂移说

原是气象学家的魏格纳因病卧床，无事可做，便饶有兴趣地看对面墙上的世界地图。看着看着，他发现大西洋两岸，西岸的巴西东端呈直角的凸出部分，与非洲凹进去的几内亚湾，二者好像能够对合起来。再仔细看，两岸还有许多地方也正好能够对起来。突然，一个念头闪了出来：会不会是大西洋两岸的大陆原来是一块，后来由于某些原因发生断裂，缓慢地漂移开，而留下了凸凹相应的明显痕迹？思维像连锁反应一样，一连串的想法接踵而来：如果是一块大陆漂移开的，现在两块大陆的地层、山脉也应该能够连接起来；隔在两岸的古老的动物和植物，也应该有亲缘关系。后来，魏格纳经过多年异常艰苦而又精心细致考察，证实了自己的发现，现在的美洲与欧洲、亚洲、非洲、澳大利亚和南极洲，本来连在一起，2亿年前闹"离婚"，开始缓慢地漂移，形成了现在四分五裂的样子。大陆的漂移速度很慢，大约相当于人的脚趾甲的生长速度，现在仍在继续漂移。

（3）创造性想象：创新思维一时一刻也离不开想象，想象是发明、发现以及各种创新活动的源泉。在研究使用固体火箭发动机的火箭时，曾遇到一个难题：当火箭升空超过一定的高度后，火箭会因发动机推力改变而失去控制，离开预定方向，甚至发生火箭爆炸。经过地面模拟试验，终于发现，火箭超过一定高度，气温急剧下降，固体燃料出现裂纹而不能顺利地燃烧，导致失控或爆炸。问题找到了，却一时找不到解决办法。因为固体燃料是浇注而成的圆柱形硬块，怎样才能使之受冷不裂？一位研究人员从小孩用粘胶粘蝉中受到启发，心中一动：如将粘胶掺入固体燃料，把易裂的燃料粘成一个整体结实的燃料柱，不就不会产生裂纹了吗？这一奇妙的想象竟使一个技术难题迎刃而解。可见想象是创新思维不可缺少的构成因素。

（4）活跃的灵感：凭直觉获取灵感的能力，是创新思维能力一个既神奇又重要的构成。灵感是指寻求解决疑难问题时，经长时间苦思，突然豁然开朗，顿然醒悟，获得解决问题的新思路、新方法的思维过程。

案例2-4　像折刀一样的手锯

你见过像折刀一样的手锯吗？它有一个可容锯片的套，锯片折叠后可藏入套中，这种手锯不仅安全，可避免不小心碰伤人，而且长度变短，携带方便，锯套还可作锯柄使用。然而启发这一发明灵感的竟是一把普通的铅笔折刀。一次，发明者的手锯碰伤一儿童，引发了他长期的思考，正当他百思不得其解时，偶见自己削铅笔的折刀，遂豁然开朗，发明了这种折叠式的手锯。

（5）新颖的表达：新颖的、不落俗套的表达方式，不仅可以决定创新思维成果能否被人接受，也是创新思维本身的构成成分。表达的新颖性，一是要提出一套新的概念、原理、范围；二是要形成表现新的思维形成的结构体系；三是要运用准确、鲜明、生动、形象和不拘一格的语言、文字、动作、图形、形体，赋予表达以创新的形式。

案例2-5　中国茅台酒

在20世纪初的巴拿马食品博览会上，参评的中国茅台酒由于包装粗陋，始终无人问津。被冷落的展品主人灵机一动，用手一推，酒瓶落地粉碎，浓烈的酒香立刻飘满展厅，吸引了大批观众驻足，茅台酒因此而备受青睐，终获金奖而闻名全球。

3. 创新思维的特征

（1）非逻辑和非常规性的形式。创新思维常常以非逻辑思维的形式和违反常规的形式出现。

案例2-6　立功的士兵

二战期间一艘美国驱逐舰夜间停泊时，哨兵突然发现一枚触发水雷正随着潮水慢慢向舰身漂来，灾难即将来临，按常规起锚开船避开水雷，但螺旋桨的搅动会加速水雷漂动；用机关炮引爆水雷，因距离太近会炸伤自己；放小艇派水兵用长杆将水雷推走，也因夜黑潮涌，很难不触爆水雷。就在眼看悲剧难以避免的千钧一发之时，一名水手兵高喊：把灭火消防水管拿来、打开！接着，水管喷出的水柱在水雷和军舰之间制造了一条水流，可怕的水雷被水流带向远处，一场灭顶之灾就这样化险为夷了。立功水兵的创新思维就具有非逻辑和非常规性的特征。

（2）获得突破时的突然性。创新思维常常以突然降临的形式，在人们的脑中闪现，似有"踏破铁鞋无觅处，得来全不费功夫"之神奇。其实不然，突然性绝不等于"天上掉下来"，恰恰相反，没有大脑高度集中的紧张思考，创新思维成果的突然闪现根本是不可能的。诸葛亮"眉头一皱，计上心来"的突然性，是基于平时的深思熟虑、饱读兵书和耿耿忠心。

（3）与众不同、与前不同的独立性。创新思维总是由某个人首先获得，独立性就成为其特征，甚至此人在思考中或提出创新思维成果时是孤立的。"真理有时在少数人手里"恐怕就是这一现象。魏格纳大胆提出大陆漂移的假说时，全世界一片哗然，怀疑、讽刺、斥责使他处于孤立无援的困境。直到魏格纳去世后几十年，"大陆漂移说"才被人们逐渐接受。

（4）主动性和进取性。创新思维的主动性和进取性，表现为主体的心理状态处于主动、进取之中。历经千难万苦，屡遭挫折失败而欲罢不能，就是这种心理状态的生动写照。

案例 2-7　牛痘预防天花

英国医生琴纳历经 30 年反复试验，终于获得将牛痘接种到动物身上使其获得免疫能力的成果。其后，他又冒极大的风险，在自己孩子身上进一步做人身接种试验，最终证明牛痘可以预防天花，战胜了被称为"死神的帮凶"的天花。琴纳面对保守势力的恶意攻击，回答是："我这只已经扬帆开航，决心到达彼岸的小船，应该再经历一些狂风暴雨的袭击。"

2.1.2　创新思维的形成机制

1. 创新思维形成的内在动因

（1）整合原理：即创新思维产生于多种思维方式长期综合交融的原理。创新思维并不是游离于其他各种思维方式和方法而独立存在的思维方式，而是渗透于其他种种思维方式之中，由多种思维方式和方法"整体综合"，即整合的结果。在创新思维中，既有逻辑思维的理智，又有形象思维的图形，还有灵感思维的直觉和顿悟；既有类比、分析、综合、归纳和演绎的逻辑方法成分，又有超越这样方法的发散、收敛、纵向、横向、正向、反向等。

（2）流动原理：即创新思维产生于不停顿思维流动过程中的原理。人的思维只有在不停的流动中才能处于相应的一级高于一级的能级结构，充分地展示自己更高级的创新能力；许许多多的创新事迹和创新型人才都证明了，创新思维形成的一个重要内在动因在于思维的合理流动。

第一，按兴趣和爱好流动。爱因斯坦说兴趣是最好的老师。强烈的兴趣和爱好可以高度地集中人的精力和注意力，使人专心致志，废寝忘食，乐此不疲，深入钻研，从而形成创新成果。达尔文最初秉承父意当了神学院的学生，但他对读经讲道毫无兴趣，最感兴趣的是在荒野森林中采集标本，观察自然。对大自然强烈的探索愿望，终于把达尔文"流动"到了要环球航行的英国巡洋舰"贝格尔"号上，历经 5 年的随舰对大自然的观察研究，成就了达尔文的创造性事业。

第二，按智能结构层次流动。由低到高、由浅向深、由弱到强的流动是形成创新成果的又一重要原则。

案例 2-8　抓斗之王

工人发明家包起帆从自学中学的物理化学开始，直到掌握了高等数学、机械原理和机械设计、材料学、力学等高深的学科知识。创新能力也从低向高流动，成了"抓斗之王"，为码头装卸的机械化、现代化和高效化立下了大功。

第三，按社会价值取向流动。在人格特质中有一个人生态度因子，它就是社会价值取向的一个组成部分。对社会贡献越大，越能体现创新的社会价值取向。

案例2-9 "中文之星"的诞生

擎起中国民族软件业一面大旗的王志东，当初在王选身边时，开发出 Windows 软件的汉化产品，解决了大多数不懂英文的人使用电脑的问题，汉化 Windows 是一条出路。但王志东却不满足做"翻译"，他认为，汉化工作总是依附于人，人家一个版本一个版本地被创造出来，你跟在后面汉化，始终是人家的附庸，况且汉化得再好，也是端人家的饭碗，给人家做品牌，不能形成中国的产品效应，无法满足社会需求。为使自己的社会价值向更高的层级流动，王志东开始思考在英文系统下如何处理汉字的问题：能不能提供一种挂在英文系统上的中文环境，一旦使用中文时就启动它。终于，王志东开发的外挂式中文平台获得成功，王志东给它起了名字——"中文之星"，这款软件引领了中文信息处理的发展潮流。流动原理就是这样激发创新思维的。

(3) 调节原理：即创新思维往往产生于适当的目标调节的原理。创新应有一个明确的目标，但又不能自始至终盯死在这一目标上，应该根据创新主体的能力、社会环境、社会需要等种种条件的变化，随时注意对原有目标进行适当的调节。因此，一种创新思维的成功，不是随心所欲、无条件的，它不仅受主观兴趣、个人创新能力、知识能力的影响，而且受多种客观条件的推动或限制。一旦发现自身能力及客观条件与原定目标不等时就及时转向，寻求更为合适的目标。王志东软件开发研究及时转向就是一例。

2. 创新思维形成的外在动因

(1) 信息"轰击"原理：创新思维的形成必须有足够信息量的"轰击"。这是因为创新主体只有在大量的、真实的、品位高的信息传递场中，才能开发自己的创新能力，诱发创新思维。闭目塞听、孤陋寡闻的人是很难产生创新思维的。达尔文如果不是乘军舰环游地球5年，获得了大量亲自实践而来的信息，他的划时代的伟大理论就很可能不会诞生。达尔文说："在自然科学家的头脑中，已经积累了无数清楚地观察到的事实；只要出现一个能够概括这些事实的理论，而这理论又具有充分的论据，那么，它们马上就会各得其所了。"还说："我在观察和收集事实方面，勤奋努力，真是无以复加了。"看来，达尔文对自己仰仗于信息量的"轰击"，诱发创新思维是充分肯定、充满自信的。因此，为诱发创新思维，必须设法增加信息量，提高信息品质，加速信息传递速度，让创新主体置身于广阔的信息交流场中，多看、多听、多记、多想、多写,主动接受大量高质量信息的"轰击"。现在,电脑和网络为创新者提供了前所未有的信息传递场和交流场,接受信息的"轰击"已不是技术上的难题,关键是创新主体的观念和方法。

(2) 压力原理:创新思维的形成不可能没有压力,包括社会压力、自然压力、经济压力、业务压力、自我压力等。压力作为一种势能,在能动的条件下可转变为动能,形成创新行为的强大推动力。压力可使创新主体保持一种激昂的适度的紧张、兴奋状态,驱散怠惰,激发强烈的事业心,增长求知欲,培养永不枯竭的探索精神。中国"贫油"的压力是李四光用他的地质理论为我国找油的动力;20世纪60年代的几次地震又是促使他去研究地震早期预报这一世界性难题的动力,并最终取得准确预报辽阳、海城地震的世界性突破。正确使用压力,把握压力的度,能使之成为激发创新思维的强大动力。

(3) 群体激智原理:创新思维的形成又常常依赖于群体的互相激励、启发和帮助,我们称之为"群体激智"。创新主体如果脱离群体,缺少交流、切磋和相互的激励,总处于封闭、孤立的境地闭门苦思,创新思维是不会来拜访他们的。创新除了内在动因外,还离不开更多能启发、引起联想的事物和机会。为此,我们需要创设产生联想的条件,无拘束的畅谈就是一个"群体激智"的好办法。"群体激智"原理使创新者经常质疑与答辩、争论与反驳,使他们思维相撞,知识融汇,相互激励,彼此促进,从而有利于激扬创造精神、树立创新意识、诱发灵感,产生群体感应和共生效应。

案例2-10 群体激智

爱因斯坦青年时和几位志同道合但从事不同专业的朋友组织了"奥林匹亚科学院",经常举行自由舒畅的讨论会,这对爱因斯坦以后发表科学创见起了重要作用。

控制论的创始人维纳,常从专业不同、观点各异的学者"午餐会"的高谈阔论中捕捉思想火花,激发创新思维。后来,维纳与另两位不同专业的科学家共同创立了控制论。

1979年的诺贝尔物理学奖3位得奖者中,有2位,即美国的格拉肖和温伯格都是康奈尔大学的毕业生,还曾是一个中学的同班同学,这个班仅在物理学领域就出了8位博士。他们在上中学时,曾和20多个同学组织了一个"科学幻想小说俱乐部",在这个俱乐部谁想出什么有趣的新玩意儿,便会在同学中传开,影响他人也去多思、多想、努力创新。这种自由自在的学习、讨论、思考和竞赛的气氛,对他们日后创新能力的开发起了很大作用。

2.2 创新思维的方向和过程

创新思维方向与创新成果有直接关系。逆向思维就是创新思维的一个主要方向，其创新成果之丰很好地证明了研究创新思维方向的重要性。

创新思维的过程所揭示的是创新思维的发展历程，弄懂它会有助于我们在创新过程中，清醒地、有意识地沿着创新思维过程的一个个阶段向成功迈进。

2.2.1 创新思维的方向

创造思维的方向，主要有发散思维、收敛思维、逆向思维、纵向思维与横向思维。

1. 发散思维

（1）发散思维的概念是指在问题解决的思考过程中，不拘泥于一点或一条线索，而是从仅有的信息中尽可能扩散开，不受已经确定的方式、方法、规则或范围等的约束，并从这种扩散的或辐射式的思考中，求得尽可能多的不同的解决办法，衍生出不同的结果。

案例 2-11　法国白兰地是怎样打入美国市场的

20世纪50年代，法国的白兰地酒在欧洲畅销不衰，但难以在美国市场大量销售，尽管白兰地公司耗巨资专门调查美国人的饮酒习惯，但因促销手段单调，结果收效甚微。这时有一位叫柯林斯的推销专家，向白兰地公司提出一项建议：1957年10月14日是美国总统艾森豪威尔67岁的生日，可以借寿辰之际，向总统赠送白兰地酒，扩大白兰地酒在美国的影响，进而打开美国市场。公司总经理采纳了这个建议。公司首先向美国国务卿呈上一份礼单，上面写道："尊敬的国务卿阁下，法国人民为了表示对美国总统的敬意，将在艾森豪威尔总统67岁生日那天，赠送两桶窖藏了67年的法国白兰地酒，请总统阁下接受我们的心意。"然后他们把这一消息在法美两国的报纸上连续登载，将向美国总统赠酒的新闻成为美国千百万人街谈巷议的热门话题。大家都盼望着总统生日的到来，好一睹67年白兰地的风采。10月14日这一天，法国人用专机将两桶白兰地酒运到华盛顿，身着宫廷卫士服装的法国士兵雄姿抖擞、风度翩翩，他们护送那两桶经艺术家精心装饰、由壮士们抬着的白兰地酒步行经过宽敞的华盛顿大街，直往白宫。一路上，数以万计的美国市民夹道观看，盛况空前。白宫前的草坪上更是热闹非凡，上午十时，四名英俊的法国青年，穿着雪白的王宫卫士礼服，驾着法国中世纪时期的典雅马车进入白宫广场，由法国艺术家精心设计的酒桶古色古香，似已发出阵阵美酒醇香，全场沸腾了，美国人唱起了"马赛曲"，欢呼雀跃。从此以后，在美国各地掀起了争购白兰地酒的热潮，一时间，国家宴会、家庭餐桌上少不了白兰地酒。白兰地公司总经理一再惊叹："一本万利！一本万利！"

从这一事例可以看出，当一个人为某一问题苦苦思索时，在大脑里就会形成一个优势灶，一旦受到其他事物的启发，就很容易与这个优势灶产生相联系的反映，从而产生解决问题的新思路，这便是发散思维的机理。

美国心理学家吉尔福特于1967年在《人类智力的本质》一书中，首次明确提出发散思维的概念，他认为发散思维是"从给定信息中产生信息，其着重点是从同一的来源中产生各种各样的为数众多的输出。"发散思维是对人们思维定式的一种突破，是启发大家从尽可能多的角度观察同一个问题，所采用的思维方法不受任何限制，大胆地向四周辐射的思维活动，是通过扩散产生大量的、尽可能新颖独特的备选信息或方案的思维过程。其实质是"从一到多"，有人形象地描述发散思维像夜空怒放的礼花，如太阳光芒四射的光线一样。

（2）发散思维的特征是流畅性、变通性和独特性。

1）流畅性反映了发散思维较低层次的特征，是指针对发散点从不同角度，在单位时间内提出了多少答案，反映的是发散思维的速度。用在一定时间内的"数量"指标来表示流畅性水平。流畅性是变通性和独特性两个品质的基础。

案例2-12　什么人适合当飞行员

第二次世界大战时，美国军方委托心理学家吉尔福特研发一套心理测量表，希望能用它挑选出优秀的飞行员。结果很惨，通过这套测试的飞行员，训练时的表现很好，可是一上战场，所驾驶的飞机大多被击落，死亡率非常高。吉尔福特在反思时发现那些战绩辉煌，身经百战打不死的飞行员，多半是从那些退役的"老鸟"中挑选出来的。他非常纳闷儿，为什么精密的心理测量，却比不上"老鸟"的直觉呢？其中的问题在哪呢？吉尔福特向一个"老鸟"请教，"老鸟"说："是什么道理，我也说不清，不如你和我一起挑几个小伙子看看，如何？"吉尔福特同意。

第一个年轻人推门进来，"老鸟"请他坐下，吉尔福特在旁观察、记录。

"小伙子，如果德国人发现你的飞机，高射炮打上了，你怎么办？""老鸟"问。

"把飞机飞到更高的高度。"

"你为什么要这么做？"

"《作战手册》上写的，这是标准答案啊，对吗？"

"正确，是标准答案。恭喜你，你可以走了。"

第二个年轻人进来后，"老鸟"问了同样的问题，可第二个却答非所问，老是绕来绕去不着边际。

最后"老鸟"认为要留下第二个，他是这样解释的："没错，第一个人答的是标准答案，把飞机的高度拉高，让敌人的高射炮打不到你。但是德国人是笨蛋吗？我们知道标准答案，他们不知道吗？所以德军一定故意在低的地方打一下，引诱你把飞机拉高，然后他真正的火网就在高处等着你。这样你不死，谁死？第二个人答的虽然不着边际，但是，越是不按牌理出牌的小子，他的随机应变能力反而越好。碰到麻烦，他可以想出不同的方法来解决，方法越多，活命的机会就越大。像我这种亲身打过很多仗而没死的人，心里最清楚，战场上发生的事，《作战手册》里不会有。"

吉尔福特经此教训，重新改造他的测试。新的测试里有"如果你有一块砖头，请说出50种不同的用途"这类激发创意的问题。他的测试为美国选出了许多真正优秀的飞行员。

2）变通性反映了发散思维较高层次的特征，是指针对发散点在单位时间内，提出了多少种不同类型的答案，反映的是发散思维的灵活程度和广阔程度，用在一定时间内的"类型数"指标表示变通性的水平。变通性又是独特性的基础。

案例2-13 乌鸦喝水

一只乌鸦口渴了，到处找水喝。它发现地上有个瓶子里有水，就把嘴巴伸进去喝。可是瓶子里的水不多，瓶口很小，乌鸦的嘴巴又太大，伸不进瓶子，不管它怎么费力也喝不到水，这可怎么办呢？

方法一：乌鸦发现瓶子旁边有许多小石子，它就把小石子一粒一粒地叼进瓶子里，瓶子里的水位慢慢升高了，乌鸦终于喝到水了。但是这样要往返运送小石子，又累又花时间。

方法二：乌鸦围着瓶子边飞边想。突然发现不远处有个垃圾桶，它从垃圾桶里找到一根软吸管。乌鸦灵机一动，想出了一个办法，它用嘴叼起吸管，放进瓶子里，学着人的样子，得意地吸起来。可是这样太吃力了。

方法三：乌鸦眼珠子骨碌一转，又有了新主意。它叼来一个盘子，把吸管的一头插进瓶子里，一头含在嘴里，深吸一口，又赶紧拿出来放在盘子里，因为瓶子在高处，盘子在低处，管子里的水不停地往盘子里流。不多一会儿，瓶子里的水奇迹般地流到了盘子里，这样既有效又轻松，乌鸦可高兴了，它便尽情地喝起来。

这个例子告诉我们：在现实生活中，解决问题的方法是多种多样的，碰到问题的时候，只要我们开动脑筋，多变换思路，就一定能找到解决问题的好办法。

3）独特性是最高层次的发散思维特征，是针对发散点用前所未有的、众所不知的新角度和新观念去寻求答案，提出超乎寻常的答案。独特性良好的发散思维贵在提出独一无二的、特别新颖的答案，所以，独特性反映发散思维的本质。

案例 2-14　作家推销自己的小说

毛姆是英国著名小说作家，有一段时间他写的小说销售不畅，他便在报刊上刊登了一则征婚启事："本人年轻英俊，家有百万资产，希望获得和毛姆小说中主人公一样的爱情。"结果毛姆的这一独特举动使他的小说在短时间内被抢购一空。

毛姆在推销他的小说中，体现了思维的独特性，他的思维超越固定的、习惯的认知方式，以前所未有的新角度去认识事物，提出不为一般人所知的、超乎寻常的新观念，收到了意想不到的效果。

2. 收敛思维

（1）收敛思维的概念。收敛思维一般是指在解决问题过程中，尽可能地利用已有的知识和经验，把众多的信息，逐步引到条理化的逻辑程序中去，以便最终得出一个合乎逻辑规范的结论来。所以，收敛思维是选择性思维，需要运用逻辑以及知识、经验。

（2）收敛思维的特征是聚焦性、程序性和最佳性。

1）聚焦性。发散思维的思考方向是以问题为原点指向四面八方，具有开放性。而收敛思维是针对一个集中的目标，思考方向是把许多发散思维的结果由四面八方聚合起来指向这个目标，通过比较、筛选、论证，选择一个合理的答案。聚焦性决定着收敛思维的方向和途径。

2）程序性。发散思维在从一个设想到另一个设想时，可以没有任何联系，是一种跳跃式的思维方式，具有间断性。而收敛思维的进行方式则相反，因为收敛思维有明确的目标，对已有设想和方案进行加工，就必须有一定的程序，先做什么后做什么都有一定的步骤，直至产生最佳方案。

3）最佳性。发散思维所产生的众多设想或方案，一般来说多数是不成熟的，也是不实际的。收敛思维对发散思维所得到的众多设想或方案，必须进行比较、筛选出切实可行的设想或方案。即要根据需要从各种不同的方案和方法中，选取解决问题的唯一确定的最佳方法或方案，不能含糊其辞、模棱两可。最佳性决定着收敛思维的成败。

发散思维与收敛思维的关系：创新过程常有发现问题阶段、确定问题阶段、解决问题阶段和评价阶段，但不论哪一阶段，都是发散思维与收敛思维的多次转化，而且总是先发散，后收敛，再发散，再收敛。于是，在解决一个创新课题的过程中，发散思维与收敛思维往往有机地结合在一起，互相协同并最终从整体上取得创新的成功。

发散思维使想象力自由飞翔，收敛思维使想象回到地面，归于现实。美国科学史和科学哲学家托马斯·库恩在他的名著《必要的张力》中说："我认为发散式思维与收敛式思维对于科学进步是同样重要的。这两种思维方式必然会发生冲突，因此要善于在两者之间保持一种张力，这种力正是我们进行最好的科学研究的重要条件。"

3. 逆向思维

（1）逆向思维的概念。逆向思维也称反向思维，是指人们在思考问题时，跳出常规，改变思维视角，从反面寻找解决问题的办法和思路的一种思维方式。

逆向思维是一种与常规的正向思维相对立的思维形式。常规的正向思维就是我们思考问题经常使用的传统的、逻辑的思维方法，采用这种常规的正向思维来解决问题，省时省力，也容易成功。但是在遇到复杂的、新的问题时，有时会产生按常规、从正面无法解决的情况，陷入思维困境，如果能够掉转方向、灵活地转换一下思维视角，"反其道而行之"，从反面寻找原因，反而会茅塞顿开，使问题得到快速有效的解决，收到意想不到的效果。

案例2-15　为了隐蔽而打亮光

第二次世界大战后期，在攻打柏林的战役中，一天晚上，苏联军队向德军发起进攻。可那天夜里天上偏偏有星星，大部队出击很难做到保持高度隐蔽而不被敌人察觉。苏军元帅朱可夫思索了许久，猛然想到并做出决定：把全军所有的大型探照灯都集中起来。在向德军发起进攻的那天晚上，苏军的140台大探照灯同时射向德军基地，极强的亮光把隐蔽在防御工事里的德军照得睁不开眼，什么也看不见，只有挨打而无法还击，苏军很快突破了德军的防线获得胜利。

案例2-16　解决圆珠笔漏油问题

圆珠笔是20世纪30年代欧洲人比罗兄弟发明的。过去的圆珠笔并不受人们喜欢，因为笔珠被磨损而慢慢变小，笔珠就偏了，笔油就随之流出，由此漏油玷污衣物和纸张。为了解决圆珠笔漏油问题，多年来人们一直循着一般的思路去想问题：怎样才能增强笔珠的耐磨性？经过努力研制出耐磨性强的笔珠。但是漏油问题仍然没能解决，因为笔珠的耐磨性强了，笔芯头部内侧与笔珠接触的部分便容易被磨损，缝隙会增大。后来，日本的中田藤三郎想到漏油的原因是油墨过剩，减少油墨的装填量不就行了吗？经过试验，他发现当圆珠笔写到2.5万字左右时，笔珠就变小而漏油。于是当机立断设计生产出笔芯容量减少，写到两万字时，笔芯就正好没油可漏的圆珠笔，很巧妙地解决了圆珠笔漏油的问题。

案例2-17　什么不赚钱就种什么

一位菜农，每到播种时节都要到种子市场打听一番，今年什么菜种卖得俏，什么菜种卖不动。有意思的是，接下来他买的菜种就是那些冷门货。这些冷门菜种长成蔬菜上市后,就变成了抢手货。倒是当初卖得红火的菜种,蔬菜上市后反而冷了下来。他说,什么赚钱就种什么,缺少了创新思想,结果是一哄而上,而后一哄而下,不仅赚不到钱,甚至可能血本无归。

上述案例的共同点是:当人们面对一个复杂的或者新问题,沿着某一固定方向思考而百思不得其解时,如果能调整一下思维方向,摆脱传统观念的束缚,把事情整个倒过来想,突破"常理",那么就有可能茅塞顿开,恍然大悟,由"山重水复"的歧途,而步入"柳暗花明"的佳境。这些从问题的反面去思考解决的方法和途径就叫"逆向思维",与"司马光砸缸救人"有异曲同工之妙。

(2)逆向思维的特征。逆向思维的特征是反向性、新奇性和普遍性。

1)反向性。逆向思维是与正向思维相比较而言的,正向思维是指常规的、常识的、公认的或习惯的想法与做法。逆向思维则恰恰相反,是对传统、惯例、常识的反叛,是对常规的挑战。它能够克服思维定式,破除由经验和习惯造成的僵化的认识模式。逆向思维与正向思维的反差越大,背离越明显,其创新设想就越新颖。

案例 2-18　向下发射的"钻井火箭"

常识告诉我们,火箭都是向上发射的,苏联的工程师米海依尔却将火箭的方向来了一个根本的逆转,在1968年研制成功了向下发射的钻井火箭。这种火箭在地层中推进,可按要求改变方向,可以穿透土壤、冰层、冻土、岩石,每分钟能钻井10米。与普通钻井相比,能耗少一半,效率却提高了五到八倍。新火箭的发明,引起了极大的轰动,被誉为钻井领域的革命。

2)新奇性。按传统的循规蹈矩的思维方式解决问题虽然简单,但容易使思路僵化、刻板,摆脱不掉习惯的束缚,得到的往往是一些司空见惯的答案。其实,任何事物都具有多方面属性。由于受过去经验的影响,人们容易看到熟悉的一面,而对另一面却视而不见。逆向思维突破常规,独辟蹊径,往往是出人意料,得到耳目一新、戏剧性的创新成果。

案例 2-19　打字的速度与效率

19世纪70年代,英文打字机问世初期,制造厂商经常接到用户来信,抱怨打字的速度一快时,字母键对应的连杆和打字头会纠缠在一起,无法打字。为此,技术人员想方设法进行改造研究,可没有成功。后来,有人大胆建议,让打字速度降下来,就没有问题了。这确实是个新奇而反常的主意,打字者希望越快越好,怎么才能让打字员故意"磨洋工"呢?除非改变机器的设计,让打字员操作不方便而不得不减缓打字速度。为此,技术人员重新考虑键盘字母排列,让几个常用的字母移到键盘的边上,使打字人员操作不顺手而自然降低了速度，打字杆与打字头纠缠的难题也就解决了。

3）普遍性。由于事物的对立统一是普遍的，矛盾的事物相互依存、相互排斥，并在一定条件下相互转化。逆向思维作为一种重要的思维方式，从矛盾对立面的反面去认识事物，发现规律，在生产、技术、管理、生活等各种领域都取得了大量的创新成果。

案例 2-20　孙膑智胜魏惠王

孙膑是战国时著名军事家，他到魏国求职，魏惠王心胸狭窄，忌其才华，故意刁难，对孙膑说："听说你挺有才能，如你能使我从座位上走下来，就任用你为将军。"魏惠王心想，我就是不起来，你又奈我何！孙膑想，魏惠王赖在座位上，我不能强行把他拉下来，把皇帝拉下马是死罪。怎么办呢？只有用逆向思维法，让他自动走下来。于是，孙膑对魏惠王说："我确实没有办法使大王从宝座上走下来，但是我却有办法使您坐到宝座上。"魏惠王心想，这还不是一回事，我就是不坐下，你又奈我何！便乐呵呵地从座位上走下来，孙膑马上说："我现在虽然没有办法使您坐回去，但我已经使您从座位上走下来了。"魏惠王方知上当，只好任用他为将军。

4. 横向思维与纵向思维

横向思维是一种打破逻辑局限，将思维往更宽广领域拓展的前进式思考模式，它的特点是不限制任何范畴，以偶然性概念来逃离逻辑思维，从而创造出更多新想法新观点新事物的一种创造性思维。

横向思维是相对于垂直纵向走向的纵向思维而言的。横向思维可以创造多点切入，甚至可以从终点返回起点式的思考。

案例 2-21　新型篮球鞋的诞生

篮球运动随着体育馆的发展，正式比赛从室外移入室内，场地也从三合土、水泥等摩擦力较大的地面，变成了木板等摩擦力较小的地面，原来的球鞋就出现"打滑"现象。纵向思维是不断改变原来球鞋底凸起的花纹，希望球鞋不"打滑"，但改来改去，凸起的花纹变了多少种，效果并不明显。一天，设计者见自己的孩子在玩玩具手枪，打出去的橡皮头子弹都"贴"在墙上不掉下来。他取下一看，橡皮头都是凹进去的"吸盘式"的，于是他突然来了灵感——鞋底用吸盘原理设计行不行？经过反复试验、修改，由许多菱形吸盘组成鞋底花纹的新型篮球鞋诞生了。

假如不是从玩具枪子弹中受到启发，一改过去只是改变凸起花纹的纵向思维的常规思路，从侧向去思考凹进去的"吸盘"式鞋底图案，恐怕新型篮球鞋就不会被发明出来。因此,在横向思维中,好奇、想象、机遇、直觉、顿悟等创新思维形式都大有用武之地。新型篮球鞋的故事很能说明横向思维与纵向思维的不同。

(1) 横向思维的要点是注意侧向。横向思维主要特征是对侧向的重视,其含义有两层。

1) 解决问题时有意暂时放下原来占据主导的想法,去寻找原来不被重视和注意的另一条思路。例如,新型篮球鞋的发明,就是暂时有意放下设计凸起鞋底花纹,换条思路去想原来自己不注意的方面:能不能改变为其他类型的花纹?

2) 不从正面突破,改用迂回包抄,学会使用间接注意法这种解决问题的技巧。毛泽东说过:"为了进攻而防御,为了前进而后退,为了向正面而向侧面,为了走直路而走弯路,是许多事物在发展过程中所不可避免的现象。"《水浒传》中"三打祝家庄"就是迂回思维的典范。祝家庄虽说不上兵多将广,但地形复杂、路藏伏兵、机关遍设、处处暗藏杀机,加之有祝、李、扈联盟的作用而使两次正面进攻失利。后来改正面进攻为派人打入其内部并拆散三庄联盟,最终取得胜利。

(2) 横向思维与纵向思维的互补。纵向思维遵循逻辑规则,从纵的发展上延伸,依照各个步骤和发展阶段,从上一步想到下一步,从而设想、推断出下一步的发展趋向,确定研究内容和目标。例如从蓬草随风滚动到磁悬浮列车,就是沿着纵向思维的逻辑规则发展的:

$$蓬草\to 木轮\to 包铁木轮\to 铁轮 \begin{cases} \to 轮胎 \\ \to 轴承 \end{cases} \to 气垫船\to 磁悬浮列车$$

横向思维是非逻辑性跳跃式思维,它促进生成,侧重于在看起来毫不相关的信息中寻找新的可能性,开辟新的途径。例如上例的纵向思维,木轮不耐磨结实,包铁木轮顺而产生。包铁木轮的边缘耐磨了,辐条和车轴仍易损坏,才继而产生了铁轮。铁轮坚固但震动大,才有了包上充气轮胎的车轮。那么,履带轮是怎么发明的?这就是横向思维的产物了。铁轮装在战车上虽然坚固,但车身太重导致车轮陷入地面,沿横向思维,于是用增加车轮的数量的方法来降低压强,而不是沿纵向思维继续改进轮子。车轮增多后,又有了新的横向思维,这就是要解决车轮易打滑的问题,但又不可能给每个轮子都连接发动机,因战车的推力常显不足,加上还希望继续减少车轮的压力这一横向思维,一项重大的发明——履带问世了。它不仅把多个铁轮连在了一起,填补了轮与轮的空间,进一步减少了压强,而且解决了动力传动和打滑的问题。

从以上分析可以得到,横向思维与纵向思维不是谁取代谁的问题,而是相辅相成的互补关系。横向思维的丰富性与纵向思维的正确性互补,可使创新思维更显丰富和正确。

2.2.2 创新思维的过程

不少杰出的创新都留下了动人的传说：瓦特看到壶盖被蒸汽顶起而发明了蒸汽机，牛顿被树上落下的苹果砸头而发现了万有引力，门捷列夫玩纸牌时想出了元素周期表。创新是由创新思维的过程所决定的，而结果仅是过程的成功产物。

创新思维的"四阶段理论"是一种影响大、传播广，而且具有较大实用性的过程理论，由英国心理学家沃勒斯提出。该过程理论认为创新思维的发展分四个阶段：准备期、酝酿期、明朗期和验证期。

1. 准备期

准备期是准备和提出问题阶段，一切创新都是从发现问题、提出问题开始的。问题的本质是现有状况与理想状况的差距。爱因斯坦认为："形成问题通常比解决问题还要重要，因为解决问题不过牵涉数学上的或实验上的技能而已，然而明确问题并非易事，需要有创新的想象力。"他还认为对问题的感受性是人的重要资质，然而，有些人偏偏缺乏这种资质。准备期还可以分为下列三步。

1）对知识和经验进行积累和整理。
2）搜集必要的事实和资料。
3）了解自己提出问题的社会价值，能满足社会的何种需要及价值前景。

通过以上三步，力求使问题概念化、形象化和具有可行性。

案例 2-22 沙丘驻涡火焰稳定器

我国航空发动机专家高歌发明了"沙丘驻涡火焰稳定器"，获得国家科技进步一等奖。他解决了喷气式发动机 40 多年来燃烧火焰不稳定的难题。高歌在准备期，通过查阅资料得知，原来一直沿用的"V"型槽环状火焰稳定器的稳定效果不理想，有时，还导致发动机空中停转，或因不稳定火焰造成"爆轰"。高歌回忆起了自己曾经观察、试验过的新月形沙丘，这种沙丘在狂风下也不变形，显示出了极强的稳定性。他又研究了美国人研究雪堆稳定性的资料，筹备了解决这项难题的技术手段——计算沙丘三维体背面的流场。

2. 酝酿期

酝酿期也称沉思和多方思维发散阶段，在酝酿期要把收集的资料、信息、进行加工处理，探索解决问题的关键，因此常常需要耗费很长时间，花费巨大精力，是大脑高强度活动时期。这一时期，要从各个方面，如前面讲到的纵横、正反等方向去进行思维发散，让各种设想在头脑中反复组合、交叉、撞击、渗透，按照新的方式进行加工。加工时应主动地使用创新技法，不断选择，力求形成新的创意。这里的选择就是充分地思考，让各方面的问题都充分地暴露出来，从而把思维过程中那些不必要的部分舍弃。创新思维的酝酿期，特别强调有意识的选择。

为使酝酿过程更加深刻和广泛，还应注意把思考的范围从熟悉的领域，扩大到表面上看起来没有什么联系的其他专业领域，特别是常被自己忽视的领域。这样，既有利于冲破传统思维方式和"权威"的束缚，打破成见，独辟蹊径，又有利于获得多方面的信息，利用多学科知识的"交叉"优势，在一个更高层次上把握创新活动的全局，寻找创新的突破口。有时也可把思考的问题暂时搁置一下，让习惯性思维被有意识地切断，以便产生新思维。灵感思维的诱发规律告诉我们，大脑长时间兴奋后有意松弛，有利于灵感的闪现。

酝酿期的思维强度大，困难重重，常常百思不得其解。此时坚强的意志品质和进取心就显得格外重要，因为这是酝酿期取得进展直至突破的心理保证。

3. 明朗期

明朗期即顿悟或突破期，寻找到了解决方法。明朗期很短促，很突然，呈猛烈爆发状态。久盼的创新突破在瞬间实现。

上文案例中高歌在酝酿期反复寻找的计算方法虽然找到了，但计算结果根本不适用，他又陷入苦思和计算。一天深夜，因苦苦思索而疲倦万分的高歌去洗漱间刷牙，洗漱间窗口的习习凉风和口中冷水的刺激，使他异常清醒，加之牙刷有规律地运动，他脑子里突然闪出一个新的计算方法：把一切倒过来，将算式中的符号全部改成相反的。他急忙扔下牙刷跑回房间。按新的方法算了一遍，问题解决了！

4. 验证期

验证期是评价阶段，是完善充分论证阶段。思维突然获得突破，飞跃出现在瞬间，结果难免稚嫩、粗糙甚至存在若干缺陷。验证期是把明朗期获得的结果加以整理、完善和论证，并且去进一步充实。假如不经过这个阶段，创新成果就不可能真正取得。论证，一是理论上验证，二是放到实践中检验。

验证期的心理状态较平静，但耐心、周密、慎重、不急于求成和不急功近利是很关键的。

上述案例中高歌在验证思维成果时，反复修改，从理论上找到依据后，又经过火焰实验、高空模拟试验、发动机整机试验、高空试飞等，才最后证明了思维成果的正确性。

2.3 创新思维的障碍

人人都有创新潜力，为什么有的人发挥出来了，有的人发挥不出来呢？培养创新精神必须排除各种心理障碍和消极的思维定式。

2.3.1 思维障碍的含义

思维障碍是指长期思维实践中所形成的思维定式和思维偏见。思维障碍并不是医学上的大脑疾病，而是人的思维方式上的局限性。

1. 思维定式

思维定式又称惯性思维，是指人们用以前的知识、经验，按照先前形成的习惯的、固定的思维方向、次序和方法，来对待当前的问题和事物的思维方式，它是人们在长期的思维过程中所形成的一种思维条件反射。

人的思维本身存在着一定的惰性。人们在解决某一个问题时，会开动脑筋，按一定方向、次序和方法进行思考，如果问题得到了很好的解决，就会在大脑中形成"成功"的经验，再遇到相同或类似的问题时，就会不由自主沿着上次思考的方向、次序和方法去解决，久而久之形成习惯和非常固定的思维模式，就是"思维定式"。

思维定式是人类心理活动的普遍现象，每个人都形成了自己所惯用的、格式化的思考模式，当面临外界事物或现实问题的时候，我们能够不假思索地把它们纳入特定的思维框架，并沿着特定的思维路径对它们进行思考或处理，因为这样做是最容易、最有安全感的做法。例如，从某一地点回家时候采取的路线和交通方式，许多人都不会去故意变动。然而世界瞬息万变，世上没有两片完全相同的树叶，依靠过去的知识、经验和解决方法，来对待当前的问题和事物，有时会阻碍了创新思维，得出错误的结论。

案例2-23 毛毛虫试验

法国心理学家约翰·法伯曾经做过一个著名的"毛毛虫试验"，把许多毛毛虫放在一个盆子的边缘上，使其首尾相接，围成一圈，在盆子周围不远的地方，撒了一些毛毛虫喜欢吃的松叶。

毛毛虫开始一个跟着一个，绕着盆子的边缘一圈一圈地走，一小时过去了，一天过去了，又一天过去了，这些毛毛虫还是夜以继日地绕着盆子在转，一连走了七天七夜，它们最终因为饥饿和筋疲力尽而相继死去。

约翰·法伯在做这个试验前曾经设想：毛毛虫会很快厌倦这种毫无意义的绕圈而转向它们比较爱吃的食物，遗憾的是毛毛虫并没有这样做。导致这种悲剧的原因就在于毛毛虫习惯固守原有的本能、习惯、先例和经验。毛毛虫付出了生命，但没有任何结果。如果有一个毛毛虫能够破除尾随的习惯而转向去觅食，就完全可以避免悲剧的发生。其实，在自然界中许多比毛毛虫更高级的生物身上，也存在着"毛毛虫效应"。还有一个试验，即把六只蜜蜂和六只苍蝇装进一个玻璃瓶中，然后将瓶子平放，让瓶底朝着窗户。结果发生了什么情况呢？蜜蜂不停地想在瓶底找到出口，一直到它们力竭倒毙或饿死；而苍蝇则会在不到两分钟之内，穿过另一端的瓶颈逃逸一空。蜜蜂认为出口肯定就在光亮处，想当然地设定了出口的方位，并且不停地重复着这种合乎逻辑的行动。可以说，正是由于这种思维定式，它们才没有能飞出瓶子。而那些苍蝇全然没有对光亮的定式，而是四下乱飞，终于飞出了瓶子。

人们在进行学习、工作和日常生活中，对于那些"轻车熟路"的问题，会下意识地重复一些现成的思考过程和行为方式，因此很容易产生思维的惯性，也就是不由自主地依靠既有的经验，按固定思路去思考问题，不愿意转个方向、换个角度想问题，从而阻碍了创新思维的发挥。例如，"瓶装水"不需要架设管道，也不受空间限制，比管道自来水使用上方便、简单。但"瓶装水"刚在我国市场出现时有些人并不接受，提出了许多问题：①自来水不是挺好吗（维持原状）？②瓶装水也有不少缺点（否定新想法）。③瓶装水比自来水花钱多啊（挑毛病）。④人们这么多年都使用自来水，就你能改变吗（惯性思维）。⑤自来水公司不会让的（先考虑阻力）。⑥自来水总比井水、河水好吧（以过去的进步代替将来的进步）。⑦讨论这个没有意义（故作大气）。在这些话语中，不乏僵化的观念和思维定式。

课堂训练2-2 日字加一笔能变成什么字？

提示：由、田、申、白、电、旦、旧、甲、目等。

提问：还有一个字漏掉了，大家想想，检索、扫描一下，看看还有一个什么字我们没想起来？"中"字对不对？横过来为什么不可以？有没有规定不能把这块黑板横过来呢？

问题：请你加一笔，将"日"字变成"口"字？

提示：用"白笔"写。有没有规定用什么颜色的笔呢？没有。

总结：日字加一笔，我们想当然只能"横"着加，想不到还可以把字倒过来加；日字变口字，虽然我们都用过修正液，但还是受到笔是黑色或蓝色的先前经验的制约，想不到用白笔写。

课堂训练 2-3　如何判断哪个开关控制哪盏灯?

有两个房间,在 A 房间里有三盏灯,这三盏灯的开关都在 B 房间里(每个开关只能控制一盏灯),另外,只有进入 A 房间才能看到里面的三盏灯是否亮着。现在假设你只能进一次 A 房间,请问你有什么办法可以判断出三个开关分别控制哪盏灯(图 2-1)?

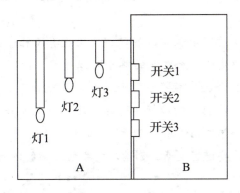

图 2-1　开关与灯

提示: 先在 B 房间任意开一个开关,然后等五分钟,关掉这个开关,再开另一个开关,接着就到 A 房间看看亮着哪一盏灯,这一盏灯的开关就是第二次开的开关;再摸摸另外两盏灯看看哪一盏灯是热的。热的那一盏灯的开关就是第一次开的开关,剩下那一盏灯的开关就是没有开过的开关。

平时我们都习惯认为,灯就是用来照明的,那么自然就会想到"看"它是否亮过,再沿着这一思路去找解决方法。但是,如果我们能够跳出这一思维定式,想到灯不但会发光还会发热,那么问题就迎刃而解了。

课堂训练 2-4　怎样买剪子

在一个五金商店,有一天来了一个哑巴,店主问他买什么,他左手两手指做出握钉子状,右手做出用锤子敲击的样子。店主先拿出锤子,他摇了摇头,又拿出钉子,他点了点头,买了满意地走了。请问,一个盲人想买一把剪子,将会怎样做?

思维定式是用食指和中指做出剪子的形状就可以了。思维定式限制了我们的思维。其实,盲人只要开口说一声"我要买剪子"就行了。

案例 2-24　怎样测塔高

有一个商人推销气压计,为了证明气压计的灵敏度和实用性,找了工作性质不同的三个人,一个是物理学家,一个是工程学家,一个是画家。让他们分别用气压计来测量五年前盖成的一座塔的高度。显然他们利用职业特点,八仙过海,各出奇招,来测量塔的高度。物理学家登上塔顶，探出身来，看着手表的秒针，轻轻松松让气压计自由落下，记录下气压计落到地下所需的时间，再根据自由落体公式，算出塔的高度。显然这种使用气压计的方法，使商人大失所望。

工程学家在塔底测量了一下大气压，登上塔顶又测量了一次大气压，得到塔底和塔顶气压的差值，再根据每升高12米气压下降1毫米汞柱（即133.3帕），计算出塔的高度，商人非常满意。

最后轮到画家，他既没有物理学家的学识，又没有工程学家的经验，这可为难他了，但是他反倒没有思维定式，有更多的路子可以选择。画家发挥想象力和直觉，把气压计送给看守塔的人。作为交换条件，让守塔人到储藏间，把塔的设计图找出来，拂拭去设计图上的灰尘，看到了精确标示塔的高度。商人高兴了，因为画家寻找的设计图，精确地验证了工程学家用气压计测量塔高的结果。

这个故事告诉我们，要进行创新，创造新的事物，新的方法，必须克服思维定式，突破思维障碍。

思维定式对于解决问题具有重要的积极意义。在解决问题活动中，思维定式的作用是根据面临的新问题可以联想起已经解决的类似的问题，将新问题的特征与旧问题的特征进行比较，抓住新旧问题的共同特征，利用处理过类似的旧问题的知识和经验处理新问题，或把新问题转化成一个已经解决的熟悉的问题，从而为新问题的解决明确方向和程序。因此，正确、稳定的思维定式，可使人们在解决同样或类似问题时表现出习惯化、自动化，从而大大地缩短和简化解决问题的探索过程，少走弯路，迅速地解决某些问题。我们遇到的问题大约有99%是靠思维定式帮助解决的。人的思考需要具有一定的知识和经验基础，缺少知识和经验直接会影响到思考的全面性和深度，进而导致创新无源。

美国心理学家贝弗里奇在其《科学研究的艺术》一书中解释了思维定式："我们的思想多次采取特定的一种思路，下一次采取同样的思路的可能性就越大。在一连串的思想中一个个观念之间形成了联系，这种联系每利用一次，就变得越加牢固。直到最后，这种联系紧紧地建立起来，以至它们的连接很难破坏。这样，正像形成条件反射一样，思考受到了条件的限制。我们很可能具备足够的资料来解决问题，然而，一旦采用了一种不利的思路，问题考虑得越多，采取有利思路的可能性就越小。"可见，思维定式也有消极的一面，消极的思维定式的主要危害有如下几方面。

(1) 使人思维封闭，失去创新的动力。思维定式容易使我们产生思维惰性和保守性，养成一种呆板、机械、千篇一律的解决问题习惯。因为人们对习惯的生物失去了敏感性，反应变得迟钝，甚至熟视无睹，认为其是自然而然的事情，发现不了问题，当然也就谈不到解决这些问题。

案例 2-25　思维定式影响到物理学重大发现

在物理学发展史上，受思维定式影响而与物理学重大发现失之交臂的情况也屡见不鲜。从地心说到牛顿力学的建立，从牛顿力学到爱因斯坦的相对论，以及量子力学的建立，在新的学说建立之前，科学家们大多是用以前的理论去理解所有事物和新的发现，直到无法解释，才有人去尝试用新的理论解释。整个物理学其实就是建立模式→被推翻→建立新的模式的过程。比如，荷兰物理学家洛伦兹曾走到了发现相对论的边缘，也曾提出了长度收缩假说，但是因为他对牛顿的时空观深信不疑，并加以采用，正是思维定式的桎梏，使他未能建立起新的时空观。爱因斯坦独具慧眼，冲破思维定式的束缚和偏见，提出了与牛顿时空观不同的新的时空观，认为空间是相对的，运动的尺子会缩短，时间是相对的，运动的时间会变慢，物体的质量随速度增大而增大，从而创立了相对论。

（2）使人步入思维误区，造成创新能力下降。当新旧问题形成质疑时，思维定式往往会使人们步入误区，造成对新的知识与新的外界事物的曲解，妨碍人采用新的构想、新的方法，结果浪费时间与精力，妨碍问题的解决。

思维一旦进入死角，其智力就在常人之下。心理学家对20～45岁的成人进行了创新能力测验，结果只有5%的人合格，但随着年龄的下降，创造性开始增强，在5岁的儿童中具有创新能力的人竟然高达90%，这表明人的创新能力随着年龄的增长、知识的增多会受到抑制。为什么很多知识渊博的人到头来一事无成？为什么很多没有受过多少学校正规教育的人却拥有高强的本领？原因之一就是不能摆脱自己头脑中的思维定式。高阳的《红顶商人胡雪岩》书中有这么一句话："如果你有一乡的眼光，你可以做一乡的生意；如果你有一县的眼光，你可以做一县的生意；如果你有天下的眼光，你可以做天下的生意。"思维定式是最可怕的障碍，不是外界给我们设定的障碍，而是我们自己给自己设定的障碍。

总之，消极的思维定式是创新最大的敌人，它遏制人的创新思维和行为，导致因循守旧和不思进取，从而阻碍发明创新，影响社会经济发展和科技进步。

2. 思维偏见

思维偏见是指人们在认识事物和解决问题时，由于受到利益驱动、心理期待、情感依恋等主观因素的影响，所产生的"先入为主"的成见和观念。

思维定式是顺着以前的固定思路、思维模式来看待新事物，解决新问题；思维偏见是用落后的不正确的观念来看待新事物，解决新问题。相比之下，思维偏见对阻碍创新思维的危害更大。在人们的头脑中，有许许多多的清规戒律，诸如"决不允许……"，"千万别……"，"只能这样"，"不能那样"之类，还有一些陈腐落后的观念，这些都严重阻碍了人们的创新，束缚着人们的大脑。

思维偏见是用有色眼光对待事物和问题，不仔细分析研究就给予否定，这对发明创新是致命打击。美国心理学家贝弗里奇在《科学研究的艺术》一书中说："在我们所有的人身上，都存在着一种抵制新思想的心理上的倾向。"

课堂训练2-5　复述故事

故事梗概： 办公室里有两个小伙子和一个姑娘，小伙子都很帅气，姑娘年轻貌美。一个小伙精明能干很快得到老板提拔重用，但对姑娘不冷不热；另一个小伙业务平平，对姑娘却热心讨好，他经常买许多姑娘喜欢的小礼物送给她。姑娘很欣赏第一个小伙的才能，对第二个小伙的礼物也不拒绝。

训练过程： 教师先将上述故事小声地讲给第一个同学，然后请这个同学小声地把故事讲给另一个人听，听者再讲给下一个人……每个人都认真倾听并尽量忠实地复述。参加人数在20人以上。最后一个同学把他听到的故事讲出来，与最初的故事情节进行比较，看有哪些变化。

教师讲评： 在复述中，人们常常漏掉了那些不太合逻辑或与人们期望不一致的情节，而增加了一些使故事显得更合理的情节；用自己熟悉的词语代替那些不常用的词语；复述中故事的主题更加突出；复述者对故事的态度常常会影响到他的复述。也就是说，人们记住的往往是他所愿意理解的东西，那些与自己的期望和了解不符合的情节会被遗忘或歪曲。可见，偏见有时并非主观故意，而是一种无意识倾向，人们为了迎合自己的某种期待会导致认知发生一些细微的偏移。

思维偏见主要有利益偏见、位置偏见、刻板效应等。

（1）利益偏见：是指人们由于利益关系的存在，对事对人的看法会不自觉地发生偏离。

例如，大多数的恋人都认为自己找到了世上最好的人，大多数孩子也都会得出结论说自己的父母是世界上最好的父母。一个斤斤计较、贪图私利的人常常只是因为一个过路人踩了他的脚，就把这个人看作世界上最可恶和最卑鄙的坏蛋。1974年，心理学家兰德和赛格尔做了一个试验，他们让男人看几篇有关电视对社会影响的论文，要求看完后对论文做出"好"与"差"的评价。心理学家同时还告诉这些人，所有的论文都是某些女人所写的（其实并非如此），每篇论文上都贴上女性"作者"的照片，照片既有漂亮的，也有不漂亮的。结果发现，漂亮、有魅力的女人所"写"的文章往往被认为是篇很好的论文。可见，偏见总是在你不经意间以它特有的形式渗透在思想中。

长期以来，我们往往习惯于用是否对我们"有利"来衡量一条消息或一种说法的价值，而不是将事实的真伪和可靠性放在首位。于是，表面上对我们有利的消息会不胫而走；反之则讳莫如深，不闻不问。

（2）位置偏见：是指人们观察事物和问题的立场、角度不同，往往会发生认知上的偏见。例如，在一些企业里，老板总抱怨员工出工不出力、磨洋工，员工总抱怨老板的钱太少、心太黑。这其实就是各自所处的位置不同，才导致双方似乎无法弥合思维差距。又如，中年以后，我们对自己长相的评估总是偏向于比实际更年轻些，黑格尔说："同一句格言，出自年轻人之口与出自老年人是不同的，对一个老年人来说，也许是他一辈子心酸经验的总结。"人们都是自觉不自觉地以自我为中心来认识事物的，于是就有了偏见。

（3）刻板效应：是指人们很容易将对某一类人或事物的比较固定而笼统的看法，刻板、机械地套用到某个人或某个事物上的思维方式。

人们在社会交往的实践中，由于没有时间和精力去和某个群体中的每一成员都进行深入的交往，而只能与其中的一部分成员交往，于是就对社会人群进行简单的分类和泛化概括。比如，人们一般认为工人直爽，农民质朴，军人雷厉风行，知识分子文质彬彬，商人较为精明；老年人保守，年轻人爱冲动；爱挑毛病的人一定是"刺儿头"，沉默寡言的人一定城府很深；活泼好动的人一定办事毛糙，性格内向的人一定老实听话等。如果用这些对某一类人的看法，不加区别地刻板地套用到对某个人的认识，就出现了刻板效应。

刻板效应简化人们的认知过程，有助于对人迅速做出判断，增强人们在沟通中的适应性，但常常会造成认知上的偏差、判断错误，如同戴上有色眼镜去看人。

2.3.2 常见的思维障碍类型

1. 书本型思维障碍

这是指迷信书本知识，不能突破和阻碍创新的一种思维方式。

知识是创新思维的基础。人们的思维主要依赖于已有的知识和经验在大脑中长期积累和沉淀，正是这种积累和沉淀，使头脑形成一种一旦接受相关的外部信息就能够很快做出直觉判断的能力。科学研究和创新的实践已经证明，一个人头脑中知识和经验的积淀越是深厚，他在创新中获得突破的可能性就越大。没有知识作为基础，思维只能是镜花水月。但是书本知识有时会阻碍发明创新，原因如下。

（1）书本知识与客观现实之间存在着一段距离，二者并不完全吻合。如果只是机械、刻板的接受和储存知识，而未将已获取的知识进行理解、运用、转化，就难以解决新问题。例如，英国中世纪有一个叫乔治的人，他从五岁开始每天读一本书，活到85岁，一生共读了29200本书，但没有任何贡献，因此被人们称为"两脚站立的书橱"。读书的目的在于反思，在于应用与创新。

（2）书本知识也会过时。知识只有不断更新才能成为有效行动的信息，才能发明创新。

（3）一个人掌握的书本知识过于专业化，容易使人局限于某个专业之内，眼界过于狭隘，束缚了创新思维的发挥。发明创新史上有不少这样的事例，一些专业领域的创新，并不是资深的专业人员做出的，而是那些初涉专业的新手，或那些从别的专业转过来的人士。

（4）人们怎样对待书本知识直接影响着创新思维的发挥。尽信书不如无书，如果一个人从本本主义、教条主义出发，迷信书本，完全照书本上说的办事，书本上没有说的不敢做，书上错误的不敢纠正，那么，就会极大地限制人的思维。例如，天文学家勒莫尼亚曾先后12次观看到天王星。但由于受到"太阳系的范围到土星为止"这一老观念的束缚，不敢标新立异，没有把天王星认定为太阳系的一颗行星，一直到1781年才由英国天文学家赫舍尔加以认定。我们能看到有这样一些人，他们读书不多，甚至没有受过正规的高等教育，却思维敏捷，创新不断，甚至成为叱咤风云的人物，比如爱迪生。

案例2-26　纸上谈兵

战国时期，赵国大将赵奢曾以少胜多，大败入侵的秦军，被提拔为上卿。他有一个儿子叫赵括，从小熟读兵书，谈起用兵之道滔滔不绝，连他的父亲也难不倒他。因此很骄傲，自以为天下无敌。然而赵奢却很替他担忧，认为他不过是纸上谈兵，并且说："将来赵国不用他为将则罢，如果用他为将，他一定会使赵军遭受失败。"果然，公元前259年，秦军又来犯，赵军在长平（今山西高平市附近）坚持抗敌。那时赵奢已经去世，廉颇负责指挥全军，他年纪虽高，打仗仍然很有办法，使得秦军无法取胜。秦国知道拖下去于己不利，就施行了反间计，派人到赵国散布"秦军最害怕赵奢的儿子赵括将军"的话。赵王上当受骗，派赵括替代了廉颇。赵括自认为很会打仗，死搬兵书上的条文，到长平后完全改变了廉颇的作战方案，结果四十多万赵军尽被歼灭，他自己也被秦军箭射身亡。

案例2-27　创新思维与学历的关系

一次，正在研制电灯泡的爱迪生想知道灯泡的体积，便让大学数学专业毕业的助手阿普拉去测量。阿普拉接受任务后，量了灯泡的直径，又量了灯泡的周长，然后列出公式进行计算。由于灯泡不是球形，计算起来十分复杂，算了密密麻麻几张纸，仍没有结果。过了个把小时，爱迪生催问结果，阿普拉还没算好。爱迪生一看，他算得太复杂了，便拿起灯泡，沉在水里，让灯泡灌满了水然后把灯泡的水再倒在量筒中，看了量筒度数，便轻而易举地说出了灯泡的体积。阿普拉大学数学系毕业，学历不可谓不高，可在碰到"测量灯泡体积"这一并未超过他本专业范围的问题时，却还不如没有接受过高等教育的爱迪生。

2. 经验型思维障碍

这是指由于人们过分相信过去的经验，从而不能突破思维，阻碍了创新的一种思维方式。

案例 2-28 被经验淹死的驴

古代有一则名为"驮盐的驴"的短文：一头驴子驮着盐过河，在河边滑了一跤，跌在水里，那盐溶化了。驴子站起来时，感到身体轻松了许多。驴子非常高兴，获得了经验。后来有一回，它背了棉花，以为再跌倒，可以同上次一样，于是走到河里的时候，便故意跌倒在水中。可是棉花吸收了水，驴子非但不能再站起来，而且一直向下沉，直到淹死。

经验是人们通过实践获得的知识和技能。经验是宝贵的，前人的经验及自己总结的经验会对我们解决问题带来方便。如品茶大师拿着茶叶一看一品，就知道它的产地和等级；老农抓起一把土一看，就知道适宜种什么庄稼；老工人一听机器运转的声音，就知道机器在什么地方出了毛病；老驾驶员比新驾驶员能更好地应付各种路况；老会计比新会计能更熟练地处理复杂的账目等。随着年龄的增长，我们的经验不断增长，不断更新，使我们开阔眼界，增强见识，创新思维能力得以提高。但另一方面，经验又有很大的狭隘性，束缚了思维的广度，主要有三方面的表现。

（1）经验具有时空狭隘性。任何经验总是在一定的时空范围中产生的，而往往也只适用于一定的时空范围，一旦超出这个范围，某种经验能否有效则不一定。

（2）经验具有主体狭隘性。每一个思维主体，不管经验多么丰富，从数量上说总是有限的，没有经历过的事情总是无穷多的。这样，当他面临自己从没遇到过的事物或者问题的时候，常常会手足无措，如果单凭已有的经验推断，其结果大多是错误的。

（3）用以往的经验来处理问题会产生偏差和失误。个人的经验在内容上仅仅抓住了常见的东西，而忽略了少见的、偶然的东西。但是在每一个具体的现实环境中，总会有平常少见、偶然性的东西出现，如果我们仍然用以往的经验来处理，则不可避免地要产生偏差和失误。

对经验的过分依赖乃至崇拜，形成固定的思维模式，成为发挥创新能力的障碍，结果就会削弱想象力，造成创新能力的下降。

案例 2-29　现代铁路两条轨道之间的标准宽度

原来，早期的铁路是由造电车的人设计的，而 4.85 英尺（1 英尺≈0.3048 米）正好是电车所用轮距的标准；那么电车的轮距标准是从哪里来的呢？最先造电车的人以前是造马车的，所以电车的标准沿用马车的轮距标准；那么马车为什么要用这个轮距标准呢？因为古罗马军队的战车宽度就是 4.85 英尺；那么为什么古罗马战车轮距宽度要采用 4.85 英尺呢？原因很简单，那是牵引战车的两匹马的屁股宽度。

美国经济学家道格拉斯·斯诺对这一现象研究后，总结出"路径依赖"原理，并利用这一理论成功解释了经济制度的演进规律，因此获得了 1993 年诺贝尔经济学奖。

"路径依赖"理论告诉我们：一旦人们最初做出了某种选择，就好比走上了一条不归路，惯性的力量会使这一选择不断自我强化，并让你不能轻易走出来。

3. 直线型（线性思维）思维障碍

这是指面对复杂多变的事物，仍用简单的非此即彼或者按顺序排列的方式思考问题，不善于从侧面、反面或迂回地去思考问题。

人们在解决简单问题时只能用一是一、二是二，或 A = B，B = C，则 A = C 这样的直线型的思维才能奏效，这就培养了直线型思维的习惯。同时，为了达到目标，人们往往会根据重要性和紧急程度对事情加以细分，并据此安排处理的先后顺序和工作日程，时间一长就形成了思维定式，在遇到紧急情况时，也难以摆脱按顺序排列的思考方式，从而阻碍了创新思维的发挥。

线性思维模式有两个基本特点。

（1）用一维直线思维来处理一元问题，使之成为具有非此即彼答案的问题，并排除两个可能答案中的一个。

（2）把多元问题变为一元问题。客观对象所包含的问题往往是多元的，线性思维模式要求把其中一个问题突出，把其余问题撇开，或者把复杂问题归结为一个简单问题，然后予以处理。

案例 2-30　先扔谁

英国有一家报纸曾举办一项高额奖金的有奖征答活动，题目如下：在一个热气球上，载着三位关系世界命运兴旺的科学家。第一位是环保专家，他的研究可拯救人类因环境污染而面临死亡的厄运；第二位是核专家，他有能力防止全球性的核战争，使地球免于遭受灭亡的绝境；第三位是粮食专家，他能在不毛之地运用专业知识成功地种植植物，使几千万人脱离饥荒而灭亡的命运。此刻，在千米高空中，热气球出了毛病，即将坠毁，热气球只能承载两个人，必须扔下一个人，请问，该扔下哪一位科学家？

问题刊出之后，因为奖金数额庞大，信件如雪片飞来。最后结果揭晓，巨额奖金的得主是一个小男孩。他的答案是，将最胖的那人丢出去。孩子没有世俗的偏见，受直线型思维影响甚少，只从问题的本质出发。

案例 2-31　池塘里有多少水

从前，有个国王在大臣们的陪同下，来到御花园散步。国王瞧着面前的水池，忽然心血来潮，问身边的大臣："这水池里共有几桶水？"众臣面面相觑，全答不上来。国王发旨："给你们三天考虑，回答上来重赏，回答不上来重罚！"眨眼三天到了，大臣们仍一筹莫展。就在此时，一个小孩走向宫殿，声称自己知道池塘里有多少桶水。国王乐了，"哦，那你就说说吧。"孩子眨了眨眼说："这要看那是怎样的桶，如果和水池一般大，那池里就有一桶水；如果桶只有水池的一半大，那池里就有两桶水；如果桶只有水池的 1/3 大，那池里就有三桶水，如果……""行了，完全正确！"国王重赏了这个小孩。大臣们为什么解不开国王的问题呢？就在于他们全掉进了直线型思维的陷阱，要知道池塘里有多少桶水就得去量，那可是难以办到的大工程。而那个小孩换一个思维角度，撇开了池塘里水的多少，而从桶的大小的角度来思考问题，一下子就迎刃而解了。

4. 从众型思维障碍

这是指一味地屈服于群体压力，不敢坚持自己的正确见解，不敢创新的思维方式。"从众"是一种比较普遍的社会心理和行为现象，通俗地解释就是"人云亦云""随大流"。大家都这么认为，我也就这么认为；别人都这么做，我也这么做。

案例 2-32　有趣的从众现象

某日在一条大街上，突然一个行人向东跑起来，也许他猛然想起了一个约会，急着去应约吧。随后一个卖报的孩子跑起来，又一个急匆匆的绅士也跑起来，大概他们都有要紧的事要办。接下来的事情就有点不可思议了，十几分钟后，这条大街上所有的人都跑起来了。而且人们嘴里还不断地喊着什么，嘈杂的人群中，有时可以听清人们在说"上帝""大堤"。大街上的人越来越多，刹那间几千人像潮水一样恐慌地奔向东方，没有人知道究竟发生了什么事。从人群的喊叫声中可以知道，"决堤了""向东""东边远离大河"，"东边安全"。路边有的人不明白怎么回事，问正在跑的人："发生什么事了"，得到的回答："别问我，问上帝去！"

另一个类似故事是，某人仰头朝天看了半晌，低下头时发现周围的人都在抬头看天，他很奇怪，问别人看什么，别人反问他在看什么，他说："我流鼻血啊。"

人类是一种群居性的动物，每个人都生活在特定的家庭、团体等社会组织中，要维护社会组织的稳定，就必然要有共同的价值观念和行为规范，这样可以省去思索和判断的许多环节。

但是，从众型思维又有消极的一面，它抑制个性发展，使人变得无主见和墨守成规，束缚创新思维，扼杀创新能力。真理有时在少数人手中。人类历史上的每一项发明创新，最早发现新事物，提出新观念的总是极少数人，而对于这极少数的新发现和新观念，最初绝大多数人都是不赞同甚至激烈反对的。如果一味地"从众"，不敢坚持自己的见解，也就不可能获得发明创新。

5. 权威型思维障碍

权威型思维障碍指人们对权威人士言行的过分迷信和认同，从而停止思考，不能创新的思维方式。

思维中权威定式的形成主要通过两条途径：①在儿童长到成年的过程中所接受的"教育权威"，老师的话是绝对的权威。②"专业权威"，即由深厚的专门知识所形成的权威，权威确立之后会产生"泛化现象"，即把个别专业领域内的权威扩展到社会生活的其他领域内。

从社会生活领域来看，权威定式有益处也有害处。真正的权威在日常生活中具有积极的意义，它为我们节省了无数的时间和精力，而不必样样都要探究个为什么。但是，从创新思维的角度来说，权威定式思维的存在，使人容易封闭思考，对权威的尊崇常常演变为神化和迷信；在思维领域，因为有权威的思考，人们习惯于引证权威的观点，不加思考地以权威的是非为是非，使人们很难突破旧权威的束缚，从而失去创新能力。古今中外历史上的创新常常是从推翻权威开始的。无论是伽利略对亚里士多德自由落体的原理的否定，还是爱因斯坦对牛顿经典力学的反叛，如果没有突破旧权威的束缚，就不会做出划时代的贡献。

案例2-33 李四光地质力学的诞生

在19世纪30年代之前，中外地质权威认为，寒冷干燥的气候下不会有冰川，包括德国地理学家和地质学家李希霍芬断言："中国南方太暖，而北方太干，第四纪冰期中国无冰川发生。"我国著名的地质学家李四光却敢于向地质学界的传统观念挑战，他走遍了太行山、天目山、庐山等地，用了十多年的时间进行实地考察和研究，终于发表了《华北晚近冰川作用的遗迹》《扬子江流域之第四纪冰期》等论文，提出创造性的见解：华北和长江流域确有第四纪冰川遗迹存在。此外，李四光还否定了当时地质学界流行的一种传统观点：地球表面的海水运动是全球性的，要升都升，要降都降。随后，他发表了题为《地球表面形象变迁之主因》的论文，最后终于创立了"李四光地质力学理论"，把应用力学引入地质学中，用力学观点解释和研究地壳构造和地壳运动规律。根据李四光地质力学理论的原理，在李四光的亲自主持下，打破国外权威的按"海相"和"陆相"来决定是否存在石油的理论，而是按照地质构造来寻找石油。经过地质队员的艰苦奋战，大庆、大港、胜利、南海等油田相继被发现，打破了国外"中国是贫油国"的断言。后来在李四光地质理论的指导下，又发现了地下水、地热、金刚石成矿带。

6. 麻木型思维障碍

麻木型思维障碍指面对事物和问题，缺乏好奇心，不敏感不兴奋，思维欠活跃的思维状态。

在应试教育追求标准答案的考试方式以及满堂灌的教学方法等多种因素的影响下，学生只需无条件地记忆知识，模仿老师，服从书本，坚信"标准答案"，久而久之，许多同学失去了问题意识，小时候的好奇心没有了，提不出问题，不会提问题，不会讨论问题，变成了不会思维的受教育者。创新是一项艰难的事业，消极、懒惰、散漫皆可能动摇人的创新决心和开拓意志，使他们的创造热情逐渐低落，创新进度逐渐减慢，并使工作杂乱无章，事业一无所成。

我们必须从思维障碍中走出来，才能实现思维的新突破，才能开出创新思维火花，收获创新思维的果实。

2.4 综合训练

1. 功能发散是指以某事物的功能为发散点，设想出该功能的各种可能性。针对下列问题进行功能发散，每道题最少写出八种发散结果。

(1) 怎样才能达到照明的目的？
(2) 怎样才能达到取暖的目的？
(3) 怎样才能达到降温的目的？
(4) 怎样才能达到休息的目的？
(5) 怎样才能使两样东西粘接起来？

2. 方法发散是指以人们解决某种问题的方法为发散点，设想出多种方法的思维活动。针对下列问题进行方法发散，每道题最少写出八种发散结果。

(1) 说出回形针（曲别针）的用途。
(2) 设想利用阴影可以做什么或办什么事？
(3) 设想利用红色可以做什么或办什么事？
(4) 设想利用方形可以做什么或办什么事？

3. 因果发散是指以某个事物的发展的结果为发散点，推测造成该结果的各种原因，或以某个事物发展的起因为发散点，推测可能发生的各种结果。针对下列问题进行因果发散，每道题最少写出八种发散结果。

（1）写出造成玻璃杯破碎的各种可能的原因。

（2）写出失恋的各种可能的原因。

（3）写出如果汽车进入每个家庭，可能会发生哪些结果？

（4）写出造成荧光灯管坏了的各种原因。

4. 写出你最近看到的电视剧剧名，然后写出5个你认为比这剧名更好的剧名来。

5. 请为下列故事列出一些合适的题目：一个贪杯的人在梦中找到一坛冷酒，他刚想把酒热一热再喝，突然醒了，他遗憾地说"我还不如喝冷的呢！"

6. 想象性绘画：二条线段，一个圆，一个三角形（大小不论），你能组成多少种物品？

7. 假如你厂生产出一种可移动的冷暖空调机，请为该产品设计一条20字以内的广告语。

8. 尽可能多地写出用"吹"的方法可以办成哪些事情或解决哪些问题？尽可能多地写出粉笔的各种用途。

9. 在一个风雨交加的夜晚，你开车经过一个公交站，站牌下站着3个人，一个病重的老太太，一个救过你命的医生，一个你心仪已久的心上人。你的车只能坐一个人，怎么办？

10. 在深山老林中有一间小屋，你在这里将度过一个月的假期。这里离城镇有好几十公里远，而且没有电视，但有各种工具装备和必需的生活用品。附近有美丽的湖泊和小溪，森林里有各种野生动物。整整一个月你将怎样度过？你将遇到什么危险？你将进行什么探险活动？你将完成什么实验？快快列出一套详细的方案（要求：至少安排十项富有创新性的活动）。

11. 怎样解决司机按喇叭造成的城市噪音污染？思路越多越好。

12. 美国创造学教授帕内斯来我国讲学时，让大家思考两个问题：

（1）8的一半是什么？13的一半又可以是什么？

（2）有一个四行五列的表格，每一个小格都是一个正方形，请问，该表格一共有多少个正方形？

a)	b)	c)	d)	e)
f)	g)	h)	i)	j)
k)	l)	m)	n)	o)
p)	q)	r)	s)	t)

13. 两个人同时来到一条河旁，在荒无人迹的岸边只停着一只船，船上只能容纳一人，两人如何过河？

14. 某列车驶进一隧道，奇怪的是该列车既没有发生事故，也没有出现其他故障，却从某一地点开始不能再开进去了。这是为什么？

15. 一天晚上，老王正在读一本很有趣的书，他的孩子突然把电灯关了，尽管屋子里一团漆黑，可老王仍在继续读书。这是怎么回事？

16. 以 5 只猫 5 分钟捉 5 只老鼠的速度计算，要在 100 分钟内捉 100 只老鼠。需要多少只猫？

17. 现有用火柴拼成的等式：l + Xl = X。显然这是错误的。如果要变成正确的等式，至少要动几根火柴？

18. 两位女孩一同到一所学校报到。她俩长得一模一样，出生年、月、日和父母的名字也完全相同。然而，教师问她们"你们是双胞胎吗？"她们却异口同声回答说"不是"。她俩到底是什么关系？

19. 厅内的椅子：舞会的主人想把厅内的座位安排得合适些。如果厅是正方形的，怎么能把 10 把椅子靠墙放着，而使每边墙的椅子数相等。

20. 你能用 6 根火柴杆摆成 4 个等边三角形吗（火柴杆与火柴杆必须相接，并且不许折断）？

21. 燃着的 10 支蜡烛，风吹灭了 2 支；过不久，又吹灭了 1 支。于是为了挡风，就把窗子关了起来。从此以后一支也未被吹灭。请问，最后还剩几支？

22. 有一天阿拉伯的一个大财主把他的两个儿子叫到面前，对他们说："你们赛马跑到沙漠里的绿洲去吧。谁的马胜了，我就把全部财产给谁。但是这场比赛不比往常，不是比快而是比慢。我到绿洲去等你们，我要看看谁的马到得最晚。"兄弟俩照着父亲的话，骑着各自的马开始慢吞吞地赛跑。可是干燥炎热的沙漠里，火盆一样的太阳烧烤着大地，慢吞吞地走怎么受得了啊！两人正在痛苦难熬，下马休息的时候，前边来了一位有名的学者，听了他俩的难处，就告诉他们一个非常好的办法。兄弟俩听了都很高兴，这可真是口渴逢甘泉，兄弟俩快马加鞭，一溜烟奔驰在炎热的沙漠中。那么，请问学者的办法到底是什么？

23. 如图 2-2，你能数出多少个三角形？

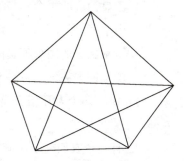

图 2-2

24. 如图 2-3 所示，在透明的塑料管中有大小相同的 6 个白球和一个黑球，塑料管的粗细是均匀的，只够一个球通过。如果不拿出来白球，能不能把黑球取出来？当然不许切断塑料管。

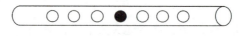

图 2-3

25. 现在想把 24 个人排成 6 行,而且使每行各有 5 个人,你会排吗?

26. 用 13 根长短相同的火柴棒做成了大小形状相同的 6 个长方形,现在把这 6 个长方形假想成 6 个羊圈,把火柴看成栅栏中的一根根木头(图 2-4)。可是把其中的一根弄丢了,只剩下 12 根。能不能用这 12 根,做成大小一模一样的 6 个新"羊圈"呢?新"羊圈"的形状可以不同于原先的,但不可以把火柴棒弄断或弄弯。"羊圈"做成后,火柴棒也不可有多余。

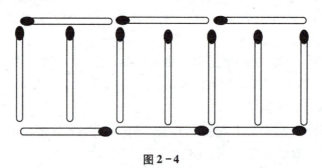

图 2-4

27. 一个人打电话给他的女儿,要她买一些他旅行需要的东西。他告诉她,桌子上的信封里放着钱,她找到了装钱的信封,上面写着 98。当她到商店买了 90 块钱的东西准备付钱时,发现信封里不够 90 块。问少了多少钱,为什么?

28. 一天,甲、乙、丙、丁、戊 5 人在一起聚会。由于下雨,每个人都带了一把伞回家了。回家后每个人都发现自己拿回来的雨伞是别人的。现已知:

1)甲拿回去的雨伞不是丁的和乙的。

2)乙拿回去的雨伞不是丁的和丙的。

3)丙拿回去的雨伞不是戊的和乙的。

4)丁拿回去的雨伞不是丙的和戊的。

5)戊拿回去的雨伞不是丁的和甲的。

另外没有两个人互相交换雨伞的情况发生(例如甲拿乙的,乙拿甲的)。试问这 5 人都拿了谁的雨伞?

29. 有一个农妇提了一篮子馍去卖。甲买了全部馍的一半又半个;乙买了剩下馍的一半又半个;丙又买了剩下馍的一半又半个;最后,丁买了剩下馍的一半又半个。这样,馍刚好卖完。你知道农妇篮里共有多少个馍?

30. 有 9 个形状大小完全相同的球,其中有一个球比别的球轻些,其余的 8 个球重量完全相等。请你用一架天平称两次就把那个轻的球找出来。

31. 罐头厂老张给食品公司送来 10 箱菠萝罐头。正要回去的时候，从工厂来了个电话，说 10 箱中有 1 箱因为机械出了毛病，每个罐头 50 克，要他把这箱罐头运回工厂更换。可是到底是哪一箱呢？老张一摸口袋，发现只有一枚壹角的硬币，也就是只能称一次。请你帮老张想个办法，怎样才能只称一次就查出短分量的那箱罐头（已知罐头每个重 800 克，每箱装 20 个）。

32. 用 9 根火柴棒摆成 3 个正方形和两个正三角形，有可能吗？如何摆？

33. 有 3 个犯人分别关在 3 个玻璃很厚的房间里，只能互相看见，不能听到对方说话的声音。有一天，国王想了个办法，给他们每个头上都戴顶帽子，只告诉他们帽子的颜色不是白的就是黑的，不告诉他们自己所戴帽子是什么颜色的。在这种情况下，国王宣布两条规则如下：

(1) 谁能看到其他两个犯人戴的都是白帽子，就可以释放谁。

(2) 谁知道自己戴的是黑帽子，就释放谁。

其实，国王给他们戴的都是黑帽子，只不过是他们因被绑，看不见自己戴的帽子罢了。于是他们 3 个人互相盯着不说话。可是不久，善用脑筋的 A 用推理的方法，认定自己戴的是黑帽子。您想想看，他是怎样推断的？

34. 有一个无论何时何地都必须吹牛的秘密团体，叫"吹牛俱乐部"。它的一个成员和另两个嫌疑者同时被警察抓了起来。由于分辨不出谁是真的"吹牛俱乐部"的成员，警察很为难。但实际上，在 3 人的如下供词中，已包含着识别真假的关键。审问官："谁是吹牛俱乐部的成员？"

A："……"（审讯官注意听取 A 的供述）

B："A 已承认了自己是吹牛俱乐部成员。我当然不是了。"

C："不对，A 没有说自己是吹牛俱乐部成员。我当然也不是那个俱乐部的成员。"

请你做出判断。

35. 如图 2－5 所示，有 9 个等距离圆点，试画 4 条直线把 9 个圆点连起来（笔不能离开纸面）。

○ ○ ○
○ ○ ○
○ ○ ○

图 2－5

36. 三名外商到某宾馆住宿。每人向服务员交了 1000 元的住宿费。当服务员将 3000 元住宿费交给账房时，账房主说：现时淡季，少收 500 元吧。于是拿出 5 张 100 元的票子让服务员退给外商。但这位服务员职业道德不好，从中扣了 200 元装进自己的腰包，只分给每个外商 100 元。如此算来，每位外商只付了 900 元，共 2700 元，加上服务员作弊的 200 元，只有 2900 元。那么，外商开始时交的 3000 元中的另 100 元哪里去了呢？

37. 一位老板打扮的人到某珠宝店买了一个价值为 70 元的珍珠项链。他付了 100 元纸币，因店里没有零钱找给他，珠宝商到隔壁的鞋店换零钱之后找回他 30 元。不一会，隔壁鞋店的小伙计又把那张 100 元纸币送回来，说是假的要退换。这时，那位老板打扮的人已拿着珍珠项链和找去的 30 元钱无影无踪了。珠宝商没有办法，只好自认倒霉，退赔鞋店 100 元。那么，珠宝商究竟损失了多少钱？

38. 在河宽为 100 米的两岸，有 A、B 两点（图 2-6），请问在河的哪个部位建桥会使 A、B 两点的距离最短？当然河宽是一定的而且桥也不能斜建。

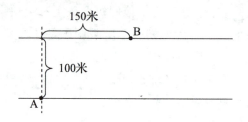

图 2-6

39. 布袋中有黑白尼龙袜子各 7 只，你至少拿出几只才能保证取到 1 双颜色相同的袜子？至少要拿出几只才能保证取到一双白颜色的袜子？

40. 能否通过画一条直线而将一等腰梯形平分成 2 个面积相同的三角形。

41. 有 2 条直线、2 个圆、2 个三角形，要求用这些线条和简单图形，构成各种有意义的图案，并写出构图的意义，图案越多越好。

42. 传说古时有位老人，在临终前把 3 个儿子叫到身边，决定把自己的 23 匹马分给他们：大儿子分 1/2，二儿子分 1/3，小儿子分 1/8。老人死后，3 个儿子按老人遗嘱分马 23/2 = 11.5 匹，23/3 = 7.6 匹，23/8 = 2.9 匹。马是活口，无法拆散，怎么办？这时有人出了个主意，按他的主意分了后，3 个儿子都很满意。你猜，这是什么样的主意？

43. 在什么情况下：18 = 6？

44. 在一个正方形的盘里，2 个人轮流往盘子里放 5 分硬币。放时硬币可以相接，但不允许相叠。一直到盘子再也无法放硬币时，游戏停止。谁放最后一枚硬币，谁取胜。在这游戏中，如果让你先放，你能保证取胜吗？怎么放，你才能稳操胜券？

45. 如图 2-7 所示，用 12 根火柴棍，摆成一只向上飞的鸟的图形。只许移动 3 根，你能否使之变成一只向下飞的鸟？移哪 3 根，移到哪里？

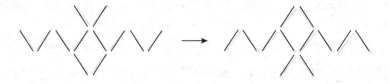

图 2-7

46. 一天夜里，在一家客店发生了凶杀案。这起凶杀案发生在客店的一楼，在客店的一楼住着 5 位客人，其中 1 人被杀。另外 4 人之中有 1 个是凶手，2 个是目击者，1 个是帮凶。现在请您根据下列事实确定谁是凶手。其中这 5 位客人的性别、年龄分别是：

A 男（40）；B 女（35）；C 男（30）；D 女（25）；E 男（20）。

（1）帮凶比受害者年龄大；

（2）年龄最小者和受害者性别不同；

（3）凶手比帮凶年龄小；

（4）凶手的年龄不是最小的；

（5）目击者和帮凶性别不同。

47. 全国乒乓球赛男子单打的半决赛即将开始，参加半决赛的 4 名选手是甲、乙、丙、丁，乒乓球爱好者纷纷预测：

小钱：冠军不是乙便是甲；

小赵：乙和丁是无希望夺冠的；

小孙：甲是不会获得第一名的。

比赛结果证明，3 人的预测只有 1 个人对了，那么谁对？谁获得了冠军？

48. 甲、乙两人钓鱼，甲说："如果你给我一条鱼，我的鱼的数量就是你的 2 倍"。乙说"你给我一条鱼，我们的鱼的数量就相等了。"甲、乙各钓到多少条鱼？

项目 3　创新技法

创新技法是创新学家根据创新思维发展规律，总结出的发明创新的一些原理、技巧和方法。

创新技法具有普遍性与可操作性，有很大的实用价值。无数发明创造的事实表明："工欲善其事，必先利其器"，只有思维对路、创新技法得当，才会收到事半功倍的效果，反之欲速则不达。

3.1　创新的原理和原则

我国古代劳动人民从自己的创造活动中总结出许多为世人所瞩目的创造工艺和创新技法。如三国时期制刀工蒲元创造了"淬火"工艺，制造的刀"削铁如泥"。但古人往往是从具体的创造过程中，直观地总结出具体事物发明创新的方法和手段，仅限于总结以往的经验。现代创新学上的创新技法注重的是创新能力的开发和培养，不是某个部门或某项技术的工艺，而是指导各行各业、各个部门的创新科学方法，用于指导人们的创新实践，提高人们的创新能力。创新技法的应用既可以直接产生创新成果，也可以启发人的创新思维，提高人们的创新能力和创新成果的实现率。

3.1.1　创新的原理

创新的原理本身是依据创新思维的特点，对人们所进行的无数创新活动的经验性总结，又是对客观反映的众多创新规律的综合性归纳，因此，它能为人们更好地认识创新活动、运用创新技法、解决创新问题提供条件。

1. 综合原理

所谓综合，不是将研究对象的各个构成要素进行简单的叠加或初级的组合，而是在分析各个构成要素基本性质的基础上，综合其可取的部分，使综合后所形成的整体具有优化的特点和创新的特征。综合原理认为，正确的综合可以导致有效的创新。它可以是高新技术与传统技术的综合，也可以是自然科学与社会科学的综合，还可以是多学科科学成果的综合。例如美国"阿波罗"登月计划可算是各种行业、各种学科、各种技术、各种方法、各种思想的综合物。

2. 组合原理

组合原理是将两种或两种以上的学说、技术、产品的一部分或全部进行适当叠加和组合，用以形成新学说、新技术、新产品的创新原理。从思维原理和操作形式来看，组合不同于综合。组合既可以是自然组合，也可以是人工组合。爱因斯坦曾说："组合作用似乎是创新性思维的本质特征。"组合的机会是无穷的，但组合的方法主要是：主体附加、异类组合、同类组合和重组组合。

3. 分离原理

分离原理是把某一创新对象进行科学的分解或离散，使主要问题从复杂现象中暴露出来，从而理清创新者的思路，便于人们抓住主要矛盾。分离原理在创新过程中，提倡将事物打破并分解。而综合原理则提倡聚集并综合，因此分离原理是与综合原理完全相反的另一个创新原理。它鼓励人们在创新过程中，冲破事物原有面貌的限制，将研究对象予以分离，创造出全新的概念和全新的产品。如隐形眼镜是眼镜架和镜片分离后的新产品。

4. 还原原理

还原原理要求我们要善于透过现象看本质，在创新过程中，能回到设计对象的起点，抓住设计问题的关键，将最主要功能抽取出来并集中精力研究其实现的手段和方法，以取得创新的最佳成果。任何发明和革新都有其创新的起点和原点。创新的原点是唯一的，而创新的起点则可以很多。从创新原点出发去寻找各种解决问题的途径，用新的思想、新的技术、新的方法重新创造该事物，这就是还原原理的精华。

5. 移植原理

移植原理是把一个研究对象的概念、原理和方法运用于另一个研究对象并取得创新成果的创新原理。"他山之石，可以攻玉"就是该原理能动性的真实写照。移植原理的实质是借用已有的创新成果进行创新目标下的再创造，是使现有成果在新的条件下进一步延续、发挥和拓展。应用移植原理，可以促进事物间的渗透、交叉和综合。其"拿来主义"和"为我所用"的基本特点，可使创新者在创新活动中，避开盲目思考和重复研究的弊病，取得创新的成功。

6. 迂回原理

在很多情况下，人们的创新活动会遇到许多暂时无法解决的问题。迂回原理一方面鼓励人们艰苦探索、百折不回，另一方面又鼓励人们开动脑筋、另辟蹊径，必要时不妨暂停在某个难点上的僵持状态，转而进入下一步行动或进入另外的行动，带着创新活动中的这个未知数，继续探索创新问题，不要过多地钻牛角尖、走死胡同。因为有时通过解决外围问题或后续问题，可能会使原来的未知问题迎刃而解。因此，迂回原理在创新实践中，往往收效甚大。

7. 逆反原理

逆反原理要求人们敢于并善于打破头脑中陈旧的、常规的思维模式的束缚，对已有的理论方法、科学技术、产品实物持怀疑态度，从相反的思维方向去分析、去思索、去探求新的发明创造。在很多情况下，人们习惯于从显而易见的正面去考虑问题，因而阻塞了自己的思路。如果能在创新活动中，有意识、有目的地与传统思维方法"背道而驰"，往往能激发创新者的创新才智，得到极好的创新成果。比如20世纪70年代初，世界很多科学家都在忙于提炼纯锗，而日本的江崎于奈和宫原百合子却在锗中掺加杂质，从而得到性能更优异的电晶体。

8. 强化原理

所谓强化就是对创新对象进行精炼、压缩或聚集，以获得创新成果。强化原理是指在创新活动中，通过各种强化的手段，使创新对象提高质量、改善性能、延长寿命、增加用途。在创新活动中，产品体积的缩小、重量的减轻、功能的强化，往往是人们所追求的创新目标。因此合理利用强化原理，就可能取得创新的丰硕成果。

9. 群体原理

在科学技术突飞猛进的时代，科学界正显示既高度分化，又相互渗透；既高度综合，又纵横交错；既高度深化，又大量繁生的景象。在这种新形势下，想"单枪匹马、独闯天下"，去完成像人造卫星、宇宙飞船等大型高科技项目的开发设计工作，显然是不可能的。这就需要创新者们能摆脱狭窄的专业知识范围的束缚，依靠群体智慧的力量和科学技术的交叉渗透，使创新活动从个体劳动的圈子中解放出来，焕发出更大的活力。

3.1.2 创新的原则

创新的原则就是人们开展各种创新活动所依据的法则和判断各种构思所凭借的标准。

1. 遵守科学原则

各种创新必须遵循科学技术原理，不得违背科学发展规律，任何违背科学技术原理的创新都是不可能获得成功的。比如，近百年来，许多才思卓越的人耗费心思，力图发现一种既不消耗任何能量，又可源源不断对外做功的"永动机"。但无论他们的构思如何巧妙，结果都逃不出失败的命运。其原因在于他们的发明设想违背了"能量守恒"的科学原理。

2. 市场评价原则

当某一设想与科学原理相容且技术方法可行时，要将其转化为现实是不难的，但仅此并不意味着这一创新成功。因为这还不能说明这种设想能否成为商品、能否走向市场。一般情况下，创新设想要获得最后的成果，必须具有突出的实用性，并经受市场的严峻考验。爱迪生曾说："我不打算发明任何卖不出去的东西，因为不能卖出去的东西都没有达到成功的顶点。能销售出去就证明了它的实用性，而实用性就是成功。"

3. 相对最优原则

在创新活动进程中，常有这样的情形，为解决某项问题，人们利用创新工程的原理和技法，获得许多创新设想，它们各有千秋。这时就需要人们按相对最优的原则，对其进行判断选择。因为任何一种事物，都有其长处和短处。在不同的考察指标上，不同种类创新设想所表现出来的效应情况也千差万别。所以只能按照分析比较、相对择优的办法去处理。

4. 机理简单原则

有些人认为，创新事物的原理和结构越复杂，其水平就越高、价值就越大。其实这是一种错觉和误解。一般说来，要实现同样的功能，设计出一套简单的装置要比设计出一套复杂的装置困难得多。在竞争日趋激烈的今天，结构复杂、功能冗余、使用繁琐已成为技术不成熟的标志。因此，在各种创新过程中，要始终贯彻机理简单原则。

5. 构造独特原则

创新贵在独特，特色是事物的生命。一切创新的最高境界是创造出独具特色的事物来，而不是仅对现有事物做一些修缮或改良。因此，构思独特的创新必然会增进其使用价值和应用效果。享誉世界、经久不衰的牛仔裤就是例证。

在创新活动中，创新原理和创新原则是人们应用创新思维去分析问题和解决问题的基本出发点，也是人们决定使用何种创新技法、采用何种创新手段的根本依据。只有在深入学习并深刻理解创新原理和创新原则的基础上，人们才有可能有效地掌握创新技法，也才有可能成功地开展创新活动。

3.2 创新技法简述

创新存在于一切领域、一切行业和一切学科之中。凡是有创新活动进行的地方，作为指导创新行为的创新技法，都能产生重要的作用。创新技法促使人们把过去认为是神秘莫测的创新变成有规律可循、有步骤可依、有技法可用、有方法可行，且普通人都能理解并运用的技能和技术。

创新技法的作用主要体现在三个方面：一是有助于人们在创新活动中提出新问题；二是有助于人们在创新活动中形成新概念；三是有助于人们在创新活动中产生新设想。创新工程认为：发现新问题是创新的起点，形成新概念是创新的关键，提出新设想是创新的保证。

一个人要想取得优异的创新成果，就必须具有较强的创新欲望和较好的创新思维，否则将会是无源之水、无本之木。然而掌握前人经验总结出来并且被实践证明是行之有效的创新技法，也是省时、省力、省财，缩短创新周期、提高创新效率、改善创新质量的手段和途径。在我国创造学界流行着这样一个公式，即：创新成果＝创新欲望＋创新思维＋创新技法。下面介绍几种最常用、最基本的创新技法。

3.2.1 智力激励法

亚历克斯·奥斯本（图3-1）是美国的创新技法之父。他在1941年出版的《思考的方法》一书中，提出了世界上第一个创新发明技法"智力激励法"，在1941年出版的世界上第一部创新学专著《创造性想象》中，提出了奥斯本检核表法。

1. 智力激励法的概念

智力激励法又叫头脑风暴法（brain storming）或BS法，是指一组人员通过召开特殊的专题会议形式，对某一特定问题，与会成员之间互相交流、互相启迪，相互激励、相互修正、相互补充、集思广益，从而达到产生大量新设想的集体性发散技法，这是世界上最早付诸实践的创新技法。

图3-1 亚历克斯·奥斯本

智力激励法是一种在较短时间内，在现有条件下，激发和调动创新能力、凝聚集体智慧的一种有效手段。"激励"有两方面含义：一是给予与会者的大脑较多的信息刺激，促进与会者的大脑把已有知识和所得信息围绕着要解决的问题重新安排，形成多种新的组合，从而产生大量的新设想。二是造成一种鼓励与会者大胆思维和提出新设想的氛围，提高与会者的创新积极性。

智力激励法是奥斯本在20世纪30年代创立的。最初用在广告的创意设计上，很快在美国得到推广，在产品开发、技术革新、企业管理、教育、科技、军事、生活等许多方面得到广泛的应用。日本人也相继效法，使企业的发明创新与合理化建议活动硕果累累。日本创造学家志村文彦运用智力激励法，使日本电气公司1年内获得38项专利，降低成本210亿日元。

智力激励法提出的依据是，水击产生涟漪，石击产生火花。在思维领域中，一加一大于二、大于三。俗话说，三个臭皮匠，顶个诸葛亮。"一人独思，不如二人同想；二人同想，不如三人共议"。倘若你有一种思想，我也有一种思想，我们彼此交换这种思想，那么我们每人有两种思想。一个人的智慧是有限的，而思想与思想的碰撞，会激发新的思想，智慧的碰撞好比催化剂，它会引发大脑思维的连锁反应。集体的智慧无穷无尽，集体的大脑是智慧库、思想库，可以催生大量的设想、发明和创新。

案例3-1 飞机扫雪

1952年华盛顿发生了1000千米电话线因下暴风雪形成树挂，使通信设备中断的严重事故。为了迅速恢复通信，美国电信公司召开会议，以期通过集体智慧找出解决方案。参加会议的都是不同专业的技术人员，在宣布会议的原则和目的后，大家便七嘴八舌地议论开来。有人提议沿通信线路加装线路加温装置以消融积雪，这是常规的想法，但因耗电而花钱很多。有人则提议安装振荡器，抖掉线路上的积雪。有人幽默地提出："最简便的莫过于用大扫帚沿线清扫一回。"有人则马上接过话题："那得把上帝雇来喽。"这些怪念头和俏皮话，却激励了一位参加者的思想火花："我们开一架直升机不就行了吗？飞机的速度和风力足以迅速地吹掉电话线的积雪。"顿时又引起其他与会者的联想，有关用飞机除雪的主意一下子又多了七八条。不到1小时，与会的10名技术人员共提出90多条新设想。会后公司组织专家对设想进行分类论证。最后电信公司采纳了"用直升机扇雪"，借用空军直升机，依靠飞机高速旋转螺旋桨的垂直气流将电线上的积雪迅速扇落。一个难以解决的问题，在思想碰撞中得到了巧妙的解决。

2. 智力激励法的特点及适用范围

智力激励法的主要特点在于能够在短时间内最大限度地挖掘人们的潜能，能够无拘无束地表达自己关于某问题的意见和提案，让各种思想火花自由碰撞，好像掀起一场头脑风暴，一些有价值的新观点和新创意可能在"风暴"中产生。

（1）信心激励，连锁反应。在智力激励会上，任何一个人提出的设想都构成对其他人的信息刺激，达到填补知识空缺、互相诱发激励的作用。研究表明，在集体讨论时，成年人的"自由联想"可以提高65%~93%。

（2）无拘无束、热情感染。在智力激励会上，人人自由发言、互相影响、互相感染，能激发人的热情，好像由集体点燃了火种，新的思想火花会迅速打破那种囿于困难、思想僵化迟钝、对问题束手无策的窘境，能够造成一种鼓励与会者大胆思维提出新设想的气氛，极大促进与会者的创新积极性，获得心理学家所称的"心理安全"和"心理自由"。

（3）竞争意识，活跃思维。在智力激励会上，每个人都想提出更多更好的主意，无意中便形成了竞争。心理学实验证明，在有竞争意识的情况下，人的心理活动效率可增强50%或更多。

总之，智力激励法的优点是：①通过信息交流，产生思想共振，进而激发创新性思维，能在短期内得到创造性的成果。②获取的信息量大，考虑的预测因素多，提供的方案也比较全面和广泛。但是也有缺点：①因为是专家会议，易受权威的影响，不利于充分发表意见。②因为是面对面的讨论，容易随大流。③因为是口头表达，易受表达能力的影响。④实施的成本（时间、费用）较高。

目前在世界范围内，智力激励法是应用最广泛、最普及的创新技法。这一技法能够在社会、经济、管理、教育、新闻、科技、军事、生活等很多方面提供有效服务。诚如奥斯本所说："只要遵循智力激励法的规则，几乎可以解决各方面的问题。"

但是任何创新技法都有适用范围。实践经验表明，智力激励法常常被成功地运用在下列开放性问题的集体创新活动之中。

1）关于产品或市场的新观念：例如，新的消费观念和未来市场畅想，研究产品名称、广告口号、销售方法、产品的多样化研究等。

2）管理问题：拓宽就业面，提高效率，改善职业机构。

3）新技术的商品化：开发一项可取得专利权的新发现、新技术、新材料的扩大应用。

4）规划与故障检修：预测可能的故障及其潜在原因以及处理方案。

在面临重大问题决策时，这些方法会帮助人们考虑到更多的可能性，更全面地评估各种备选方案的后果，从而做出更慎重的决策。

3. 智力激励法的实施原则

（1）自由畅想原则。该原则的核心是求新、求奇、求异。规定此原则的目的，一是让与会者敞开思想，不受任何传统思维和常规逻辑的束缚，克服心理惯性和思维惰性的影响，尽量跳出已知事物和熟悉思路的圈子，无拘无束、畅所欲言，不考虑自己的思路是否"离经叛道",也不顾忌自己的设想是否"荒唐可笑",使思想始终保持自由驰骋的状态;二是让与会者充分发挥想象力,使思路做大幅度的回转跳跃,通过多向、侧向、逆向思维和联想、幻想、想象等形式,从广阔的学科领域寻找新颖的创新方案。

(2) 延迟评判原则。该原则的要点是限制在畅想和讨论问题阶段过早地进行批评和评判。规定此原则的目的,是为了克服"判断"对创新思维的抑制作用,保证其他原则的贯彻执行以形成良好的激励气氛。创新设想的提出有一个不断诱发、不断深化和不断完善的过程,常常是有些设想在开始提出时,杂乱无章、自相矛盾,似乎没有什么用处,但它们却蕴藏着极好的创意和极高的价值,如过早地评价,则可能会使其在萌芽阶段就被扼杀掉。

发明者胆怯嗫嚅的自谦之言,与会者讽刺挖苦的否定之言,发言者夸大其词的自诩之语和与会者漫无边际的吹捧之语,都是智力激励法的大忌。因此,像"这根本行不通""这个想法已经过时了""您的想法太妙了""这个设想真绝了""我水平有限,想法不一定行得通""我提一个不成熟的设想"之类的捧杀句和扼杀句,均应避免。除了有声语言的评判外,诸如面部表情、动作姿态等无声语言的否定评判,也应避免。

(3) 以量求质原则。该原则的关键是"质量递进效应"。此原则即鼓励与会者尽可能多地提出设想,各种设想不分好坏一律记录下来,在大量的设想中选择出质量较高的设想。奥斯本认为理想结论的获得常常是一个逐渐逼近的过程。通常,最初的设想往往并非最佳。有人曾用实验证明,一批设想的后半部分的价值要比前半部分高78%。另据统计,一个在相同时间内比别人多提出两倍设想的人,最后产生有实用价值的设想的可能性比别人高10倍。因此智力激励法强调与会者要在规定时间内,加快思维的流畅性、灵活性和求异性,尽可能地提出有一定水平的新设想,作为获得质量好、价值高的创新设想的保证。

前述"飞机扫雪"案例中,该方案是讨论时提出的第36个,如果只提几个或十几个方案,就找不到这一锦囊妙计了。

(4) 综合改善原则。该原则的依据是"综合就是创新"。规定此原则的目的是要求与会者勤于、乐于并善于在别人的基础上,对各种设想进行综合及改善,从而形成更有价值的设想。由于智力激励会上的大量设想不是经过深思熟虑后才提出的,因此有考虑不周、运筹不祥之处,很难立刻就显示出实用价值。所以每个与会者要仔细倾听他人的发言,注意在别人的启发下及时修改自己不完善的设想,或将自己的想法与他人的想法综合、取长补短,再提出更完美的创意或方案。

上述四项原则各有侧重、相辅相成。第一条原则突出求异创新,这是智力激励法的宗旨。第二条原则要求思维轻松、气氛活跃,这是激发创新的保证。第三条原则追求创新设想的数量,这是获得高质量创新设想的条件。第四条原则强调相互启发、相互补充和相互完善，这是智力激励法能否成功的标准。

4. 智力激励法的组织形式

开会是一种集思广益的办法，但并不是所有形式的会议都能达到让人敞开思想、畅所欲言的效果。奥斯本的贡献在于找到了一种能有效实现信息刺激和信息增值的操作规范。智力激励法的组织形式，包括确定会议的主持人、参加人、记录员和会场布置等。

（1）选择会议主持人。合适的主持人对智力激励法的成功有很大作用，因此他应具备以下条件。

1）熟悉智力激励法的基本原理和操作过程，有一定组织能力。

2）对会议所要解决的问题有比较明确的理解，能在会议中做启示诱导。

3）能坚持会议"实施原则"，以赏识激励的词句语气和微笑点头的行为语言，鼓励与会者多出设想，促使会议形成自由畅想的融洽气氛，充分诱导与会者积极思考，提出大胆的、独特的设想，调动与会者的积极性。

4）能灵活处理会议中出现的各种情况，保证会议顺利进行。

（2）确定参加会议人选。尽量选择对会议议题有丰富实践经验的人参加，并选拔几名在提出设想方面才能出众者作为激励会的核心，然后再视情况配备其他与会人员。

1）智力激励会的人数以 5~15 人为宜。人数过多，会增加对问题理解的分歧，使思维目标分散，激励效果降低，也无法保证与会者都有充分发言的机会；而人数过少，知识面过分狭窄，达不到不同专业知识的互补，同时也容易造成冷场，从而影响智力激励的效果。

2）人员的专业构成要合理。保证大多数与会者都是对会议议题熟悉的行家，但又并非局限于同一专业，要注意与会者知识结构的全面多样性。另外，也要有少数外行参加以突破专业思考的局限。当然，这里所说的外行是对本议题可能知之不多，但在其所从事的领域中却是知之甚多的人。

3）同一次智力激励会，具体参加者应尽可能注意到等级的同一性，即：知识水准、职务、资历级别等大致相近。

（3）配备记录员。智力激励会要配备 1~2 名记录员，对会议中提出的所有方案、设想，不管是奇特还是平庸，都一视同仁，依照发言顺序，标号记录在大家都能看到的黑板上。发言内容过长时，仅记录要点即可。同时，最好配以录音、录像等。

（4）会场地点和布置。会场地点可以是一间安静、温度适宜、光线柔和的会议室，也可以是户外，如草地上、树荫下，最好不在办公室举行。由于记录员要将点子记录于全体都能看到的黑板上，故座位的安排以"凹"字形为佳。

5. 智力激励法的实施步骤

(1) 准备阶段。确定会议主题，组建会议小组，通知与会者会议内容、时间、地点。

1) 确定会议主题。由问题提出者和会议主持人共同分析研究，确定本次会议的主题。主题要明确、具体，不能模棱两可；要解决的问题不能太大，对复杂问题要分解成小问题逐一讨论。

2) 组建会议小组。根据主题内容组建会议小组。

3) 通知与会者会议内容、时间、地点。会议通知一般提前三天下达给与会者，通知最好附上备忘录，注明会议的主题和涉及的具体内容、会议的时间、地点等，并列出几个希望与会者进行发散的问题和思路。如会议主题是"新型电扇的构思"则可做如下提示：

a) 从外观上考虑，应具有新颖奇特、豪华典雅、不同凡响的新设计。

b) 从功能上考虑，应具有提供照明、产生香味、净化空气的新功能。

c) 从价格上考虑，应具有节约能源、节省材料、简化工艺的新特点。

d) 从使用上考虑，应具有模拟自然、程序控制、操作方便的新作用。

(2) 热身活动。为使与会者尽快进入"角色"，避免冷场活跃气氛，会前可做一些智力游戏、讲幽默小故事、做简单的发散思维练习等活动。热身活动也可以是体力的，只要能使与会者尽快忘却自己的工作和私事，把精力集中到会议上来，形成热烈、轻松的气氛就行。

(3) 明确问题。首先由会议主持人向与会者介绍会议实施原则。介绍问题时要简明扼要，只提供与问题有关的必要信息，不要将背景材料介绍得过多，尤其不要把自己的初步设想都全盘托出，避免束缚大家的思路。对于外行来说，所需要的只是对问题实质的深入浅出的通俗解释。

讨论中主持人重新叙述问题是开好会议的关键。为了使与会者加深对问题实质的理解，使问题的重要方面不致被遗漏，鼓励与会者从多方面、多角度去审视问题，启发多种解题思路，主持人重新叙述问题，对问题的每一方面都用"怎样……"的语句来表述。例如，题目是"如何增加某商场的营业额"，则可重新叙述如下：①怎样降低销售成本？②怎样扩大优质货源？③怎样做广告宣传？④怎样完善售后服务？⑤怎样推销滞销商品等。所有这些新的提问方式，都要由记录员记下，顺序编号置于醒目的地方，让与会者随时从中启发思维，全面考虑。

(4) 自由畅谈。这是智力激励会最重要的环节。该阶段的要点是千方百计营造出一种高度激励的气氛，使与会者能突破心理障碍和思维约束，让思维自由驰骋、浮想联翩，借助于每个与会者之间的思维共振、知识互补、信息刺激和情绪鼓励，提出大量有价值的创造性设想。

自由畅谈阶段要遵守下述规定：

1）不许私下交谈，始终保持会议只有一个中心，否则会使与会者精力分散，并产生无形的评判作用。

2）不准以权威或集体意见的方式妨碍他人提出个人的设想。

3）设想表述应力求简明扼要，且每次只谈一个设想，以保证此设想能获得充分扩散和激发的机会。

自由畅谈阶段的时间由主持人灵活掌握，一般不超过一小时。对所要解决的问题，通常都会提出30条以上的设想，由此即可转入下一步的工作。

（5）加工整理。会后组织专人对会上提出的设想进行分类整理、加工完善，并在畅谈会的第二天，由主持人或秘书以电话或面谈的方式收集与会者在会后产生的新设想。这是不可忽视的一步，因为通过会后休息，人们的思路往往会有新的转变或发展，有可能产生新的有价值的设想。奥斯本曾引证，某次会议第一天提出了百余条设想，第二天又增补了20多条设想，其中有4条设想比第一天提出的所有设想都更有实用价值。

（6）评价和发展。这是对各种创意和设想的优选阶段。为便于筛选和评价，最好先拟订一些评价指标，如这一设想是否可行、结构是否简单、工艺能否实施、做法是否合理、费用是否节省、经济回报率是否较大等。具体拟定哪些指标，要根据问题本身的性质和解决问题的要求来决定。

参与评价和发展设想的人员，可以是设想的提出者，最好是对问题本身负有责任的人。人数应该为奇数，经验证明以五人最佳。在美国，这一工作多委托专家或问题提出人来处理；在日本，多是召开第二次会议，由设想提出人自己作集体评议，以省去对设想作说明的麻烦。

对筛选评价出来的设想，必须逐一进行推敲斟酌、分析比较、发展完善，才能做到优中选优。人们既能以一个方案为主，吸收采纳其他方案的长处形成新的设想，又能以两个或多个方案并行，聚集合并各自的优点组合成新的方案。

以上是运用智力激励法的一般步骤，具体实施时可依不同情况而有所变化。

案例3-2　智力激励法的应用

（1）美国国防部制订长远科技规划时，曾邀请50名专家采取智力激励法开了两周会议。参加者的任务是对事先提出的长远规划提出异议。通过讨论，得到一个使原规划文件变为协调一致的报告，在原规划文件中，只有25%~30%的意见得到保留。

（2）美国克利夫兰广告俱乐部有一个小组，利用智力激励法探讨了这样一个问题："改进每周歌剧的广告形式，以尽可能地提高卖座率"。对这个问题，人们提出124条设想，剧场领导人R·萨顿采纳了29条设想，最后终于使剧场满座。

（3）美国丹佛市一家邮局领导召集12人的智力激励会，研究"如何节省劳动时间"的问题，半小时内提出121条设想，其中有些设想通过9个星期的实验节省了12666个工时。

（4）美国宾夕法尼亚的一家化学公司举行了一次20分钟的智力激励会，讨论减少捐税的问题。大家提出87个设想，专家们从中挑选了两个设想使该公司节省了24000美元。

（5）日本松下公司运用智力激励法，在1979年内获得17万条新设想，平均每个职工提新设想3条，公司利用全体员工大脑的智慧，使生产经营水平不断提高。

（6）日本创新学家志村文彦将智力激励法利用于企业的技术革新，1975年使日本电气公司获得58项专利，降低产品成本达210亿日元。

（7）法国盖莫里公司是一家拥有300人的中小型私人电器企业，企业的负责人采用智力激励法为新产品命名，成立了一个10人创新小组，召开专门会议进行研讨，经过两个多小时的热烈讨论后，共为它取了300多个名字。第二天，负责人让大家根据记忆，默写出昨天大家提出的名字。在300多个名字中，大家记住20多个。然后主管又在这20多个名字中筛选出了三个大家认为比较可行的名字，再将这些名字征求顾客意见，最终确定了一个。新产品一上市，便因为其新颖的功能和朗朗上口、让人回味的名字，受到了顾客热烈的欢迎。

课堂训练3-1 智力激励法实例练习（50分钟）

（1）请教师事先准备一个学生中共性的问题，拟好会议内容提纲（也可以请学生做这项工作）发给学生。（例如，如何提高学生餐厅伙食性价比，使得价格公道还好吃？城市交通拥堵如何解决？如何提高学生的社会公德？）

（2）将学生分成若干组（八到十人一组），选一名主持人，一名记录员。

（3）按照智力激励法的原则召开会议。

（4）会后整理各种设想，如未到达目的则再次召开会议。

3.2.2 奥斯本检核表法

1. 奥斯本检核表法概述

奥斯本检核表法以该技法的发明者奥斯本命名，又称为设问检查法、稽核问题法、检核目录法、分项检查法等。在《创造性想象》一书中，奥斯本提出了75个促进想象的问题。后来由于其优点，美国麻省理工学院从75个问题中选出九项，编制成带有九个设问的"检核表"，作为一种独立的方法提出来，运用这个表去提出问题，寻求有价值的创新性设想的方法,就是奥斯本检核表法。

奥斯本检核表法是一种简单易学的创新技法,能起到多、快、好、省地进行创新发明的作用,还可以因地制宜,根据不同的需求确定检核内容,几乎适用于任何类型与场合的创新活动。由于它突出的效果,被称为"创新技法之母"。人们运用这种技法,产生了很多杰出的创意以及大量的发明创造。很多创新技法是从检核表法中得到启发演变出来的。

该技法引导主体在创新过程中对照:有无其他用途、能否借用、能否改变、能否扩大、能否缩小、能否代用、能否调整、能否颠倒、能否组合等9个方面的问题进行思考,以便启迪思路、开拓思维想象的空间、促进人们产生新设想、新方案。检核表法的九个问题,就好像有九个人从九个角度帮助你思考。你可以把九个思考点都试一试,也可以从中挑选一、两条集中精力深思,使人们突破了不愿提问或不善提问的心理障碍,在进行逐项检核时,强迫人们扩展思维,突破旧的思维框架,开拓了创新的思路,有利于提高创新的成功率。

表3-1 奥斯本检核表

序号	检核项目	含义
1	能否他用	现有的事物有无其他用途;保持不变能否扩大用途;稍加改进有无其他用途
2	能否借用	能否引用其他创新思想;能否模仿别的东西;能否从其他领域、产品、方案中引入新的元素、材料、造型、原理、工艺、思路
3	能否改变	现有事物能否做些改变?如颜色、声音、味道、形状、式样、花色、品种、意义、制造方法;改变后效果如何
4	能否扩大	现有事物能否扩大应用范围;能否增加使用功能;能否添加零部件;增加长度、厚度、强度、寿命、频率、速度、数量、价值等
5	能否缩小	现有事物能否体积变小、长度变短、重量变轻、厚度变薄;能否减少、缩小或省略某些部分;能否浓缩化、微型化
6	能否代用	现有事物能否用其他材料、元件、原理、结构、工艺、动力、设备、方法、符号、声音来代替
7	能否调整	现有事物能否调整排列顺序、位置、时间、速度、计划、型号;内部元件可否交换
8	能否颠倒	现有事物能否从里外、正反、上下、左右、前后、横竖、主次、正负、因果等相反的角度颠倒过来用
9	能否组合	现有事物能否进行原理组合、材料组合、结构组合、形状组合、功能组合、方法组合

2. 奥斯本检核表法实施过程

（1）运用奥斯本检核表法进行创新活动的实施步骤是如下。

1）根据创新对象明确需要解决的问题。

2）根据需要解决的问题，参照表中列出的问题，运用丰富想象力，强制性地一个个核对讨论，写出新设想。

3）对新设想进行筛选，将最有价值和创新性的设想筛选出来。

检核表法的实施过程要注意以下几点。

1）要联系实际一条一条地进行检核，不要有遗漏。

2）要多检核几遍，效果会更好，或许会更准确地选择出所需创新、发明的方面。

3）在检核每项内容时，要尽可能地发挥自己的想象力和联想力，产生更多的创造性设想。进行检索思考时，可以将每大类问题作为一种单独的创新方法来运用。

4）检核方式可根据需要，一人检核或者三至八人共同检核。集体检核可以互相激励，产生头脑风暴，更有希望创新。

（2）奥斯本检核表法的九个检核项目示例如下。

1）能否他用。能否他用是指现有的发明有无其他用途，包括稍做改革可以扩大的用途。例如，灯泡除了照明外，可以用于烤箱；雨伞除了防雨外，可以用做装饰伞、广告伞和饭菜罩；电熨斗改造一下可以用于烙饼；曲别针可以剔牙；旧报纸可以当坐垫；电吹风可用于烘干衣服、被褥等。

案例3-3　拉链他用

治疗急性坏死性胰腺炎时，病人在手术后半月到一月内还得将手术切口敞开，以便随时清洗不断产生的坏死组织和腹腔渗出液，这样不仅病人很痛苦，且容易感染，手术成功率低。1989年1月，安徽省立医院外科主任医师李乃刚和徐斌，成功地为胰腺手术病人装上拉链，手术成功率大大提高。

2）能否借用。能否借用是指能否引入其他创新设想，能否模仿，能否从其他领域、产品、方案中引入新的元素、材料、造型、原理、工艺、思路等。例如，泌尿科医生引入微爆破技术，消除肾结石，免去患者开膛破肚的手术之苦；山西一位建筑工人借用能够烧穿钢板的电弧来给水泥板打洞，既快又好，也没有震耳的噪声；台灯引入无级调光功能成为调光台灯。

案例3-4　借用紫外线黑光的魔法

二战中，指挥官莫特的任务主要是在每次飞行后检查并指挥飞机在甲板上降落。

然而，在黑夜里，飞机难以看清航标信号，不易降落在甲板上，如果加强照明，则军舰有暴露给敌人的危险。这时，他想起了在纽约万国博览会上看到"紫外线黑光的魔法"，受到启发，于是指令所有的降落指挥官都穿上带有一种发光物质信号装置的制服。驾驶员借助于紫外线便可以看清信号装置，顺利降落，而敌人什么也看不见。

案例3-5　建议的借用

美国有个商人初入旅馆业时，对经营一窍不通，当时每月亏损1.5万美元。他突然想到，员工们未必知道我对旅馆业是外行，便以旅馆业专家的角色安排每隔15分钟请一位部门主管与之面谈："很抱歉，我们无法与你继续合作下去了，公司无法雇用一位失去竞争能力的员工，若是你能正确地指出公司以前所犯的错误及更正的方法，说明你知道如何做好你的工作，我们就愿意与你继续合作。"一连几天的面谈，收到的建议堆积如山，目的都是促进旅馆的运营。他没有分析研究任何建议，将这些建议全部付诸行动。奇迹出现了，旅馆逐渐扭亏为盈。

案例3-6　优势的借用

有两个伤残人，一跛一盲。两人同住一屋。一天屋内突然失火，转眼间火势甚猛，两人危在旦夕。盲人欲逃，无奈看不见路，跛子欲出，无奈脚不能行。忽然，盲人急中生智，背起跛子就跑，突破了大火的包围。

3）能否改变。能否改变是指现有事物能否做些改变？如：结构、形状、式样、颜色、声音、味道、花色、音响、品种、制造方法等。例如，洗衣机结构从单桶到双桶；漏斗下端从圆形改成方形，灌入液体更流畅；原味瓜子改变为辣味、怪味、奶油味等。

案例3-7　味道的变化

日本最大的化妆品公司资生堂公司经过10年研究，提出一门大有前途的全新科学——芳香学，认为香味对人体生理有积极影响。研究证明，熏衣草和玫瑰花有镇静作用，柠檬能振奋精神，茉莉花能消除疲劳，薄荷能减少睡意。对计算机操作人员的实验表明，茉莉花香可使他们的键盘操作差错减少30%，柠檬味可减少差错50%。据此，香味电话、香味闹钟、香味领带或袜子、香味卫生纸、香味信纸等产品应运而生，甚至还有人创造了香味管理法——在不同时间通过空调散布不同香味以提高工作效率。

案例3-8　洗衣机制造方法的改变

近年来洗衣机洗涤方式有了全新的变化。如海尔全瀑布洗衣机采用立体洗涤，能有效地溶解洗衣粉、清除污渍，提高洗净比30%以上。"神龙"洗衣机采用的是仿生模拟手搓洗涤方式，在其内捅中央有一搓洗棒，可做 300° 以内的往复摆动，形成上下翻转的水流，使领口、袖口处也可洗得干干净净。美国一公司开发的电磁洗衣机是利用高频电磁微振，使去污力特别强，且比一般洗衣机可节电 75%，节水 50%。韩国大宇公司开发的气泡洗衣机是利用空气泵产生气泡，气泡破裂时产生的能量可提高洗涤效果 55%，且对衣服磨损减少。意大利开发的喷雾洗衣机是利用喷雾来清洗衣物。俄罗斯开发的冷沸腾洗衣机可在几秒钟内将洗涤桶上部的空气抽走形成负压，使水呈沸腾状态，衣服在泡沫旋涡中反复搅动两分钟就可洗净，不用任何洗涤剂，无震动、无噪声、无污染、不伤衣物。

4）能否扩大。能否扩大是指现有事物可否扩大适用范围；能否增加使用功能；能否添加其他部件；能否延长它的使用寿命，增加长度、宽度、厚度、强度、频率、速度、数量、价值等。例如，两层玻璃中间增加一层透明的薄膜，可以制成一种防震、防碎或防弹的安全玻璃；在牙膏中掺入某种药物，可制成防酸、脱敏、止血、抗龋齿等治疗保健牙膏；煤气中添加臭气非常强烈的"乙硫醇"，可以有效地判断煤气是否泄露；把帽檐扩大，就创造出"帽伞"；杯子增加一层变成双层杯子；瑞士钟表匠制造出世界上最大的手表（重 20 吨、直径 16 米多、表带长 142 米）挂在法兰克福市银行的外墙上，方便了市民，也成为人们观光游览的重要名胜。

5）能否缩小。能否缩小是指现有事物能否体积变小、长度变短、重量变轻、厚度变薄以及拆分或省略某些部分（简单化）；能否浓缩化、省力化、方便化、短路化等。例如，袖珍收音机、迷你复印机、便携式轮椅、车载冰箱、折叠床、伸缩钓鱼竿等。

案例 3-9　生产过程简化

在企业管理中，可采用淘汰法，减去那些可有可无的环节，使生产过程简化。日本的丰田汽车厂，严格实行"准时性"管理，使前一道工序的产品，正好是下道工序所需的量，因而减少了车间储存的管理环节，降低了成本。网络销售的兴起突破了进出口经营权的限制，使进出口贸易直接化。英国伦敦的图书市场批发价格要高于美国，消费者通过网络与美国公司进行交易，邮购一部畅销书比在英国买还要便宜。

案例 3-10　希尔顿饭店的创始

著名的希尔顿酒店产业创始于 20 世纪 20 年代。当初，创始人希尔顿在达拉斯商业街上漫步，发现这里竟然没有一家像样的酒店，萌生了建一家酒店的想法。希尔顿很快就看中一块"风水宝地"。这块地出让价格为 30 万美元，而他眼下可支付的资金仅仅 5000 美元。况且，解决地皮之后，还要筹集大量的建设资金。所以，表面上看这个项目显然不可行。

希尔顿没有放弃，他把这个难题进行了分解。首先，他把30万的地皮费用分解到了每年每月。他对土地拥有人说："我租用你的土地，首期90年，每年给你3万美元，按月支付，90年共支付270万美元，一旦我支付不起，你可以拍卖酒店"。对方感到占了大便宜。签订了土地租赁协议，希尔顿马不停蹄，将自己开酒店的方案以及诱人的经营远景讲给投资商听，很快和一个大投资商达成了协议，合股建设酒店，酒店如期建成，经营效益超出先期预料，获得了巨大成功。从此，希尔顿走上世界级酒店大王之路，一度跻身全球十大富豪之列。

6）能否替代。能否替代是指现有事物能否用其他材料、元件、结构、力、设备、方法、符号、声音等代替。例如，"曹冲称象"因为没有能称几千斤重的大象的秤，就用同样重量的石头来代替大象。英国人发明的碳素纤维自行车，它不需要传统的三脚架，重量更轻，通过模子制成的整体型车架结构无焊点，因而强度更高。用纸代布生产的领带、内裤、卫生巾、枕巾、衬领和结婚礼服等一次性消费品，造型别致、色彩鲜艳、价格低廉，令旅游者大为赞赏。以塑代木、以铝代铜、以光纤代替电缆、用陶瓷代替金属将成为技术发展的大趋势。

案例3-11　材料替代

为了使宇宙飞船能把在月球上收集到的各种信息发回地面，供人类研究，就必须在月球上架设一架像大伞似的天线。于是，宇宙飞船要携带很多精密仪器，容积非常有限，怎样才能把很占空间的天线带上月球呢？科学家为此绞尽脑汁。后来，人们从材料选择方面入手，即采用形状记忆合金，在40℃以上做成天线，然后冷却，把天线折叠成球团放进飞船里，送到月面后使天线"记忆"起原来的形状，自动展开而达到预定的状态，从而创造性地解决了技术上的难题。

7）能否调整。能否调整是指现有事物能否变换顺序、位置、时间、速度、计划、型号、内部元件等。

案例3-12　位置调整

1. 变换家具使其与房间里的家用电器等相协调。

2. 飞机诞生时，螺旋桨装在飞机头部，后来喷气式发动机都装到了顶部成为直升飞机。

3. 原来的汽车喇叭按钮装在方向盘的轴心上，每次按喇叭得把手移到轴心处，既不方便又不安全，后来有人将喇叭按钮改装在方向盘的下半个圆周上，只要在该区域任意处轻按就行，深受司机欢迎。

4. 传统的人形玩具都是固定一体的，拆散后即成废品，变形金刚则由若干可动零件组成,通过人们的"剪辑"重组,便可时而金刚,时而汽车、飞机或恐龙,令儿童爱不释手。

案例 3-13　时间和布局调整

1. 商场调整节假日的营业时间与柜台布局,可以提高销售额。

2. 过去我国用的鞋号是从国外来的,不合中国人的脚型。后来根据中国人的脚型,重新创造鞋号,造出的鞋子就适合中国人脚型了。

3. 一支篮球队通过重新安排队员的位置可获得上万种阵式。

8)能否颠倒。能否颠倒是指现有的事物能否从里外、上下、左右、前后、横竖、主次、正负、因果等相反的角度颠倒过来用。例如,皮革里外反过来,成为翻毛制品。火箭是向空中发射的,但是人们要了解地下的情况,将火箭改为向地下发射,就发明了一种探地火箭。建筑物的彩灯不再是安装在表面,而是安装在内层,向上,向外照射,能够更好地照射出高大建筑物的轮廓。从生发灵到脱毛灵,便于羊、鸭、兔等的脱毛。从耐穿、耐用的衣服、物品到廉价、卫生的一次性衣服、筷、饭盒等。

9)能否组合。能否组合是指现有事物能否进行原理组合、方案组合、材料组合、形状组合、功能组合、方法组合等。例如,超声波焊接法、超声波理疗法;把各种类型的机床结合成一部组合机床;把收音机和录音机组合,把照相机和闪光灯组合等。

案例 3-14　无影灯的诞生

将两物的缺陷进行叠加,也会产生出一个很有特点的事物。我们知道,光会产生影子,一盏灯会使一个物体产生一个影子。假如灯光从一个人的右边射来,那么他的左边就会出现一个影子。如果在他的左边再加一盏灯呢?如果两盏灯、三盏灯、多盏灯从多个角度同时照射,影子不就无处显身了?医院手术用的无影灯就这样诞生了。

3. 检核表法应用案例

(1) 按检核表的提示进行的保温杯创新开发,见表 3-2。

表 3-2　保温杯的创新开发

序号	检核项目	创新思路	设想概述	创新产品
1	能否他用	用于保健理疗	利用保温杯的热气对人体进行理疗,如预防感冒、止痛等	磁化杯、消毒杯、含微量元素的杯子
2	能否借用	借用电脑技术,借用电热壶原理	借用电热壶原理制成电加热保温杯	智能杯:会说话、会做简单提示的电加热保温杯

(续)

序号	检核项目	创新思路	设想概述	创新产品
3	能否改变	颜色、形状变化	按照个性要求喷涂颜色、图片,设计不同形状的外壳,满足不同消费心理的需要	变色杯:随温度能变色 仿形杯:按个人爱好特制
4	能否扩大	加厚、加大	扩大传统杯盖的容积,并分隔为二层,上层可放置茶叶	双层杯:可放两种饮料
5	能否缩小	微型化、方便化	开发多种形状的微型保温杯,使之个性化	迷你观赏杯、可折叠便携杯
6	能否代用	材料替代	用薄不锈钢材料代替传统玻璃杯胆,还可使瓶胆一体化,造型多样化	以钢、铜、石、竹、木等材料制作的保温杯
7	能否调整	调整尺寸比例,工艺流程	调整保温杯的线型组织与比例尺寸,使之具有标新立异的艺术形状	新潮另类杯
8	能否颠倒	倒置不漏水	变传统直立为倒置式,即用旋转式支架使保温杯口朝下倒水	旅行杯,随身携带不易漏水
9	能否组合	将容器、量具、炊具、保鲜等功能组合	将保温瓶与花环、空气负离子发生器组合成一体,使之具有多种功能	多功能杯

(2) 按检核表的提示进行杯子创新开发,见表3-3。

表3-3 杯子的创新开发

序号	检核项目	创新设想	初选产品
1	能否他用	做灯罩、当量具、做装饰、当火罐、当乐器、做模具、当圆规、用于保健	磁化杯
2	能否借用	自热杯、会说话会做简单提示的智能杯、保温杯、电热杯、防爆杯、音乐杯	智能杯
3	能否改变	塔形杯、动物形杯、随温度能变颜色的杯、防溢、自洁杯、香味杯、密码杯、幻影杯	香味幻影杯
4	能否扩大	不倒杯、底部加厚防碎杯、报警杯、过滤杯、多层杯	多层杯
5	能否缩小	微型杯、超薄型杯、一次性杯、可伸缩杯、可折叠杯、便携杯、扁平杯、轻型杯、勺形杯	可伸缩杯

(续)

序号	检核项目	创新设想	初选产品
6	能否代用	纸杯、铜杯、塑料杯、竹木杯、不锈钢杯、可食质杯	可食质杯
7	能否调整	系列装饰杯、系列高脚杯、系列牙口杯、口杯、酒杯、咖啡杯	系列高脚杯
8	能否颠倒	透明—不透明杯、彩色—非彩色杯、雕花—非雕花杯、有嘴—无嘴杯、倒置不漏水旅行杯	雕花杯
9	能否组合	与温度计组合、与香料组合、与中药组合、与加热器组合	多功能杯

奥斯本检核表法要根据不同的工作性质将此法做适当的调整。用于技术创新时，要注意明确产品的材料、结构、功能、工艺、过程等；用于管理创新时，要注意明确问题的性质、程度、范围、目的、理由、场所、责任等。奥斯本检核表法在创新上的最大功能是能够产生大量新的设想，在使用本技法解决较复杂的技术发明的问题时，仅能提供一个大概的思路，还需进一步与技术方法结合，才能完成有实际价值的发明。

4. 检核表法在不同领域的应用

自从奥斯本检核表法问世后，在美国和其他国家的企业为了提高生产效率，开发新产品，降低生产成本，对奥斯本检核表法进行改造，针对各自领域，制作出各种各样的检核目录，并把这些方法发给职工，以激发职工的创新能力，取得了巨大成效。

（1）通用汽车公司的检核目录

1）为了提高工作效率，能不能利用其他适合的机械？

2）现在使用的设备有无改进的余地？

3）改变滑板、传递装置等搬运设备的位置或顺序，是否改善操作？

4）为了同时进行各种操作，能不能利用某些特殊的工具或夹具？

5）改变操作顺序能提高零部件的质量吗？

6）能不能用更便宜的材料代替目前的材料？

7）改变一下材料的切割方法，能不能更经济地利用材料？

8）能不能使操作安全些？

9）能不能除掉无用的形式？

10）现在的操作能不能更简化？

（2）企业开发新产品的检核目录

1）开发什么产品？为什么开发此产品？

2）被用在什么地方？

3）何时使用？谁来使用？

4）起什么作用？

5）成本多大？

6）市场规模多大？

7）竞争形式如何？

8）产品生产周期多长？

9）生产能力怎样？

10）盈利程度如何？

（3）降低成本的检核目录

1）能否节约原材料？最好既不改变工序，又能节约。

2）在生产操作中有没有由于他的存在而带来麻烦？

3）能否回收和最有效地利用不合格的原材料与操作中产生的废品，能否变成其他种类具有商业价值的产品？

4）生产产品所有的零件能否用市场上销售的标准件，并将它编入本公司的生产工序？

5）采用自动化和手工操作相比利弊如何？从长远来看又如何？

6）产品及工艺过程中所用的材料能否用更物美价廉的材料来代替？能否把金属换成塑料？

7）产品设计能否简化？产品工艺要求和结构工艺性是否合理？是否有不必要加工的地方？

8）生产组织和工艺流程是否合理？能否使生产组织和工艺流程更简化？

9）零部件是外加工合适，还是外购合适，还是自制合适？要充分考虑工厂的环境条件，要有定量分析判断，不要只凭常识判断。

10）产品的系列化程度如何？当前出现的新技术，本厂产品及其生产过程能否采用？采用后将如何？

（4）商品价格的检核目录

1）该产品适销对路吗？

2）价格是否偏高？

3）有没有别的产品可取而代之？它能一直保持领先地位吗？

4）该产品有没有多余的部件？是否可以减去某些零部件而又不影响产品的功能？

5）功能和零件可以合并吗？什么样的外观最好？

6）可以批量生产大众化的产品吗？怎样才能增加安全性能？

7）用你自己的钱，你是否会购买这一产品？是否会因为它价格过高而忍痛割爱呢？

8）非得具有目前这种样式吗？能否弄得更气派些？

9）造得更大些怎么样？更高些、更长些、更宽些、更矮些呢？价格提高一点怎样？

10）怎样才能使之更易于使用？怎样才能投消费者之所好？

5. 5W2H 法

（1）5W2H 法概述。5W2H 法由美国陆军首创，通过对现有物品、产品或方法连续提问 7 个方面的问题，发现问题的线索，寻找新的思路，进行设计构思，从而获得对现有物品、产品或方法进行改进的新设想、新方案。

所谓"5W2H"，是指以下七个问题，其最基本的含义是：

Why——何故（为什么）？
What——何事（做什么）？
Who——何人（谁）？
When——何时（时间）？
Where——何地（地点）？
How——如何（怎么样）？
How much——何量（到什么程度）？

5W2H 法与人们的思维习惯是一致的，例如，大侦探破案时，要设问：作案动机是什么？作案内容是什么？作案人是谁？作案时间？作案地点？如何作案？作案程度？这就自然形成了七个设问。

（2）5W2H 法的实施程序

1）检查现有物品、产品或方法的合理性，从 7 个角度检查提问。

2）找出主要优缺点、疑点、难点。

3）讨论分析，寻找改进措施。

如果现行的方法或产品经此检查基本满意，则认为该方法或产品可取；若有其中某些问题的答复有问题，则就在这些方面加以改进；要是某方面有独到的优点，则应借此扩大产品的效用。

5W2H 法视问题的性质不同，设问检查的内容也不同。例如，

① Why（为什么）：为什么发光？为什么漆成红色？为什么要做这个形状？为什么不用机械代替人力？为什么产品制造的环节这么多？为什么要这么做？

② What（做什么）：条件是什么？目的是什么？重点是什么？功能是什么？规范是什么？要素是什么？

③ Who（谁）：谁来办合适？准能做？谁不宜加入？谁是顾客？谁支持？谁来决策？忽略了谁？

④ When（时间）：何时完成？何时安装？何时销售？何时产量最高？何时最切时

宜？需要几天为宜？

⑤ Where（地点）：何地最适宜种植？何处做才最经济？从何处去买？卖到什么地方？安装在哪里最恰当？何地有资源？

⑥ How（怎么样）：怎样做最省力？怎样做最快？怎样效率最高？怎样改进？怎样避免失败？怎样求发展？怎样扩大销路？怎样改善外观？怎样方便使用？

⑦ How much（到什么程度）：功能如何？效果如何？利弊如何？安全性如何？销售额如何？成本多少？

（3）5W2H法的创新示例，见表3-4。

表3-4 校园小吃部的创新

序号	提问项目	提问内容	情况原因	改进措施
1	Who（谁？）	谁是小吃部的顾客	学生为主	没有问题，应保留
2	Where（地点？）	小吃部地理位置如何	多数学生下课必经之地，有位置优势	没有问题，应保留
3	When（时间？）	何时来吃饭	以正常吃饭时间为主，还有不少同学不按时	全天营业，随到随吃
4	What（做什么？）	学生想吃什么	根据学生的特点，以小吃和快餐为宜	风味小吃多点
5	Why（为什么？）	学生为什么来吃饭	食堂饭菜不可口；错过开饭时间；改善一下；变变口味	增加优惠券返还
6	How to（怎么样？）	如何方便学生就餐	要保证学生随时都能吃到可口的饭菜	没有问题，应保留
7	How much（到什么程度？）	如何做到物美价廉	价格要符合学生的消费能力，薄利多销	价格可降低点

6. 和田十二法

（1）和田十二法概述。我国上海创新学家许立言、张福奎通过对奥斯本检核法的改进，与上海市闸北区和田路小学师生一起进行创新实践活动，总结出一套主题突出、思路清晰、易懂易记的创新技法，其中的"联一联""定一定"就是创新技法的新发展。1991年正式命名"和田十二法"，该小学从1980年起就着手学生创新能力的培养，800名学生发明创新有10300项，一项获世界金奖，一项获国家科技进步一等奖，720项获国家专利。许多已被转化为商品，得到实际应用。表3-5为和田十二法的具体内容，简单的十二个字"加""减""扩""缩""变""改""联""学""代""搬""反""定"概括了解决发明创新问题的12条思路。

表3-5 和田十二法

序号	检核项目	大意	问题提示	成果举例
1	加一加	增加、组合	可在这些东西上添加什么吗？需要加上更多时间或次数吗？把它加高一些、加厚些行不行？把这样东西和其他东西组合在一起，会有什么结果？	望远镜
2	减一减	削减、分割	可在这些东西上减去些什么吗？可以减少些时间或次数吗？把它降低一些、减轻一些行不行？可省略、取消什么吗？	电灯泡
3	扩一扩	扩大、放大	把这些东西放大、扩展会怎么样？	双人雨伞
4	缩一缩	收缩、密集	把这些东西压缩、缩小会怎么样？	折叠梯子
5	改一改	改进、完善	改变一下形状、颜色音响、味道、气味会怎么样？改变一下次序会怎么样？	带镜子的眼药水瓶
6	变一变	变革、重组	这件东西还存在什么缺点？还有什么不足之处需要加以改进？它在使用时是否给人带来不便和麻烦？有解决这些问题的办法吗？	六角形铅笔
7	搬一搬	搬去、推广	把这件东西搬到别的地方，还有别的用处吗？这个想法、道理、技术搬到别的地方也能用得上吗？	计算机键盘
8	学一学	学来、移植	有什么事物可以让自己模仿、学习一下吗？模仿它的形状、结构、会有什么结果？学习它的原理、技术又会有什么结果？	充气轮胎
9	代一代	替代、变换	有什么东西能代替另一样东西？如果用别的材料、零件、方法等，代替另一种材料、零件、方法等行不行？	尼龙水管
10	联一联	插入、联结	某个事物的结果，跟它的起因有什么联系？能从中找出解决问题的办法吗？把某些东西或事物联系起来，能帮助我们达到什么目的吗？	电话原理
11	反一反	颠倒、反转	如果把一件东西、一个事物的正反、上下、左右、前后、横竖、里外颠倒一下，会有什么结果？	磁力小车
12	定一定	界定、限制	为了解决某个问题或改进某件东西，为了提高学习、工作效率和防止可能发生的事故或疏漏，需要规定些什么吗？如何界定？有限制吗？	定位防近视报警器

案例3-15 联一联

澳大利亚曾发生过这样一件事,在收获季节里,有人发现一片甘蔗田里的甘蔗产量提高了50%。这是由于甘蔗栽种前一个月,有一些水泥洒落在这块田地里。科学家们分析后认为,是水泥中的硅酸钙改良了土壤的酸性,而导致甘蔗的增产。这种将结果与原因联系起来的分析方法经常能使我们发现一些新的现象与原理,从而引出发明。由于硅酸钙可以改良土壤的酸性,于是人们研制出了改良酸性土壤的"水泥肥料"。

案例3-16 代一代

山西省阳泉市小学生张大东发明的按扣开关正是用代一代的方法发明的。张大东发现家中有许多用电池做电源的电器没有开关,使用时很不方便。他想出一个"用按扣代替开关"的办法:他找来旧衣服和鞋上面无用的按扣,将两片分别焊上两根电线头。按上按扣,电源就接通了;掰开按扣,电源又切断了。

(2)和田十二法应用案例。运用和田十二法进行教学创新活动,同奥斯本检核表法一样,应当结合具体创新问题,按照和田十二法的检核项目,逐项进行核对思考,寻求更多的新设想、新方案。表3-6是运用和田十二法对小书店经营方式进行改进的案例。

表3-6 运用和田十二法对小书店经营方式进行改进的案例

序号	检核项目	成果举例
1	加一加	开在大书店旁边,你第一,我第二;赠送受大众欢迎的二手书和过期杂志
2	减一减	只卖大书店里的畅销书
3	扩一扩	对于只想要书籍中几页的客户,为他们提供复印服务;免费提供饮用水
4	缩一缩	考试一类的书提供缩印本
5	改一改	帮助读者订购书籍、报刊、查信息
6	变一变	把书店的门脸装修成书籍模样
7	搬一搬	搬到学校去,给教师、尖子生尽量低的折扣,有时送他们一些书
8	学一学	建立顾客会员档案,办理会员卡,会员可以免费送书上门;积分抽奖
9	代一代	请编者开讲座、办读书会;聘请老师代读者读书,然后给读者讲解书中内容
10	联一联	与网吧结盟,提供上网和计算机应用的傻瓜系列图书、游戏图书
11	反一反	发公告奖励偷书贼
12	定一定	制订制度:成套书拆着卖、春节等节假日照常营业、实行以旧换新

3.2.3 组合思考法

组合思考法是一种通过不同原理、不同技术、不同方法、不同产品和不同现象的组合，产生发明创新成果的创新技法。当今社会人们天天要与组合现象打交道。比如，生产企业里有班组人员的优化组合；科学领域里有不同学科的交叉组合；就连人们的饮食起居里也有诸如套餐套菜、组合音响、组合家具等组合产物。由组合求发展、以组合促创新，已成为当今世界科技进步和社会发展的一种基本形式。

1. 组合思考法的特征

（1）创新性。关于组合的创新作用，我国著名军事家孙武，在其《孙子兵法》中就有过精辟的论述："声不过五，五声之变，不可胜听也；色不过五，五色之变，不可胜观也；味不过五，五味之变，不可胜尝也；战势不过奇正，奇正之变，不可胜穷也。"意思是说，声音不过只有五种：宫、商、角、徵、羽，人们却可以运用这五种音阶，谱写出听不胜听的人间仙曲；颜色不过只有五种：青、赤、黄、白、黑，人们却可以运用这五种颜色，描绘出观不胜观的传世名画；味道不过只有五种：酸、甜、苦、辣、咸，人们却可以运用这五种味道，制作出尝不胜尝的美味佳肴；战术不过只有奇和正两种，人们却可以运用这两种战术，演变出无数惊天动地的战役。

现代人对组合的认识比古人更深刻。人们认识到，组合并非仅仅是现象的简单罗列，也并非是事物的一味机械叠加。组合的结果是复杂的，组合的可能性是无穷的。人为的组合可以形成新思想、新方法、新点子或新产品，从这个意义上说，组合就是创新。晶体管发明者之一的美国发明家肖克莱说："所谓创新，就是把以前独立的发明组合起来。"磁半导体发明者、日本科学家菊池诚也讲："我认为发明有两条路：第一条是全新的发明，第二条是把已知其原理的事实进行组合。"

案例 3-17　鸡尾酒的来历

在一次盛大宴会上，中国人、俄国人、法国人、德国人、意大利人都争相夸耀自己的酒，只有美国人笑而不语。首先是中国人拿出古色古香、做工精细的茅台，打开瓶盖，香气四溢，众人为之称道。紧接着，俄国人拿出伏特加，法国人拿出大香槟，意大利人亮出了葡萄酒，德国人取出了威士忌，真是异彩纷呈呀！最后大家都把目光投向了美国人，想看看他到底能拿出什么来。美国人不慌不忙地站起来，把大家先前拿出来的各种美酒分别倒了一点在一只杯子里，将他们勾兑在一起，说："这叫鸡尾酒，它体现了我们美国的精神——博采众长，组合就是创新。"的确，这酒既有茅台的醇，又有伏特加的烈；既有葡萄酒的酸甜，又有威士忌的后劲。鸡尾酒，相传源于美国南北战争时的一位酒店女招待,她喜欢用鸡尾羽毛搅拌多种酒的混合液,后被人效仿流行开来。鸡尾酒由基本酒(50%以上的烈性酒)、调和料(香料或含香料的酒、糖、奶油、果汁等)和附加料(冰块、橘子汁、石榴汁等)组成。

组合就是创新。利用组合的方法是人们进行发明创新的重要工具和方法,它不仅是利用已有技术实现技术突破的有效方法,而且是为新技术、新工艺、新材料、新结构的推广应用寻找途径的重要方法。

(2)普遍性。组合不要求具备专业的理论基础,便于广大群众学习与应用,易于普及,"只要你愿意组合,就一定会有创新。"其应用的普遍性表现为:

1)范围广泛。从简单的日常生活用品到复杂的科学技术成果;从普通的学习工作方法到高深的专业技术理论,都可以根据具体情况做不同层次、不同程度的组合创造。

2)易于普及。组合思考法是人们按一定的功能需要,选择成熟的技术或现存的产品加以组合,并没有在原理上有多大突破,不需要高深的专业理论知识和娴熟的工作技巧,可以为普通人所掌握、所应用。

3)形式多样。组合既可以是产品或事物的近亲结合,也可以是技术或方法的渊源杂交,还可以是现象或理论跨越时空的联姻。比如,法国著名作家大仲马把美丽而神秘的基督山悬崖和一个错综复杂的复仇案件艺术性地组合在一起,写出脍炙人口的名著《基督山伯爵》。

(3)时代性。发明创新分为两类:一类是原理突破型创新,是指由于发现了新的自然规律,人们找到了以科学原理物化为技术原理的方法而做出的发明创新。例如,内燃机代替蒸汽机,晶体管代替真空管等均属此类。另一类是技术组合型创新,是指利用已有的成熟技术,通过合理的组合而产生的新技术、新方法和新成果。例如,诺贝尔生理学或医学奖获得者豪斯菲尔德发明的 CT 扫描仪,是通过把 X 射线照相装置和电子计算机进行组合,而这两项技术本身都是成熟的技术,并没有什么原理上的突破。但这两项技术组合在一起后,便可诊断出脑内疾病和体内癌变,这一特殊功能却是原来两项技术单独所没有的,因而 CT 扫描仪被誉为 20 世纪医学界最重大的发明成果之一。

案例 3-18 组合的时代性

电视+电话=可视电话;数据+文字+图像+声音=多媒体;电子管+电阻+电容=集成电路;台秤+电子计算机=电子秤;飞机+飞机库+军舰=航空母舰;手枪+消音器=无声手枪;自行车+电机+蓄电池=电动自行车。

2. 组合思考法的形式

(1)同类组合:是指两个或两个以上同一类型、相同事物的组合,形成一个新的事物。参与组合的对象在组合前后基本原理和结构一般没有根本、实质性的变化。其产物往往具有组合的对称性或一致性的趋向。

创新目的在于在保持事物原有功能或意义的前提下，通过数量的增加，来弥补功能的不足，或获取更新的功能或意义。而这种新功能或者新意义是原有事物单独存在时所缺乏的。同类组合有以下几种形式。

1) 同一事物不做改动的直接组合，产生新的意义或功能：例如，将两只钢笔、两块手表装在一只精巧礼品盒中，便成了象征友谊与爱情的"情侣笔""情侣表"。类似的还有鸳鸯火锅、子母电话、双色圆珠笔、双向拉链、鸡尾酒、双排订书机、多缸发动机、双头液化气灶、双层文具盒、三面电风扇、双头绣花针、3000个易拉罐组合在一起的汽车、1000只空玻璃瓶组合在一起的埃菲尔铁塔等。

2) 两个相同的事物组合时，有一个事物需要稍作改变或者增加其他辅助设备，产生新的意义或功能。例如，多人自行车、多头插座等。

案例3-19 多功能喷杆

山东张桂杰同学发明了一种"多功能喷杆"，将原有喷洒农药的单喷杆改成相连的双喷杆，喷杆的张角和喷头的方向可以调节。使用这种双喷杆喷洒农药，可以同时喷两垄，既可以向一个方向喷，也可以在叶片上下对喷，因此提高了喷药效率，也节省了劳力。此发明在第三届全国青少年发明创新比赛中获一等奖。

(2) 异类组合：是指两种或两种以上不同领域的设想的组合，或不同功能物品的组合，形成一个新的事物。参与异类组合的对象从意义、原理、构造、成分、功能等任一方面或多方面互相渗透，整体变化显著。

案例3-20 葫芦飞雷

我国云南哀牢山彝族将火药、铅块、铁矿石碴、铁锅碎片等物放入一个掏尽籽的干葫芦里，在葫芦颈部塞入火草做为引火物，把葫芦装进网兜。这就是一个异类组合创新——"葫芦飞雷"。"葫芦飞雷"被称为世界上最早的手榴弹。被组合的东西（火药、铅块、铁矿石碴、铁锅碎片等物）是旧的，组合的结果（"葫芦飞雷"）是新的。把旧变新、由旧出新这就是创造。

根据参与组合的对象不同，异类组合有以下六种情形：

1) 元件组合：是将本来不是一体的两种或两种以上的事物适当安排在一起，但并非为一般的零件装配。例如，收录机、电子表笔、香味橡皮、音乐贺卡、电子秤、全自动洗衣机、数控机床、工业机器人等。它们都以结构简单、体积小巧、性能优良、成本低廉，深受消费者欢迎。

2) 功能组合：是指将具有不同功能的产品组合在一起，使之形成一个技术性能更优越或具有多功能的技术实体的方法。例如，瑞士军刀（图3-2）由大刀、小刀、剪刀、指甲刀、耳勺、木锯、开瓶器等多项功能的工具组成。又如，把保温瓶胆和杯子组合成保温杯；还有药物牙膏、橡皮头铅笔、带收音机的应急灯等。

3) 材料组合：是指将不同特性的材料重新组合起来，获得新材料、新功能。例如，钢芯铜线电缆、钢筋混凝土、混纺毛线玻璃纤维制品、塑钢门窗等都获得不同材料取长补短的作用。

图3-2 瑞士军刀

4) 方法组合：是指在生产工艺和处理技术中，将两种以上独立的方法组合起来，创造出新功能或新事物的方法。例如，单独用激光或超声波对水做灭菌处理时，都只能杀死部分细菌，但要是两种方法同时使用，则细菌就全军覆没，这就是"声—光效应"。

5) 技术原理与技术手段组合：是指以已有的技术原理为基，与技术手段结合，创造出新的功能或新事物的方法。例如，在音响设备上加上麦克风出现了卡拉OK机；洗衣机中插入了甩干装置，出现了全自动漂洗与甩干机等。

6) 现象与现象组合：是将不同的物理现象组合起来，形成新的技术原理，导致新的发明。例如，某厂用灰浆搅拌机拌灰浆时需要加入麻刀，由于麻刀成团，需预先抽打疏松后方能加入搅拌机。为使灰浆与麻刀搅拌均匀且节省人力，他们把弹棉机的有关机构与搅拌机结合，先弹开麻刀，再用风力吹入搅拌机，收到了较好的效果。

（3）重组合：是指将原有技术系统中各结构要素进行分解，再按新的目的重新安排，改变事物各组成部分之间的相互关系，以获得新的性能或功能的组合方法。它是异类组合的一种特殊形式。以重组作为手段，可以更有效地挖掘发挥现有技术的潜力，形成1+1>2的效果。例如，变形金刚玩具则由若干可动零件组成，通过人们的"剪辑"重组，便可时而金刚、时而汽车、时而飞机或恐龙。螺旋桨飞机的一般结构是机头装螺旋桨，机尾装稳定翼。但美国著名的飞机设计专家卡利格卡图则根据空气浮力和空气推动原理，将飞机螺旋桨放于机尾，而把稳定翼放在机头。经过这样重组后的新型飞机具有尖端悬浮系统和更合理的流线型机体等特点。

案例3-21 组合鞋店

鞋帮、鞋底、鞋跟和鞋带都分着卖，顾客可以随便购买任何一种鞋零件，店员当场按顾客的意愿制作完成富有个性的鞋。这是上海一位年轻商人，为了吸引消费者所开的一家"组合式鞋店"。货架上陈列着16种鞋跟、18种鞋底，鞋面的颜色以黑、白为主，搭配的颜色有80多种，款式有100余种。顾客可以自己挑选出最喜欢的各个部分，然后交给鞋店聘用的专业人员进行组合。前店后坊，只需等十几分钟，一双称心如意、独一无二的新鞋便可到手。此举引来络绎不绝的顾客。

(4) 共享与补代组合

1) 共享组合：是指把不同的或相同的事物共享同一原理、同一装置的组合。例如，螺钉旋具在日常生活和生产中运用得非常广泛，为了适应不同的物品和机械上不同的螺钉型号，螺钉旋具头也有所不同，有"一"字形、"十"字形的，有大号、中号、小号的。虽然型号和样式不相同，但是螺钉旋具的柄是一样的，从节约原则出发，我们把螺钉旋具的头部和柄分开制造，再把柄部制成空心的，一个螺钉旋具柄可以配许多不同型号、不同规格的螺钉旋具头部。这样相同的部分共用一套，既降低成本，功能又没有减少。再如，吹风机、卷发器、梳子共用同一带插销的手柄等都属于共享组合。

2) 补代组合：是通过对某一事物的要素进行摒弃、补充和替代而形成的组合，形成一种在性能上更为先进、新颖、实用的新事物。例如，拨号式电话改为键盘式、银行卡代替存折等。

(5) 综合：是指为了完成重大课题，在已有某个单独的学科、原理、知识、方法、技术不能解决时，把与之相关的学科、原理、方法、技术进行重新组织和安排的组合方法。

综合不是单个因素的简单机械的积累或叠加，而是要发生质的飞跃；不是一般的组合，它所涉及的范围更大，程度更为复杂。例如，爱因斯坦综合了物理、数学知识提出相对论；影视艺术就是综合美术、音乐、舞蹈、文学、戏剧、摄影的艺术手法而形成的。

案例3-22 日本钢铁工业

日本的钢铁工业技术是非常先进的，就是将各种引进的技术加以综合的结果。他们先后研究了奥地利的氧气顶吹炼钢技术、德国的炼钢脱氧技术、法国的高炉吹重油技术、美国和苏联的高炉高温高压技术、瑞士的连续铸钢技术、美国的带钢轧制技术等，把这些技术融为一体，创造了先进的钢铁工业技术体系，从而有效地提高了钢铁生产的综合技术和质量。

3. 常用的组合方法

(1) 主体附加法：是指在保留主体性质不变的情况下，在某一产品上，加上其他附加物（产品、技术、成分等），以改善或扩大其功能的创新技法，也称为内插式组合法。例如，最初洗衣机只是代替人的搓洗功能，以后增加了甩干、喷淋装置，使其有了漂洗和晾晒功能；电风扇增加了摇头、定时、变换风量等装置后才成为今天的样子；老人用的手杖中插入电筒、警铃、按摩器等后，就成了多功能拐杖；在自行车上安装里程表、挡雨罩、折叠货物架、小孩座椅等，使之用途更广。

主体附加法的实施步骤是：

1）有目的地选定一个主体。

2）运用缺点列举法，全面分析主体的缺点。

3）运用希望点列举法，对主体提出希望。

4）考虑能否在不变或略变主体的前提下，通过增加附属物以克服或弥补主体的缺陷。

5）考虑能否通过增加附属物，实现对主体寄托的希望。

6）考虑能否利用或借助主体的某种功能，附加一种别的东西使其发挥作用。

案例3-23　红绿灯加白杠获专利

江苏省常熟中学的庞颖超发明了一种能够让色盲识别的红绿灯，在现行的纯红绿颜色的灯中加入一些白色的有规则形状的图形。如红色圆形中间加入一条横着的白杠，绿色圆形中间加入一条竖着的白杠，以此来让色盲进行识别。他想："我们现在的交通灯都是红绿色，而那些有色盲的人不能分辨出这两种颜色，这就给他们的生活带来了极大的不便。"为了证明这种不便性有多大，庞颖超列举了一个数据：世界人口色盲占到了5.6%。"有一次，我看到交警抓了一个闯红灯的人，结果发现他是色盲，分辨不出红绿灯，于是我就有了做这个红绿灯的想法。"

主体附加法是一种常用的简便的组合创新技法，可以使原有的产品性能更好、功能更强，见表3-7。

表3-7　主题附加法举例

序号	主体	附加物	附加后的名称	改进效果
1	奶瓶	温度计	带温度计的奶瓶	防止烫伤婴儿、卫生
2	菜篮	弹簧秤	带秤的菜篮	方便计量、及时维护权益
3	卡车	吊装设备	带吊装设施的卡车	省时、省力
4	食品	微量元素	含微量元素的食品	补充人体所需微量元素、增强体质
5	水泵	自行车	自行车式水泵	不用动力、适合家用
6	冰箱	电子钟	计时冰箱	增加了计时功能
7	汤勺	温度计	温度勺	防止烫伤婴儿、卫生

（续）

序号	主体	附加物	附加后的名称	改进效果
8	皮鞋	磁片	磁穴保健皮鞋	增加了保健功能
9	地毯	指南针	带指南针的地毯	解决了教徒跪拜方向问题
10	手绢	香料	香味手绢	消除疲劳、强身健心
11	自行车	里程表	能计算里程的自行车	适用健身需要、富有个性
12	蜂窝煤	引火剂	易点燃蜂窝煤	使用方便
13	电风扇	遥控器	遥控电风扇	使用方便
14	矿泉水	碘元素	含碘矿泉水	预防碘缺乏病
15	圆珠笔	微型收音机	微型收音笔	增加记录功能
16	橘子罐头	钥匙	好开橘子罐头	好吃又好开
17	洗衣机	甩干、喷淋装置	全自动洗衣机	省时、省力、方便
18	笔记本	记事本、地图、电话号码、列车时刻表、日历	万用手册	能满足多种需求

（2）二元坐标法：是借助平面直角坐标系，在两条数轴上都标上不同的事物，按序轮番进行强制性两两相交，然后选出有价值、有意义的组合物的创新技法。

作为二元坐标法的坐标元素所代表的事物，可以是具体的人造产品，如衣服、床、灯具、机枪、蛋糕、汽车之类；也可以是一些概念术语，如锥形、旋转、变色、空心、闪光、卧式、运动等。通过"拉郎配"式的组合联想，可以突破习惯观念，克服惰性意识，促使标新立异。

二元坐标法形式简洁，简单实用，运用时不受任何限制，适宜于个人或集体的创新活动。二元坐标法实施步骤是：

1）列出联想元素。列举联想元素可以随心所欲，无任何限制条件，但联想元素最好取名词、形容词、动词等。现以扇子、日历、玻璃为例进行创新。

2）在坐标系两条数轴上标注组合元素，绘制坐标图，如图3-3所示。

3）强制性两两相交，列出相交点（组合点），本例中通过强制性两两相交后，形成九个相交点，依次是："扇子玻璃""扇子日历""扇子扇子""日历玻璃""日历日历""日历扇子""玻璃玻璃""玻璃日历"和"玻璃扇子"。

4）对组合点进行价值判断，找出有价值、有意义的组合物，看看哪些是已有的发明，哪些是无意义的，哪些是有疑问的，哪些是有创新意义的。本例中

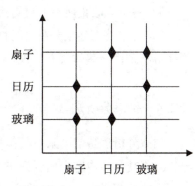

图3-3 标上组合元素

有一定价值、意义的组合有六个（见图3-3）：扇子玻璃（做扇子的专用玻璃）、玻璃扇子（玻璃做的扇子）、扇子日历（扇子形状的日历）、日历扇子（带日历的扇子）、日历玻璃（做日历的玻璃）、玻璃日历（玻璃做的日历）。实际上，另外三种同物组合也有一定的价值、意义：扇子扇子——组合扇，大扇子套小扇子，不同材质的扇子组合在一起，扇出的风不同，能够适合不同的需求；日历日历——组合日历，多个日历组合在一起；玻璃玻璃——双层玻璃、多层玻璃。

5）对有价值、有意义的组合进行可行性分析，可行性分析须从以下五个方面考虑。

a）有无类似的事物，若有，看它们之间有何不同，可以从原理、结构、性能、制造工艺、材料、用途、能源、价格、寿命、经济效益等方面对比分析。

b）发明革新或合理化建议在被成功采纳后，要分析它对社会的价值和进步意义。

c）完成发明和革新需要涉及哪些方面的知识和技术，有哪些技术关键，如原理、结构和工艺等。

d）对于产品的发明和革新，要考虑当地实现的生产条件和技术水平是否适用。

e）确定近期和长期的研究课题。

经此可行性分析，组合进一步深化，创新的对象逐渐明确，对不可行的发明和革新要果断摈弃，对可行而自己无力承担的课题要忍痛割爱，或寻找合作伙伴。

集体创新时二元坐标法的实施步骤为：

1）参加人员以10人左右为宜，大家围坐成一圈，桌上备好统一的纸张，活动过程由指定的主持人负责。

2）各自列举联想元素，编制组合坐标图，分析判断和摘取有意义的组合点。

3）依次互换坐标图，用自己的认识和观点分析别人的坐标图。将别人认为无意义或有疑问，而自己认为有意义的组合点直接摘取出来，但不要在别人的坐标图上标记号。之后，依次轮换直到循环一圈。

4）各自独立对有意义的组合点进行可行性分析，列出可行的组合点。此时环境应安静，不要喧哗。

5）主持人收集所有的可行组合方案。

6）由主持人逐项公布可行性组合，请原分析者（不一定是坐标图编制者）向大家说明分析理由，集体展开评议。

3.2.4 列举分析法

列举分析法是借助某一具体事物的特定对象（如特点、优缺点等），从逻辑上进行分析并将其本质内容全面罗列出来，再针对列出的项目提出改进方法的一种创新技法。主要有特性列举法、缺点列举法和希望点列举法等三种。

1. 特性列举法

特性列举法也称属性列举法，是一种通过对创新对象的特性进行分析，并且一一列举出来，然后逐项探讨能否以更好的特性替代，最后提出革新的创新技法。该技法是由美国布拉斯加大学教授 R·克拉福德发明。

（1）特性列举法原理。一般说来，要解决的问题越小、越简单、越具体，就越容易获得成功。例如要改革自行车。即使采用群体激智的方法，也很难在总体上得出全新的设想，因为自行车牵涉的面很广，设计者难于把握全局和总体。但如果将自行车适当分解，使其功能条理化和结构层次化，形成若干部分，比如车胎、钢圈、辐条、飞轮、链条、齿盘、车身、把手、刹闸等，然后再有层次、有重点地加以研究，则相对来说容易取得发明创新的成果。

克拉福德把一般事物的特性分为以下三部分。

1）名词特性部分：是指采用名词来表达的特性，如事物的整体、部分、结构、所用的材料、制造方法等。

2）形容词特性部分：是指采用形容词来表达的特性。如大小、颜色、形状、图案、明亮程度、冷热、软硬、虚实等。

3）动词性部分：是指采用动词来表达的特性，主要指事物的主要功能及辅助性、附属性功能，包括在使用时所涉及的所有动作。

（2）运用特性列举法的一般步骤

1）选择一个目标比较明确的发明或创新课题。课题宜小不宜大，如果是一个比较大的课题，最好也分成若干小课题进行。例如，"试制便携盆，方便出差旅游的人使用"的课题，就可以从"便携"与"盆"两个方面分别列举。确定课题后，应分析了解事物现状，熟悉其基本结构、工作原理及使用场合等。

2）详细列举出创新对象名词特性、形容词特性和动词特性。例如，把一台机器分解成一个个零件，每个零件功能如何、特性怎样、与整体的关系如何都列举出来，列成表。

3）提出具有独特性的方案。从需要出发，分析产品的各个特性，对比其他产品，寻求功能与特性的替代与更新完善，提出具有独特性的方案。

4）提出产品设想。对各种方案进行评价和讨论，将新增特性与原有特性进行综合，提出产品设想。

课堂训练 3-2 开水壶的改进

开水壶是几十年的老产品，人们司空见惯、习以为常，初看之下，很难发现有什么值得改进的地方，我们不妨按特性列举法对开水壶的特性进行分析，提出创新设想。

1) 确定研究对象：一把开水壶

2) 进行特性分析。

　a) 名词特性部分：整体——开水壶；部分——壶嘴、壶柄、壶盖、壶身、壶底、排气孔；材料——铝、铁、铜、搪瓷、不锈钢；制造方法——冲压、轧制、焊接。

　b) 形容词特性部分：大小——加大型、大型、中型、小型、特小型；形状——圆柱形、椭圆柱形、半球形；颜色——黄色、白色、灰色、银色、彩色。

　c) 动词特性部分：功能——装水、烧水、保温、卫生。

3) 从各个特性出发，通过提问诱发出问题，进行特性变换，提出创新设想。从名词特性可以提出：壶嘴是否太长？壶柄是否能改用塑料？壶盖是否能一次冲压成形？壶身是焊接的好还是冲压的好？壶底能否加厚，使之经久耐烧？排气孔冒出的热气太烫手，能否移到别处？是否还可以使用更廉价的材料等。从形容词特性可以提出：怎样使造型更美观？怎样使壶的重量减轻？什么形状的壶加热更快等。从动词特性可以提出：怎样倒水更轻便？怎样使壶更平稳？怎样烧水节省能源等。

4) 提出创新方案：生产一种鸣笛壶。蒸汽口设在壶口，水烧开后会自动鸣笛。盖上壶盖后就没有气孔，蒸汽不经过手柄，提壶时就不会烫手。水壶外壳也可以改成倒过来的冲压成型，焊上壶底，外形美观，既省去壶盖，水开了又会自动鸣笛，还可节省能源。

从只有装水、倒水两种功能，发展到具有气动出水的功能；从形容词特性——"美观"来改变它的造型、色泽，使它不仅具有实用价值，而且还具有装饰美化作用。

课堂训练 3-3　分析牙刷的特性，并加以改进

1) 确定研究对象为新型牙刷。

2) 以普通绿塑料杆、尼龙刷毛牙刷为例进行特性分析。

名词特性：刷杆、刷毛、刷面、塑料、尼龙、刷头、刷把。

形容词特性：刷杆——长的、实心的、扁的、透明的、绿色的、硬的、平的；刷毛——圆的、端面是平的、直的、单根的、密的。

动词特性：拿、放、刷、冲。

3) 对各个特性进行分析。

　a) 刷杆太长，不易携带，最好把刷杆变成可折叠式、可伸缩式。

　b) 刷毛太硬，刷头端面是平的，其边缘有棱，易使牙床出血，是否可将刷毛变为圆滑的，以解决刷牙时牙床出血的问题。

　c) 刷头与刷杆寿命不一致，造成浪费，可生产一种可更换刷头的牙刷。

　d) 刷把是实心的，能否把刷把改为空心的，可以装牙刷头或清洁剂。

　e) 刷头是直的，刷牙只便于横着刷，不便于竖着刷，是否可生产一种可改变方向的刷头。

f）刷毛都一样长，不容易刷干净牙的内侧，最好刷毛参差不齐。

g）刷毛的根部过密，不易于清洗、消毒，刷毛根部要稀疏些。

h）人们长期使用一只牙刷，容易感染口腔疾病，能否生产一种七只一套的周用牙刷。

i）是否能增加牙刷的新功能，如清理牙垢、清洗舌苔等。

j）牙刷的外观单一，是否能生产出各种造型的牙刷。

4）将设想归类，并进行特性变换，再提出设想。

a）对刷头的改造：将刷头变为可更换的，可旋转角度的。

b）对刷毛的改造：将刷毛变为单根分叉，端面磨光滑；刷毛的长短由一致改为不一致。

c）对刷杆的改造：刷杆变为空心的，以装牙膏，并增添挤牙膏的装置。

d）对包装及外观的改造：专门设计一种美观的、一周用七头的牙刷盒，每只刷头以不同的外观加以区别。盒内还可以增加其他清洁口腔用品。

2. 缺点列举法

缺点列举法就是通过发现、发掘现有事物的不方便、不美观、不实用、不省料、不轻巧、不便宜、不安全、不省力等各种缺点和不足，把它的具体缺点一一列举出来，然后针对这些缺点，确定创新目标，有的放矢地设想改革方案的创新技法。缺点列举法不仅可以用于革新某项具体产品，解决属于"物"一类的硬技术问题，而且可以用于企、事业单位的经营管理中，解决属于"事"一类的软技术问题。

（1）缺点列举法的原理。任何事物都不可能是十全十美的，世上也没有一件事物是不能改变的。只要我们注意观察，总能找出事物的不足或缺点。缺点列举法就是通过找出事物的缺点和不足，克服缺点，利用缺点，变弊为利。但是人们由于惯性思维或惰性思维的缘故，对于看惯了的或用惯了的东西，往往很难发现它们的缺点，也很少去寻找它们的缺点，因而无形中便会"凑合"和"将就"以维持现状，甚至用"理所当然"和"本该如此"的态度加以对待，于是安于现状、无所用心，失去了创新的欲望和发明的机会。缺点列举法反其道而行之，它鼓励人们有意识地对产品"吹毛求疵"，故意去找毛病，去怀疑、去挑刺、去找茬，通过挑毛病找灵感，寻找解决问题的最佳方案。缺点列举法的特点是直接从社会需要的功能、审美、经济等角度出发，研究对象的缺陷，提出改进方案，简便易行。

比如针对原来的手表功能单一、适应面窄的缺点，人们发明了日历表、天文表、自动表、登山表、潜水表、宇航表，使手表实现了功能多元化；针对原来的炒锅煎炒菜肴时容易糊锅的缺点，人们改用特氟龙材料做锅体，发明了漂亮轻巧的不粘锅。科学史上利用缺点列举法来激发创新发明的例子，数不胜数，下面仅举几例予以说明。

案例3-24　防溢奶锅的诞生

　　很多人都有这样的经验，在煮牛奶时，常因照料不及时而使牛奶沸腾溢出，既造成浪费、又污染灶具，是件令人烦恼的事情。天津市铝制品三厂的一位技术员针对这种缺点，运用科学的方法，发明出一种防溢奶锅。这位技术员在发明之初，对加热牛奶的过程进行了仔细的观察。他发现牛奶在刚开始变热时，只是轻微地抖动，接着液面开始出现一些气泡。随着加热的进行，气泡越聚越多，液面也越升越高，最后一涌而出、溢到锅外。这位技术员自然地想到，如果能减少气泡的产生，那么煮牛奶就可以和烧开水一样，只沸腾翻滚而不溢出锅外。

　　于是问题就归结到如何控制并减少气泡的产生了。他从查阅国外技术资料中得到启发，决定采用一种防溢隔板。这种隔板放置在奶锅中，把锅中牛奶一分之二：隔板上开有一个扇形孔。加热时，奶锅底部温度高，上部温度低，在这个温差的推动下，锅中的牛奶产生流动并形成循环。当沸奶带着气泡从下部经过隔板的扇形孔流到隔板上部时，隔板的扇形孔就毫不客气地将大量的气泡挤破，使其中的气体释放出来，这样流到上部的牛奶气泡少了，液面也就不会继续升高，从而达到了防溢的效果。防溢奶锅一经问世，就受到消费者的青睐成为抢手货。

案例3-25　新式雨鞋的问世

　　市面上销售的雨鞋已是几十年不变的老样式了，若想有所改革和创新，就可利用缺点列举法找出其缺点作为改进的突破口。如在材料方面：鞋面弯折处易开裂、鞋跟触地处易磨损；在美观方面：颜色单调；在功能方面：寒冷时穿冻脚、夏日炎炎时穿闷脚，并且透气性能低下，容易滋生霉菌；此外还可发现：走路不跟脚，容易拖泥带水；鞋形不适脚，容易打脚掉袜。这样人们只要针对上述缺点中的一个或几个进行改进，就能创造出新产品，比如日本人针对"夏天穿闷脚，容易患脚气"的缺点，在制造中加以改进，制成了前后有通气孔的雨鞋；又比如日本针对"鞋跟容易磨损"的缺点，研制出一种浇模时就在鞋跟触地部位预埋耐磨鞋钉的雨鞋。这些新产品克服了老产品的一些缺点，成本增加不多，因而深受人们欢迎。

　　(2) 缺点列举法的实施步骤

　　1) 找缺点：尽量列举各种事物的缺点，需要时可以事先广泛调研，征求意见。

　　2) 找原因：将缺点加以归类整理，找出有改进价值的缺点即突破口，并分析产生缺点的原因。

　　3) 找方法：针对列出的每一条缺点逐条分析，"对症下药"，提出改进或创新方案，还可以和检核表法综合应用达到创新的目的。

其中第一步找缺点是关键。列举缺点并不是一件容易的事，因为每一种事物的设计，最初也总是考虑到种种可能的缺点而设法避免的。列举事物的显性缺点也许不难，但是要找到那些隐性的、不易被人察觉而造成不良后果的缺点并不简单，这些缺点往往就是创新价值之所在。因此，对一种事物的缺点进行列举，首先要对该事物的特点、功用、性能等持"吹毛求疵"的态度，敢于质疑。

课堂训练3-4　普通雨伞的缺点及改进方案

列举普通曲柄雨伞的缺点并加以改进，见表3-8。

表3-8　普通雨伞的缺点及改进方案

序号	列举缺点	改进方案
1	伞尖容易刺伤人	伞尖改为圆形，不易伤人
2	雨伞太长，收藏携带不方便	可折叠伸缩的伞
3	乘公共汽车时雨伞上的水会弄湿别人的衣服	伞顶加装集水器，上车收伞时雨水不会滴在车内
4	雨伞颜色大都是黑色，多把伞放在一起不易区别	伞布有多种图案，既增加美观，又便于识别，不易拿错
5	伞骨、伞尖容易生锈	伞骨不用铁制，改用塑料就不会生锈
6	拿伞的人不便再拿其他东西	可以把伞固定在自行车上或做成帽伞
7	下雨时伞布遮住了视线，容易撞到别人	伞面用透明塑料布，可不挡住视线
8	两个人使用时挡不住雨	可以增大伞面，做成供两人使用的椭圆形情侣伞
9	雨夜打伞行路，车辆不容易看到行人，易发生危险	雨伞可增加反光片
10	伞骨容易折断	提高伞骨的强度

课堂训练3-5　尽可能多地列举出玻璃杯的缺点

①容易碎。②比较滑。③盛开水后烫手。④容易沾上脏东西。⑤有了小缺口会划破手。⑥容易翻倒。⑦活动时带在身边不方便。⑧倒上热水后容易凉。⑨成套的玻璃杯花色相同，喝水人稍不注意就分不清自己用的杯子。⑩有些鼻子较高的人用普通玻璃杯喝水，杯沿压着鼻子会感到不舒服。

（3）缺点列举法的实施方式

1）会议法：召开由5～10人参加的缺点列举会，与会者围绕需要改革的某项主题，尽量列举出各种缺点，列得越多、越细越好，再由专人将列举出的缺点记录在卡片上，并编上序号；然后从中挑选出主要缺点，仔细分析、认真研究，制定出切实可行的改革方案。出席会议的对象应为该产品的使用者、经营者、生产者、管理人员及设计者，会议时间控制在 1~2 小时之内。会议讨论的问题宜小不宜大。如果是大的课题，也要将其"化大为小、化整为零"，分解成若干小课题，再分别进行探索。

2) 用户调查法：使用缺点列举法改进产品时，可以与征求用户意见结合起来，通过销售、售后服务、专门调查、走访等渠道，广泛征集使用过这些产品的人的意见，同时，还应事先设计好调查表，以便引导和分类统计。

案例 3-26 客户调查引发的创新

日本美津浓有限公司原是生产体育用品的一家小厂，为了产品畅销世界各国，厂里的开发人员到市场上去调查。在调查中他们发现，初学网球者在打球时不是打不到球，就是打一个"触框球"，把球碰偏了，十分头疼。很多人都想，要是球拍大一点，兴许不会出现上述毛病。国际网联规定，球拍面积必须在 710 平方厘米之下。美津浓有限公司就专门做了一些比标准大 30%的初学者球拍。这种球拍一上市果然畅销极了。后来他们又了解到初学者打网球时，手腕容易疼痛，这种病被人们称为"网球腕"，发生的原因是因为腕力弱的人在打球时发生腕部振荡而造成的。于是，该公司经过试验，制成了著名的"减震球拍"，产品打进了欧美各国。

3) 对照比较法：首先确定有可比性的参照物，把同类的多种产品集中在一起，包括名牌产品，就各种技术参数、性能、功能、质量、价格、外观、包装等进行分析比较，从而找出自身的缺点，取各家之优点设计出超过同类产品具有竞争力的新型产品。对设计产品，应与国内外先进技术标准相比较，发现设计中的缺点，及早改进设计，确保产品的技术先进性。用这种方法开发新产品起点高，步子大，容易成功。

3. 希望点列举法

希望点列举法是指通过把希望新的事物具有的属性——列举出来，以寻找新的创新目标的创新技法。列举新的希望点就是发现和揭示有待创新的方向或目标。将希望点化为明确的创新课题并提出完成课题的途径，是希望点列举法的基本内容，只要能想出满足希望要求的新点子、新创意和新方法，就意味着新的创新的诞生。

(1) 希望点列举法的原理。希望是创新的动力，世界上许多大大小小的发明创新，都是根据人的希望创造出来的。例如，人们希望走得快，就发明了火车、汽车、轮船；人们希望夜如白昼，就发明了电灯；人们希望居室四季如春、冬暖夏凉，就发明了空调设备；人们希望洗衣服不用人去拧干，于是发明了甩干机；人们希望看到千里外的盛况，就发明了电视机；人们希望打电话时能看到对方，就发明了可视电话；人们希望在楼上擦玻璃不会发生危险，于是发明了磁性双向擦窗器等。这些都是创新者从社会需要或个人愿望出发，通过列举希望点来形成创新目标，进而付诸实施的创新成果。

希望点列举法与缺点列举法不同之处在于，缺点列举法是围绕现有物品的缺点提出各种改进设想，这种设想不会离开物品的原型，因此，它是一种被动型的发明创新方法。而希望点列举法是从创新者愿望或社会需要出发而提出各种新的设想，可以完全不受现有物品的束缚，因此是一种积极、主动型的发明创新，可以创造出崭新的产品。希望点列举法通常用于新产品开发上，也可以用于对现有物品的改造上。

案例 3-27　可降解的塑料

塑料曾以结实耐用、易成型、成本低、耐腐蚀等优点，成为人们喜爱的材料。然而，它一旦废弃，便成为不易腐烂的环境污染物。在自然条件下，塑料分解起码需要 100 年时间。有效地控制和消除塑料这个"白色污染"源，是人类共同的"希望"。科学家们经过多年的研究，终于发明出可降解的塑料。构成塑料的分子链长度是决定塑料强度的关键，分子链一旦断裂，塑料也就变得易碎和易化解了。当塑料中掺入 3% 左右的添加剂（以淀粉为主）后，分子链的长度就会变短，废弃后由细菌进行生物化解，最后变成对环境无害的水和二氧化碳。塑料的分解速度取决于添加剂的数量。目前，可降解塑料的寿命可控制在 2 个月至 6 年的时间范围内。

（2）希望点列举法的实施步骤

1）激发和收集人们对世界的各种希望。在列举希望点时先不要考虑技术上、工艺上的可行性，也不要太拘束于社会价值和经济价值。当把所有希望点列出了以后，再综合考虑希望点的可行性和经济性等。

提出"希望"一是向社会、大众了解他们的希望是什么。比如，随着市场经济的发展，人们希望有迅速传递信息的工具，于是发明了"传呼机"、手机等现代通信工具；二是发现现有事物的缺点，提出自己的希望。其具体途径有三种：一是全面分析人类的基本需求，包括生理需求、安全需求、社交需求、自尊需求、自我实现需求、生产和科研需求等；二是注意特殊群体的需求和希望，例如，盲人、聋哑人、残疾人、孤寡老人、住院病人、精神病人、左撇子和有特殊嗜好的人等；三是善于发现潜在的需求。

2）仔细研究人们的希望和事物的缺点，以形成具有科学性和可能性的"希望点"。在确定创新的希望时，不能像科学幻想那样脱离现实太远，一要注意可能性，提希望点时要瞻前顾后，"瞻前"是指所想到的希望点是否已有前例，"顾后"是指所选题目是否与当时的技术水平相适应，能否有完成的可能性。二要注意科学性，提希望点要符合自然规律，超越自然规律的任何设想，都是要落空的。自古以来有许多人希望自己长生不老，还有些人以"长生不老药"作为发明的研究课题。这种违反自然的"希望"是不能成功的。

3）以"希望点"为依据，创造新产品、改造现有事物以满足人们的希望。

案例3-28　"袋鼠式"母子雨衣的发明

20世纪80年代，上海市一位年轻的纺织女工每天骑车接送宝宝，小孩有说有笑，母子俩十分快乐。可是一到下雨就糟了，宝宝只能闷在雨衣里，怪难受的。年轻的母亲十分心疼，心想，有一件新式雨具该多好啊！此后一直想着这件事。一次带着宝宝去动物园玩，看到小袋鼠在妈妈的胸前探头探脑的很有趣，由此受到很大启发。回到家，在雨衣前面开了一条口子，再装上一个帽檐，制成了一件"袋鼠式"母子雨衣，后来她把设计推荐给厂家，成为市场十分畅销的产品。

（3）希望点列举法的实施方式

1）会议法：召开由5~10人参加的希望点列举会，会前由会议主持人选择一件需要革新的事物作为主题，随后发动与会者围绕这一主题，列举出各种改革的希望点。为了激发与会者产生更多的改革希望，可将个人提出的希望用小卡片写出，公布在小黑板上，并在与会者之间传阅，这样可以在与会者中产生连锁反应。会议一般举行1~2小时，产生50~100个希望点即可结束。会后再将提出的希望进行整理，从中选出目前可能实现的若干希望创新点进行研究，制定出具体的革新方案。

2）书面收集法：按事先拟定的目标，设计一种卡片，发动用户和本单位的职工，请他们提供各种想法。

3）访问谈话法：派人直接走访用户或商店等，倾听各类希望性的建议与设想。由以上方法收集各种意见和希望，再进行分析研究，制订可行方案。

3.2.5　逆向思考法

逆向思考法又称"反向求索法"。它是从现有事物原理机制的反面、构成要素的反面或功能结构的反面去思考、求索以进行发明创新的创新技法。

1. 逆向思考法的原理

逆向思考法源于创造工程里的逆反原理，它遵循着原型——反向思考——创造的发明模式。当科学家沿着一条思路苦苦思考，几乎"山重水复疑无路"时，由于"思维倒转"，很多问题都迎刃而解，终于"柳暗花明又一村"，取得发明创造的丰硕成果。实际上，"思维倒转"或"思维反向"就是将思维的主、客体易位，从相反的角度去考虑它们之间的相互关系和相互作用，并引发出新思想、新技术或新方案。例如，在20世纪50年代以前，建筑结构一直是利用墙壁来支撑屋体并遮风避雨，基于这种考虑，建筑师们只得将下部墙体做厚，以便承受整个建筑物的重量，从而使有效建筑面积减少。后来建筑师们反转思路，提出应该用建筑物去支撑墙壁，结果墙体减薄，有效建筑面积增加，并产生出新的建筑结构和新的建筑方式。又如一般情况下，人们总是千方百计去抑制并排除外界干扰，使工作得以顺利进行。但在某些情况下，通过逆向思维，人们可以有目的、有意识地利用外界干扰以产生新的用途，激光陀螺仪就是一个典型例子。在激光陀螺仪中，噪音被认为是一种干扰信号，人们总是尽可能加以抑制，但效果一直不好，后来经过仔细研究，发现噪音场与地磁场有密切联系，于是科学家将思路反转，不但不去抑制噪音信号，反而放大强化它，并转而利用它来测量大地磁场，由此开辟了激光陀螺仪应用的新领域。

2. 逆向思考法的类型

（1）反转型逆向思考法。反转型逆向思考法是指从现有事物的反面进行思考，使思维的功能和作用发生转化，激励并启发设计者的创新思维，以达到发明创新的目的。事实上，任何事物都存在着正反两个方面，它们之间有着密切的联系，可以相互转化并相互促进。如我们在欣赏风景照片时，看到的是正片，这使人们感到更为真实可信；但对于医生诊断病情来讲，使用X光照片的负片则较为适宜，因为它使得病灶部分更为清晰可辨。又如人类计时总是习惯从1开始：1、2、3、…、10，这似乎是天经地义的。但在火箭发射、原子弹引爆前，却采用倒计时，这是因为采用倒计时的发射程序简单明了、清楚准确，突出表现了火箭发射时间的逐渐减少，以便人们产生发射就要开始的节奏感和紧迫感，是一种科学的计时方法。

运用反转型逆向思考法可有三条途径。

1）功能性反转。功能性反转是指从已有事物的相反功能，去构思创新方案。比如拖拉机自发明时起，就是一种拖拉货物或犁田耙地的工具，它的功用在人们的头脑里已有了固定的概念，那就是拖东西或拉东西。后来人们从"推拉"这两个相反的动作出发，做相反功能的探索，在拖拉机前面加上一把大铁铲，再配备机械式或液压式的控制装置，就制造出了推土机。

2）结构性反转。结构性反转是指从已有事物的相反结构，去构思创新方案。比如在日本的本州岛库罗萨基市有一座世界奇屋"帕彭"（倒悬之屋），就是结构反转的产物。

案例 3-29　新奇的倒悬之屋

在库罗萨基市有全日本最大的人种学博物馆，享誉世界。商人大石先生想在这里盖一栋汽车旅馆，为了出奇制胜、招引客源，大石想把他的旅馆建得与众不同。为此他专门去请教专家。专家告诉他：库罗萨基市位于地震频繁地带，最好建一座似乎危如累卵的倒悬之屋。既能提醒人们防灾抗灾的意识，又能满足人们寻求刺激的心理，生意一定不错。大石听从了

图 3-4　倒悬之屋

劝告，并请设计师和施工队如法炮制，于是很快一座倒栽葱式的奇怪建筑拔地而起（如图 3-4 所示）。不出所料，这栋倒悬之屋一落成，慕名而来的旅游者络绎不绝，客房订单排得满满当当，大石的事业有了巨大的发展。

3）因果性反转。因果性反转是指改变已有事物的因果关系，来构思创新方案。比如水轮发电机输入的是水能，水能又转化为机械能，机械能再转化为电能；而电力冲沙泵输入的是电能，电能又转化为机械能，机械能再转化水能。两种设备的结构原理是相同的，但因果关系是相反的。

（2）转换型逆向思考法。人们在创新工程中，遇到久攻不克的难题时，不妨把研究对象的重点转换一下，调整研究问题的角度，往往能打开新的思路。司马光砸缸救落水人和曹冲称象，采用的都是转换型逆向思考法。

案例 3-30　自行车的变迁

自 1886 年英国人约翰·K·斯塔利发明链条传动式自行车至今，一百多年过去了。在漫长的岁月里，自行车的设计思想和设计方法始终没变，自行车的造型和结构基本上还是"世纪级"的老面孔，没有太大的改变。现在由于新思想、新技术、新材料、新工艺的推动，人们开始思考：自行车的传动方式能否改变？自行车的调速方式能否改变？自行车的骑行方式能否改变？自行车的支撑方式能否改变？自行车的布局方式能否改变？转换了思维角度就容易发现问题并加以改善。近几年以来，非链条传动式自行车、无辐条支撑式自行车、碳纤维自行车、铝合金自行车、流线型自行车、封闭型自行车、卧蹬位自行车和太阳能自行车相继问世。

3.2.6　缺点逆用法

缺点逆用法又称"将错就错法"，是指在创新过程中，利用事物的缺点，将错就错

的创新技法。该技法利用事物的缺点来启发人们的创新思维，使人们从事物的错误、失败、缺陷与不足中找到创新的途径，进而推动创新的发展。

1. 缺点逆用技法原理

中国有句古话叫"塞翁失马，焉知非福"。任何事物都有两重性，缺点和问题也有两面性，既有不利的一面，也有有利的一面。只要我们善于发现事物的缺点，巧妙地利用事物的缺点，寻找化弊为利的途径，就会产生新的创新发明，达到化腐朽为神奇、出奇制胜的效果。例如，利用生活垃圾制造沼气；在工业垃圾中提炼稀有金属；天津毛纺厂生产的一种呢料，因原料成分的不同，着色不一，常常出现白点，销路始终难以打开，后来，设计人员灵机一动，来了个缺点逆用，变消灭白点为扩大白点，制作出一种雪花呢新产品，投放市场后，掀起了一股不小的销售旋风。

案例 3-31　吸墨纸的发明

日本一家造纸公司在制造一种书写纸时，无意中弄错了配方，造出来的纸在书写时很容易洇，因此销售后退货率很高，仓库堆满了这种产品，眼看公司要遭受巨大的经济损失和名誉打击。在这紧要关头，公司召开董事会研究对策，大家七嘴八舌议论了一番，但是毫无头绪。会后，有位董事拿了些废纸回家，准备再仔细推敲推敲。当他伏案思索、绞尽脑汁、一无所获，正十分烦恼时，不小心打翻了桌上的墨水瓶。匆忙中他随手抓起这种纸就来揩拭墨迹，墨水很快就被吸干了。他灵机一动，想到可变害为利，用这种纸来做吸墨纸。于是他马上与其他董事商量，把这种纸切成小块、包装成型，作为吸墨纸出售，结果废纸成了市场上抢手的新产品，不仅挽回了经济损失，还给公司创造了可观的利润。

2. 缺点逆用法的实施步骤

（1）发现事物可以利用的缺点。发现事物的缺点并不难，而发现可以利用的缺点就很难。因为人们对缺点本身有极度排斥的心理，往往不从深处考虑其可以利用的方面，容易错失化害为利的机会。所以人们在运用该技法时，要深入发现并充分认识事物可以利用的缺点。

（2）分析缺点，找到缺点背后所隐藏的原理或特性。抽象出这种被定义为缺点的现象后面所隐藏的实质性东西，找出其可以利用的方面，为寻求利用缺点的途径和方法提供科学依据。

（3）研究利用缺点的方法。根据缺点表现形式背后的原理和可以利用的方面，寻找利用缺点的途径和驾驭缺点的方法，提出创新构思，以此作为创新的突破口。

案例 3-32　裂纹釉的发明

我国陶瓷艺术名扬四海，在巧夺天工的陶瓷制品中，各种装饰釉更是精彩纷呈，其中有一种叫做裂纹釉的彩釉格外与众不同。这种釉的表面布满裂纹，其裂纹粗细不一、长短有别、疏密相间、曲直掺杂。有的像水波、有的像云霞、有的像龟裂、有的像蟹爪，各具形态的裂纹在古朴庄重的瓷器表面形成一种别具风味的装饰效果，古往今来的收藏家们都以能收藏裂纹釉精品为自豪。但人们想象不到的是，裂纹釉的发明也是缺点利用法的产物。从科学常识可知，釉面之所以产生裂纹，是因为瓷器在烧制过程中，釉彩的膨胀系数大于胚胎的膨胀系数，故在加热烘烤的情况下，釉面产生较大的表面张力，从而使釉面开裂，形成许多细小裂纹。釉面产生裂纹本是一种缺陷，是釉彩配方不合理所致，但当某些瓷器制品的釉面裂纹比较特殊、比较匀称、比较清晰时，也可构成美感。于是人们得到启发，将错就错、利用缺点去有意识地造成釉面裂纹，并使之符合人们的艺术审美观。经过无数能工巧匠的不断改进，裂纹釉的彩釉配方和烧制技术日臻完善，终于创造出了独树一帜的艺术珍品，为世界文化宝库增添了一枝奇葩。

3.2.7　还原分析法

还原分析法是指先暂时放下当前的问题，回到问题的起点，分析问题的本质，从而另辟蹊径的创新技法。例如，有人从交叉路口沿一条路行至某处发生了困难（有障碍物或路难行），解决的思路通常是设法寻找克服困难的办法。"后退一步，海阔天空"。还原分析法则先不急于要往下走，而是折回头去查找出发的原点（还原），然后站在原点处重新分析该怎么办。或者另选一条能避开困难或缩短路程的路，或者改变原有的行动方式，如步行、骑车、搭汽车、乘飞机、甚至托人代办等，这样无疑为解决问题提供了更多的可能条件。

还原分析法之所以有可能为创新开辟新路，是因为囿于个人的经验或当时的条件局限，而使原有的问题存在有未被认识到的方面。随着技术的发展、认识的深化，再回头审查时，便会萌生新的创新契机。

还原分析法有两种方式：还原换元法与换元还原法。

1. 还原换元法

还原换元法即先还原后换元。还原就是在做发明创新时，不以现有事物为起点，继续沿着原有思路同向探索，而是先摆脱思维惯性和传统影响，反向还原。换元是指改变物元（即原有的方法或材料等要素）。此法创新性极强，是开辟发明创新思路的一种有效方法。

2. 换元还原法。

换元还原法即先换元后还原（回到问题的原点）。在发明创新活动中，换元还原就是用一事物代替另一事物，通过代替事物来研究被代替事物，从而使常规方法难以解决的问题被解决，或者发现新的办法，或者进一步改进完善被代替的事物。例如，诸葛亮将"造箭"替换为"借箭"；阿基米德将"称金"替换为测量"金的排水量"等。科学研究中的模拟实验，都是先换元取得有关参数、经验或方法后，再还原。例如，飞机驾驶员训练时，初期先在模拟飞机（先换元）环境中训练，再过渡到实际（还原）环境中训练。曹冲称象就是把无法称重的大象换元成可以分散称重的石块才将问题解决的。

案例 3-33　气泡室的发明

探测高能粒子运动轨迹的仪器——气泡室的发明过程，就是美国物理学家格拉塞尔在喝啤酒时，看到杯中一串串上升的气泡，猛然受到了启发。他将啤酒看作高能粒子要穿越的介质，随手捡起几粒鸡骨代替高能粒子，待酒杯中碎骨沉落，周围不断冒出气泡，气泡清晰地显示了碎骨下落的轨迹。换元试验是成功的，能否还原呢？格拉塞尔经过反复试验，终于发现，当带电粒子穿过液态氢时，所经路线同样出现了一串串气泡，由此找到了粒子飞行轨迹的良策，由此成果他荣获诺贝尔物理学奖。

3.2.8　综摄法

1. 综摄法概述

综摄法又称类比思考法、提喻法，是指以已知的事物做媒介，将毫无关联的、不相同的知识要素综合起来，摄取各种事物的长处，把它们综合起来，产生解决未知问题的新设想、新产品的创新技法。其特点是有目的、有选择地摄取已知各种新产品的长处，从而创造出新的产品。

综摄法是由美国麻省理工学院教授威廉·戈登于1944年首创的一种从已知推向未知的一种创新技法。戈登发现，当人们看到一件外部事物时，往往会得到启发思考的暗示，即类比思考，而这种思考的方法和知识没有多大联系，反而是与日常生活中的各种事物有密切关系。人类的许多发明创新以及文学作品都是日常生活的事物启发的灵感。这种事物从自然界的高山流水、飞禽走兽，到各种社会现象，甚至各种神话、传说、幻想、电视等比比皆是，范围极为广泛。戈登由此想到，可以利用现有事物来启发思考、激发灵感解决问题，这一方法便被称为综摄法。

综摄法还有个俗称叫"蜜蜂法"。蜜蜂为了酿蜜，整天不停地飞行在鲜花丛中，不辞辛苦地采集各种不同的花粉，酿出甜蜜的蜂蜜。所以综摄法的最大用处就是博采众长，利用其他产品取长补短，加以提炼，设计新产品、制订营销策略。综摄法作为一种创新性思维方法在解决新产品开发、已有产品的改进设计、广告创意以及解决某些社会问题等方面已得到了广泛使用。此方法还适用于各类员工的激励、思维创新的培训，综摄法既可用于管理者个人，更适用于管理创新群体。用于个人时，往往偏重于产品的技术改进，提高市场营销效率等方面，而事关企业的战略决策，大幅度的制度创新等主要是以群体的方式进行为主。

案例3-34　用绷带和钢管子造冰管子输油

日本南极探险队第一次准备在南极过冬，当时南极越冬队队员设法用运输船把汽油运到越冬基地。由于准备工作不充分，在实地操作中发现输油管的长度根本不够，又找不出另外备用和可以替代使用的管，再从日本去运，那时间需要近两个月。怎么办？这下子把所有队员给难住了。大家你看看我，我看看你，毫无办法。这时候，队长突然提出了一个很奇特的设想，他说："我们用水来做管子吧。"冰在南极是最丰富的东西，但问题的关键是怎样使冰变成管状，而且在中途不会断裂呢？很多人还是"丈二和尚摸不着头脑"。队长又说："咱们不是有医疗用的绷带吗？就把它缠在已有的钢管上，上面淋上水，让它结冰，然后拔出钢管，这不就成了冰管子了吗，再把它们一截一截接起来，要多长就有多长。"在队长的整体构思中，首先是找出冰管代替输油管，其次是将绷带的功能由包扎伤口转为包缠钢管。

上述案例中，队长的聪明之处在于通过已知的东西做媒介，将无关系的要素结合起来，也就是摄取各种物品的长处，把它们结合在一起，再制造出新产品。这位队长运用的方法就叫综摄法。运用这种方法，使他们开了未知世界的窗口，自己潜在的创新能力得到了发挥，越冬输油管的难题得到了解决。

2. 综摄法的思考原则

（1）变陌生为熟悉（异中求同即异质同化）。这是综摄法的第一步，即准备阶段。所谓"变陌生为熟悉"，是指对不熟悉的事物要有意识地视作熟悉，用熟悉的、已有的事物和知识进行对比研究。新的发明创新是现在没有的东西，人们对它是不熟悉的，人们非常熟悉现有的东西。在发明创造不熟悉的新东西的时候，可以借用现有的知识来进行分析研究，启发出新的思想来，这就是异质同化。例如，在脱粒机发明以前，谁也没有见过这种机械，要发明这样一种机械，就可以从现有的知识或熟悉的事物进行分析入手。脱粒机实际上是一种使物体分离（将稻谷和稻草分开）的机械，可以使稻谷分离的方法很多，比如，用雨伞尖顶撞稻穗，把稻谷从稻禾上脱落下来。根据这一设想，人们终于发明出一种带尖刺的滚筒状脱粒机。又如，在计算机领域的"病毒""黑客"等就是运用人们比较熟悉的语言，描述一般人不熟悉的计算机网络中很专业的事物或现象。

（2）变熟悉为陌生（同中求异即同质异化）。这是综摄法的第二步。所谓"变熟悉为陌生"，是指对熟悉的事物要有意识地视作不熟悉，用不熟悉的态度来观察分析，并运用新的知识理论或从新的角度进行研究，使看得习惯了的东西变成看来新鲜的东西，把熟悉的事物变成陌生的事物，从而启发新的创造设想，这就叫做同质异化。例如，将人们所熟悉热水瓶用不熟悉的态度来重新分析、思考、研究，改变它的热动力，可以设计出气压热水瓶、电热水瓶；将瓶口缩小、体积改成茶杯大小，就成了保暖杯。又如，拉杆天线本来是用在收音机上的，人们比较熟悉它，但用不熟悉的态度重新分析它，将它换个新位置去应用，便出现了可伸缩的教鞭、照相机的伸缩三脚架、可伸缩的旅行手杖等新产品。

戈登认为，为了摆脱旧框框的束缚，开阔思路，在探索新的设想时，要有一段时间暂时抛开原来想要解决的问题，从陌生的角度去思考，通过联想、类比探索得到启发后再回到原问题上来，得到解决原问题的方法。

在操作技巧上，综摄法在具体实施上述两项原则时，可以采用四种类比的方法，来实现"变陌生为熟悉"和"变熟悉为陌生"。这四种类比的方法是：亲身类比（把研究对象拟人化）、直接类比（从已知事物去寻找与创新对象相类似的东西）、象征类比（借助于具体事物来表达某种抽象的思想与感情）和幻想类比（这是戈登把弗洛伊德的愿望实现原理应用到创新上，并运用人工方法使之在解决问题的情景中而产生的）。

3. 综摄法的实施过程及实施要点

（1）实施过程。在小组集体创新时，要求由不同知识背景、不同气质的人组成小组，相互启发，集体公关。小组一般由主持人1人，各不同学科成员5至7人组成。成员特点以跨学科、跨领域为好，这样可以实现联想、类比的广泛交叉渗透。戈登把实施综摄法的全过程分为九个阶段：①问题的给定；②变陌生为熟悉；③问题的理解（分析问题，抓住重点）；④操作机制（发挥各种类比的作用）；⑤变熟悉为陌生；⑥心理状态，即关于问题的理解达到卷入、超脱、延迟、思索等心理状态；⑦把心理状态与问题结合起来，即把最贴切的类比与理解的问题做比较；⑧观点，即得到新见解、新观点；⑨答案或研究任务，即观点付诸实践或变为进一步研究的题目。

（2）实施要点

1）专家或问题拥有者在描述问题情况时，不应该描述每一个复杂的细节，只需对问题本身及背景做简短说明。讨论时最好开始先不公布议题，到有人涉及时再提出来，以有利于与会者灵感的相互激发。

2）在确定问题的目标阶段，人们应尽量从各种不同的角度审视问题情境，这样就会沿最为适当的方向寻找解决方案。

3）专家应对小组做出的对问题的再界定作出反思，并从中选择两到三个最能反映问题情境的定义。这种方法不追求设想的数量，重在设想的质量和可行性。

4）使用综摄法时，不应拒绝那些不完善的想法，而是要仔细研究这些想法，并尽力将其转为更加切合实际的解决办法。

5）在综摄法应用过程中，假如开发出的设想不够，工作组人员就应暂时转移"阵地"，从而触发更多新的方案，并打破他们心理上的束缚。

案例 3-35　用综摄法设计一种比传统屋顶更灵活耐用的新型屋顶的创新思路

一种在夏天呈白色，在冬天呈黑色的屋顶可能有经济效益。白色屋顶在夏天可以反射太阳光线，这样就可以降低空调的成本。黑色屋顶在冬天能够吸热，这样就可以把取暖的成本减至最低限度。下面是关于这个问题的综摄法会议的一部分对话。

A：在自然界中什么东西是变色的？

B：黄鼠狼在冬天是白色，在夏天是棕色，以求伪装。

C：对是对，但黄鼠狼在夏天必须脱掉白毛才能长出棕色的毛来，我们不能一年换掉两个屋顶。

D：非但如此，黄鼠狼的脱毛也并非是自发的，而且黄鼠狼一年只变两次颜色。我认为我们的屋顶应当利用太阳的热来改变颜色，在春天和秋天也能改变颜色。

B：好变色的蜥蜴怎样变颜色？

E：这是一个很好的例子，因为它在没有脱皮或脱毛的情况下能使其颜色变来变去。

D：变色蜥蜴怎样变颜色？

A：比目鱼也一定以这种方式改变颜色。

D：什么？

A：嘿！如果比目鱼躺在白色沙子上它就变成白色，在黑色的沙地、泥地上面变成黑色。

E：你是正确的，我碰巧见过这种情况！但不知道它是如何变色的？

B：色素细胞。我不能肯定它是自发的还是非自发的，好像它既带一点自发的特性，又带一点非自发的特性。

E：它是怎样起作用的？我还没有弄明白。

B：你想得到详细的说明吗？

D：是的，教授，请继续讲下去。

B：好，我来给你详细分析一下。我认为，比目鱼的颜色从暗到亮又从亮到暗的变化，不应该说成是"颜色"的变化，因为虽然比目鱼有一点褐色和黄色，但在它的群类中，无论如何也没有蓝色或红色，这种变化部分是自发的，是一种自动与环境条件相适应的反射作用。这种转换的原理是：在它的真皮的最深层是黑色色素。当黑色色素靠近表皮的表面时，比目鱼就为黑点所覆盖，这样看起来就好像是黑色……这就像一幅印象主义的画一样，在画的整个轮廓上轻巧涂上一点颜料，就显现出总的画面。只有当你靠近时才能看见那一点点轻涂的颜料。当黑色色素退回到色素细胞的底部时，比目鱼就呈现出白色。

C：我有一种想法，我们可以将比目鱼的变色原理逆转过来，应用于屋顶问题上。我们制成一种黑色的屋顶材料，只是在黑色材料中埋有微小的白色塑料小球。当太阳照射屋顶变热时，白色塑料小球按波义耳定律膨胀，露出于黑色屋顶材料的表面。现在屋顶是白色的，这恰好是反转了比目鱼的变色机制。比目鱼是色素细胞中黑色部分显露皮肤表面。对于我们的屋顶来说，当屋顶变热时将使白色的塑料部分显露表面。

以上介绍了几种常用的创新技法，此外，还有联想法、类比法和原型启发法等。要开展创新活动、取得创新效果，不是靠死记硬背或机械运用若干创新技法就能奏效，关键在于要有意识、有目的地灵活运用它们，特别是要能因时、因地、因人、因事制宜地运用。要真正认识、理解并掌握各种创新技法的技术原理和运用要点，这样才会对开发自己的创新能力有所帮助。

3.3 综合训练

1. 在一次智力激励会上，大家踊跃发言，按智力激励法的原则，下列发言正确吗？

（1）甲发言说："我脑子笨，我提不出什么好的设想，我有一个不成熟的看法希望大家批评指正。"

（2）乙发言说："黄教授提出的设想真是太好了，就按黄教授说的干吧。"

（3）主持人做了如下发言："今天到会的有马院士、黄教授，他们是杰出专家，大家都要尊重他们，不得有违背他们的反映。"

2. 奥斯本检核表法是在考虑某一问题时，先制成一览表，对每项检核方向逐一进行检查，以避免有所遗漏。此法可用来训练人们思考周密，有助于产生创新构想。请根据下面的检核表实现对事物的改进，提出创新设想。

序号	检核项目	改进事物	答案（创新设想）
1	能否他用	烧开水的壶	
2	能否借用	手工虎钳	

(续)

序号	检核项目	改进事物	答案（创新设想）
3	能否改变	手风琴	
4	能否扩大	自行车	
5	能否缩小	电子琴	
6	能否代用	纽扣	
7	能否调整	作息时间	
8	能否颠倒	热水瓶	
9	能否组合	帽子	

3. 请运用5W2H法，对下列课题进行分析研究，并提出改进措施。

（1）请你策划在本区域开一个饮食店。

（2）挖掘自己学习效率的潜力。

4. 终身学习是现代人的生存之本，但目前社会上的培训班五花八门。你能否借助于5W2H法帮助自己对当前所需的培训进修加以选择？请列出思路。

提示：①Why 自己当前为什么要培训？②What 学习的目的，想学什么？去什么班？③Who 这个班是谁办的？适合于谁？主讲人与联系人是谁？④When 何时开班？上课的时间？报名时间？⑤Where 上课地点和报名地点在哪？⑥How 如何报名？需要什么条件？⑦How much 培训效果如何？培训费用是多少？

5. 在保留主体功能的前提下，通过加进其他一些技术或附件来改进功能、扩大品种的方法叫做主体附加法。请你利用主体附加法把附加物和组合成果写出来，填入表内。

序号	主体物	附加物	组合成果
1	电视机		
2	写字台		
3	自行车		
4	旅行包		
5	玻璃窗		

6. 将下列词语任意组合，把有意义、有价值的组合写出来。

汽车、加热、梨树、月光、除锈、吸尘器、玻璃、真空、雕塑、吊床、窗户、订书机

7. 为解决人们接转车站的麻烦，方便出行，解决车辆拥挤、道路堵塞、交通不畅带来的出行问题，改善城市公共交通，减少环境污染，有专家曾提出一个改进城市交

通的设想:"大型公共交通工具+折叠式自行车"。日本、英国等国也发明了总重量10千克左右的折叠式自行车,能像雨伞那样折叠自如。可是,折叠式自行车至今未能打开市场。请你分析一下原因,并对共享单车和共享汽车提出几点希望。

8. 对某个事物存在的缺点产生不满,往往是发明创新的先导,只要把列举出来的缺点加以克服,那么就会有所发明,有所创新。

(1) 尽可能地列举出手机的缺点。

(2) 尽可能地列举出眼镜的缺点。

(3) 尽可能地列举出手套的缺点。

(4) 尽可能地列举出铝锅的缺点。

(5) 尽可能地列举出篮球的缺点。

(6) 尽可能地列举出热水袋的缺点。

(7) 尽可能地列举出选举班委会的缺点。

(8) 尽可能地列举出课堂教学的缺点。

9. 希望点列举法就是把对某个事物——"如果是这样就好了"之类的想法都列举出来。

(1) 怎样的钢笔才理想?请尽量多地写出你的希望。

(2) 怎样的相机才理想?请尽量多地写出你的希望。

(3) 怎样的汽车才理想?请尽量多地写出你的希望。

(4) 怎样的计算机才理想?请尽量多地写出你的希望。

(5) 怎样的实习才理想?请尽量多地写出你的希望。

(6) 怎样的就业指导才理想?请尽量多地写出你的希望。

(7) 怎样的火车售票制度才理想?请尽量多地写出你的希望。

10. 筷子是人手的延长,经常使用筷子对锻炼小脑有好处。但筷子也有缺点,如难夹豆子、花生之类的球形食物。你能否在这个古老的发明上再做出新的改进?

11. 中国的汉字重组。请给下面每个字各配一个字,再将两字拆一拆,拼一拼,变成一个常用语。

例:註 + (吾) = (主)(语)

勋 + ( ) = ( )( )　汗 + ( ) = ( )( )　夯 + ( ) = ( )( )　汕 + ( ) = ( )( )

杆 + ( ) = ( )( )　杳 + ( ) = ( )( )　柱 + ( ) = ( )( )　洽 + ( ) = ( )( )

12. 还原法就是把创新的起点移到创新原点。试用还原法对洗衣机提出创新思路。

提示:①回到创新原点;②立足创新原点,放眼一切领域,多方发现和捕捉换元因素;③优选出最佳换元因素及其换元方案。

13. 有个老妇人天天都要哭一场。有一天,一个老和尚问她为什么天天都要哭?老妇人回答说:"我的大儿子是卖布鞋的,小儿子是卖雨伞的。雨天我愁大儿子的布鞋没人买,晴天我又担心小儿子的雨伞卖不出去。"老和尚听了以后对她说:"你这样想是不对的,我来教你该怎么想。"老和尚教了她该怎么想以后,老妇人从此便再也不"天天哭",而变成"天天笑了"。请问:老和尚是怎样教老妇人的?

  提示:老和尚给老妇人出的点子体现了一种什么思路?

 14. 一寺庙每天为分粥的公平性而头疼,曾设想过不少办法:如让长者来分;选举某位大家认为公正的人来分;轮流值日来分等。结果总免不了出现不公正现象。最后有人提出了一种分粥的方法,无论让谁主持分粥,采用此法大家都很满意。此举一出,分粥的矛盾迎刃而解。请问,这种公平的分粥方法是什么?

 15. 心理学家汤姆森出差回来时,已经是半夜,他走在一条偏僻的回家路上,不免为兜里的几千美元担忧。就在这时他突然发现身后有个戴鸭舌帽的大汉跟着他,他想,恐怕遇到抢劫的了。他急中生智,想出来一个办法。当大汉要对汤姆森抢劫时,不仅没有下手,反而在抛给汤姆森一点零钱后转身走掉了。请问,汤姆森想出了什么好办法避免了劫难?

创业篇　寻找"创业"之路

"万众创新，大众创业。"一个充满机会和挑战的时代正向我们走来。

创业既能开创出崭新的事业，又有振奋人心的创业过程，还能够让人看到取得成果后的辉煌！创业是建立在能力和机会的基础上的，对创业者或投资者来说，学会快速估算某种机会是否存在商业潜力，以及决定在这种机会上花费多少时间和精力是一项重要的技能。

项目 4　创业教育

创业者最大的快乐就在于创业过程中去学习、去提升。

——阿里巴巴集团创始人　马云

4.1　创业与创业教育

创业是人生职业生涯规划的一个重要选择。创业既面临机遇也有挑战。在选择走自主创业道路之前,有必要学习和了解创业的基本知识,进行创业前的各种准备。

4.1.1　创业的内涵

创业就是创立事业。而事业指个人或集体为一定的目标而从事的活动。对个人而言,只要从事着社会发展所需要的工作,进行开拓创新,为社会的发展做出贡献,都应该称为创业。创业包含以下两个方面内容:一是指个人在集体的某一岗位上按照岗位要求并结合自己的发展目标而努力的创业活动,这也就是通常所说的"岗位创业",也称为广义创业;二是指个人或群体创立公司、开办企业等个体行为或群体行为较强的创业活动。

按照哈佛大学"创新理论"鼻祖熊彼特的观点,创新来源于创业,创新应成为评判创业的标准。企业家的职能就是实现创新,引进生产要素的"新组合",而创业活动则是创造竞争性经济体系的重要力量。因此,创业的内涵主要包括:开创新业务,创建新组织;利用创新这一工具实现各种资源的新组合;通过对潜在机会的发掘而创造价值。南开大学张玉利教授则认为,把创业仅仅理解为创建新企业是片面的。其实,创业的本质在于把握机会,创造性地整合资源、创新和快速行动,创业精神本身也是创新的源泉。杰弗里·蒂蒙斯(Jeffry Timmons)在创业教育领域经典教科书《创业学》(*New Venture Creation*)中指出:创业是一种思考、推理、结合运气的行为方式,它为运气带来的机会所驱动,需要在方法上全盘考虑并拥有和谐的领导能力。

综合上述观点,我们将创业理解为:创业是创业者对自己拥有的资源或通过努力能够拥有的资源进行优化整合，从而创造出更大经济或社会价值的过程。创业是一种劳动方式，是一种需要创业者运营、组织，并运用服务、技术、器物作业的思考、推理和判断的行为。

案例 4-1　李红莉开旧书店

李红莉，大学毕业后进一家工厂上班，工作没到一年就被炒鱿鱼。一气之下，她索性做起旧书生意。读大学时，李红莉就发现许多二手书店通常是将人家卖不出去的书籍放到店里来销售，却忽视了顾客究竟要什么读物。而随着图书市场格局的变化，现存的正规旧书店已为数不多，无形中导致旧书业的现状已无法满足市场和读者的实际需求。加上近年来纸张价格飞涨，包装精美的新书更是价格不菲，这无疑给二手书市场留下了巨大的交易空间。

李红莉认为做旧书生意的定位就在于——业精于专。根据现实情况，她打算主营社会、科学、文化类书籍，从而形成自己的特色。她首先看书的内容，其次是出版社。她收购到一百多本财富类书籍，没想到新学期开学没几天，就被大学生抢购一空。

书店开张没多久，为增加有效的交易渠道，李红莉还开设了网上交易（主要是学术类著作），意在便于与同行交流。现在，网上交易量已占到书店业务总量的15%。增设"寄投"业务，是李红莉的新招。现在李红莉的书店每月有3000元的纯利。

案例 4-2　两年让 5000 元变成 10 亿

让 5000 元变成了 10 个亿，这听起来像是一个现代的创业传奇。然而，更让人想不到的是，这个传奇的缔造者是一位年仅 23 岁的应届大学毕业生。

圆脸、一身休闲西服，笑起来脸上带着一丝稚气，迎面走来的金津更像是一位可爱、朴实的大学生。作为渡口网络科技有限公司的总裁，金津在浙江理工大学上大一时，便开始"牛刀小试"，从 5000 元起步，盈利 100 万元，赚到了他创业之途上的第一桶"金"。金津并没有满足，他瞄准了朝阳产业，也是杭州正在大力扶持的产业——动漫游戏。

经过两年的发展，他创办的渡口公司已拥有员工 300 余人，成为浙江省规模最大的网游企业。当国际知名的风险基金对渡口公司进行战略性风险投资时，公司的估值达到了 10 亿元。如今，他成功开发的大型纯 3D 网络游戏《天机》已在市场上获得收益，年底第二部网络游戏也即将面世。与此同时，一栋高达 30 多层的属于自己的网游大厦也即将在钱江南岸的江南大道上破土动工。

4.1.2　创业的类型

按创业动机分类：机会型创业和生存型创业。

按创业效果分类：复制型创业、模仿型创业、安定型创业和冒险型创业。
按新企业建立的途径分类：自主型创业和企业内创业。
按创业主体数量分类：个人创业和团体创业。
按技术分类：传统技能型创业、高新技术型创业和知识服务型创业。
按照创业次数分类：初始创业、二次创业与连续创业。

1. 按创业动机分类：机会型创业和生存型创业

（1）机会型创业。机会型创业的出发点并非谋生，而是为了抓住、利用市场机遇。它以新市场、大市场为目标，因此能创造出新的需要，或满足潜在的需求。机会型创业会带动新的产业发展，而不是加剧市场竞争。

案例4-3 陈天桥："我拼命挣钱，只为证明自己的价值"

陈天桥是盛大网络的董事长。1990年考入复旦大学，1993年进入上海陆家嘴集团，22岁被任命为子公司副总经理，24岁成为陆家嘴集团董事长秘书。

陈天桥不是一个安心"正常发展"的人。1999年年仅26岁的陈天桥辞职下海与几个志同道合的朋友一起凑了50万元，创办了以动画和卡通为主的stame.com及虚拟社区"快乐硅谷"（Home Valley）。

2000年盛大网络获得了中华网300万美元的注资。广泛涉足了网上互动娱乐社区的开发经营、即时通信软件的开发和服务以及网上动画、漫画。

2001年7月14日，陈天桥与中华网分手，盛大和《传奇》海外版权持有商Actoz以每年30万美元的价格签约。4个月后盛大以其快节奏首次突破了死神的魔掌，成为中国最大的网络游戏运营商。

（2）生存型创业。就业型创业的目的在于谋生，为了谋生而自觉地或被迫地走上创业之路。一般而言，这类创业大多属于尾随型和模仿型，规模较小，项目多集中在服务业，并没有创造新需求，而是在现有的市场上寻找创业机会。由于创业动机仅仅是为了谋生，往往小富即安，极难做大做强。但也有"逼上梁山"的成功者，广东七喜电脑公司的成长之路就是一个例证。

案例4-4 "逼上梁山"

易贤忠是广东七喜电脑公司董事长。1959年出生于潜江浩口，13岁上学，1982年毕业于华南理工大学无线电专业。创业前是广州白云山制药集团下属工厂厂长，因女儿患脑疾，为筹医药费被迫下海。为南方大厦制作500只电子整流器，资本金是赊销的5000元电子原材料。以50平方米的住房做厂房，获利几千元，后据此成立白云节能电子电器厂，三个月后获利 14 万元。后回原厂上班，工厂衰败，二次创业。1991 年加入香港 CHAT HAY 电脑有限公司，任中国区总经理，负责电脑分销业务。1997 年创立广东七喜电脑公司。

2. 按创业效果分类：复制型创业、模仿型创业、安定型创业、冒险型创业。

（1）复制型创业。复制原有公司的经营模式，创新的成分不高，例如某人原本在餐厅里担任厨师，后来离职自行创立一家与原服务餐厅类似的新餐厅。

案例 4-5 "蒙牛的诞生"

1998 年，伊利副总裁牛根生突然被总裁扫地出门后，带领手下几名干将启动了一场"复制一个伊利"的计划，创办了蒙牛乳业集团。2004 年，五岁的蒙牛在香港成功上市，成功募集 13.74 亿港元，打破了由伊利、光明、三元在资本市场上所构架的中国乳业"金三角"。

（2）模仿型创业。这种形式的创业，对于市场虽然也无法带来新价值的创造，创新的成分也不高，但与复制型创业的不同之处在于，创业过程对于创业者而言还是具有很大的冒险成分。例如某一纺织公司的经理辞掉工作，开设一家当下流行的网络咖啡店。这种形式的创业具有较高的不确定性，学习过程长，犯错机会多，代价较高昂。这种创业者如果具有合适的创业人格特性，经过系统的创业管理培训，掌握正确的市场进入时机，还是有机会获得成功的。

（3）安定型创业。这种形式的创业，虽然为市场创造了新的价值，但对于创业者而言，本身并没有面临太大的改变，做的是比较熟悉的工作。这种创业类型强调的是创业精神的实现，例如研发单位的某小组在开发完成一项新产品后，继续在该企业部门开发另一项新品。

案例 4-6 草根的成功之路

一个 80 后草根的百万之路。蒋晖，江苏泰州人，高中母校为江苏省泰州中学，大学就读于南京审计学院国际审计专业。2006 年底创立江苏圣辉文化传媒有限公司，2007 年公司获得 300 万风险投资，2008 年底公司濒临破产。2009 年在与合伙人辛苦打拼下，公司实现盈利。他的创业经历曾经写成了一篇文章，这篇文章在网上被转载上万次。2009 年 6 月，因为非常看好互联网未来的发展前景，他从零开始研究网上赚钱，并给自己定下目标：2009 年 12 月，要在网上月入 1 万，并且以后每月增长。半年间他做过各种网络项目，比如广告，做到一个月收入 5000 元；注册，做到一天收入 1500 元；2009 年 9 月发现的广告费项目，1 天赚到 500 元。但是都因为这些项目不能实现之前自己定下的目标,所以他把这些项目全部放弃了。2009年10月最终确立了互联网方向,从此一发不可收拾,到现在已身价千万。

(4) 冒险型创业。这种类型的创业,除了对创业者本身带来极大改变,个人前途的不确定性也很高;对新企业的产品创新活动而言,也将面临很高的失败风险。冒险型创业是一种难度很高的创业类型,有较高的失败率,但成功所得的报酬也很惊人。这种类型创业如果想要获得成功,必须在创业者能力、创业时机、创业精神发挥、创业策略研究拟定、经营模式设计、创业过程管理等方面,都有很好的搭配。

案例4-7　小天鹅变成"大天鹅"

廖长光、何永智分别是重庆小天鹅投资控股集团的董事局主席和总裁。廖长光八年知青,回城在建设局当电工;何永智,在鞋厂当设计师,擅长服装设计。廖长光因境况难堪,发誓创业。1982年,以出卖住房所得3000元为本金在一个3张桌子、3口锅、不足16平方米的小店里起步。1988年11月,成立重庆小天鹅公司。2004年10月,小天鹅完善公司治理结构,调整投资控股集团组织架构,组建餐饮连锁业、宾馆酒店业、房地产业、食品加工业(物流配送业)四大子集团。

3. 按新企业建立的途径分类:创业可以划分为自主型创业和企业内创业

(1) 自主型创业。自主型创业是指创业者通过提供有创造性的产品或服务,填补市场需求的空白。大致有两种情况:一是创办小型企业,与大型企业进行协作,在企业整个价值链中,做一个环节或者承揽大企业的外包业务。这种方式能降低交易成本,减少单打独斗的风险,提升市场竞争力,且有助于形成产业的整体竞争优势。二是加盟连锁、特许经营。利用品牌优势和成熟的经营管理模式,减少经营风险,如麦当劳、肯德基等。

(2) 企业内创业。企业内创业,是近年来国外兴起的一种新的管理方法,企业内创业是进入成熟期的企业为了获得持续的增长和长久的竞争优势,为了倡导创新并使其研发成果商品化,通过授权和资源保障等支持的企业内创业。每一种产品都有生命周期,一个企业在不断变化的环境中,只有不断创新,不断将创新的成果推向市场,不断推出新的产品和服务,才能跳出产品生命周期的怪圈,不断延伸企业的生命周期。成熟企业的增长同样需要创业的理念、文化,需要企业内部创业者利用和整合企业内部资源创业。

企业内创业是动态的,是通过二次创业、三次创业及至连续不断的创业,企业的生命周期才能不断地在循环中延伸。

案例4-8 "刮胡刀"赢得女人"芳心"

吉列公司控制着全世界男人的胡子。一个世纪以来,美国吉列公司不断进行技术更新,通过产品升级占领世界市场,创下了传奇般的"吉列"神话。

向女人推销刮胡刀的是吉列公司的又一大创举。进入20世纪70年代,吉列公司年销售额已经达到20亿美元,成为世界著名的跨国公司。然而,吉列公司并不满足已有的成绩,而是不断寻找新的销售市场。1973年,公司经过一年的周密调查后发现,新大陆不在别处,恰恰就在妇女之中。

原来,美国有几千万成年女性经常要刮除腿毛和腋毛,其中2300多万人是购买男用刮胡刀从事这一保持美好形象的大事,一年在这方面的花费达7500万美元。相比之下,美国妇女一年花在眉笔和眼影上的钱不过6300万美元,染发剂5900万美元,染眉剂5900万美元。如果能将男用的刮胡刀加以改进,更好地满足妇女的这一特殊需要,定能赢得"芳心",独占市场。

于是,吉列公司为这些妇女精心设计了专用"刮胡刀"。它的刀头部分与男用刮胡刀并无二致,只是刀架选用了色彩鲜艳的塑料,握柄由直型改为弧形以利于妇女使用,并在上面印压了一朵美丽的雏菊。在推销这一新产品时,公司还根据妇女的心理特征,选择了"不伤玉腿"作为广告主题,突出了新产品的安全性。新型雏菊刮毛刀一面市,立即成为畅销产品。

4. 按创业主体数量分类,创业可以分为个人创业和团体创业

(1) 个人创业是指创业者独立创办自己的企业。个人独立创业已成为一种很平常的现象。独创企业的特点在于产权是创业者个人独有的,相对独立,而且产权清晰,企业利润归创业者独有。企业由创业者自由掌控,创业者按自己的思路来经营和发展自己的企业,无须迎合其他持股者的利益要求及其对企业经营的干扰。但是独创企业需要创业者面临独自承担风险、创业融资困难、财务压力大和个人才能的限制等约束。

案例4-9 电子商务拓荒者:马云

马云,1988年毕业于杭州师范学院英语专业,后任教杭州电子工业大学;1995年出访美国时首次接触到因特网,回国后创办了网站"中国黄页";1999年创办阿里巴巴网站;2003年创立独立的第三方电子支付平台;2005年和当时全球最大门户网站雅虎战略合作,兼并其在华所有资产;2007年8月推出了以网络广告为赢收项目的营销平台"阿里巴巴";2008年阿里巴巴实行广告三包政策。同年任杭州师范大学阿里巴巴商学院董事会董事长。不仅想,更要去做。阿里巴巴创立之初,马云的口头禅是"你们立刻、现在、马上去做!立刻!现在!马上!"马云有一个天才的头脑,恢宏的理想，但他更有将头脑的东西落实出来，执行出来，做出来的行动。企业不一定需要能力最强的人，但是一定要找到最适合这个岗位的人。在员工培训、管理层培训上投入金钱和精力，马云总能找到最合适的人才去最合适的职位，将阿里巴巴越做越大。

案例4-10 长沙万众和社区服务中心黄跃佳

1985年黄跃佳从长沙电子技术学校毕业后进入湖南电视机厂工作。通过坚持学习，1986年他进入北京理工大学学习，1996年获得北京大学经济学学士学位，通过刻苦钻研，专业技术上也取得了一系列成果。1996年，电视机厂由于各种原因被迫停产，他随1000多名职工一起下岗了。2000年，将家里一套60多平方米的房子抵押给银行，获得7万元贷款，加上存款3万，成立了万众和社区服务网络有限公司。今天，万众和背靠我国社区建设大的方针政策，已经发展成为拥有1800多名员工、融社区家庭服务、社区教育、软件开发、网络运营、社区信息管理、社区居家养老服务、社区就业、社区物业管理等多个领域服务为一体的新型连锁服务企业，创建了一个网上网下立体的社区服务系统。2006年公司营业额突破1000万元，比2000年成立之初增长了近70倍。近几年公司经营收入持续增长。

（2）团体创业是指与他人共同创办企业。与独创企业相比，团体创业有以下几个优势：一是共担风险；二是融资难的问题得到缓解；三是有利于优势互补，形成一定的团队优势。不利因素有：一是易产生利益冲突；二是易出现中途退场者；三是企业内部管理交易费用较高；四是对企业发展目标可能有分歧。

创业非纯粹追求个人英雄主义的行为，就目前看，团队创业成功的概率要远高于个人独自创业。一个由研发、技术、市场、融资等各方面组成、优势互补的创业团队，是创业成功的法宝，对高科技创业企业来说，更是如此。俗话说，一个好汉三个帮，一群人同心协力，集合各自的优势，共同创业，其产生的群体智慧和能量，将远远大于个体。创建团队时，最重要的是考虑成员之间的知识、资源、能力或技术上的互补，充分发挥个人的知识和经验优势，这种互补将有助于强化团队成员间的彼此合作。一般来说，团队成员的知识、能力结构越合理，团队创业的成功性就越大。

案例4-11 新东方的团队创业

核心人物俞敏洪，男，汉族，1962年生，江苏江阴人，北京大学西语系毕业，1993年创办北京新东方学校，2003年成立新东方教育科技集团，现任新东方教育科技集团董事长兼总裁、民盟中央委员、民盟中央教育委员会副主任、全国青联常委、中国青年企业家协会副会长。

核心人物王强，北京大学英语系文学学士，美国纽约州立大学计算机硕士，美语思维口语学习法创始人,著名英语教学专家。1996年,王强先生从美国归来,加盟新东方创业团队,在新东方率先投身于英语教育,全面开拓基础英语培训业务,开办了新东方历史上第一个口语培训项目。

此外新东方创业团队的核心人员还有:徐小平、包凡一、钱永强、周成刚、杜子华等。

2006年9月7日,新东方在纽约证券交易所成功上市,开创了中国民办教育发展的新模式,俞敏洪身价暴涨成为中国最富有的教师。报告显示,新东方2017年财年总营收17.995亿美元,业绩增幅稳定。

取得如此惊人的成绩,新东方依赖的是团队创业的优势,正如他们自己说的:一个国际化、现代化的新东方的成功将不再依赖于几个"个人英雄",而要依靠团队的智慧和力量,依靠正规的现代企业管理方法,依靠科学合理的制度流程,依靠创新进取的企业精神与文化。

5. 按技术分类:传统技能型创业、高新技术型创业和知识服务型创业

(1) 传统技能型创业。选择传统技能项目创业将具有永恒的生命力,因为使用传统技术、工艺的创业项目,如独特的技艺或配方都会拥有市场优势,尤其是酿酒业、饮料业、中药业、工艺美术品业、服装与食品加工业、修理业等与人们日常生活紧密相关的行业,独特的传统技能项目表现出了经久不衰的竞争力,许多现代技术都无法与之竞争。不仅中国如此,外国也如此。有不少传统的手工生产方式在发达国家至今尚保留着。

案例4-12 刘新的小土豆

刘新,中国餐饮业的领军人物之一,拥有固定资产1.86亿元,无形资产约1.56亿元。他创立的"小土豆"餐饮有限公司已发展到拥有130余家连锁店、5个地区分公司,在中国商业联合会、中国餐饮协会、中国饭店协会评出的餐饮百强中名列第5位,然而,创业之前刘新还是一位下岗职工,为了生计,天天奔波于卖菜、卖鱼、卖服装。他创办的冷面馆,人家却喜欢吃他的"小土豆",这给了刘新很大启发,就把冷面店改名为"小土豆"酱菜馆。一大碗"小土豆"10元钱,又加上两个大花卷2元钱,足够两个人美餐一顿。这道菜刚一问世就一炮打响,受到人们的热烈欢迎,常常出现客人站在店外等桌就餐的情景。后来,刘新以小土豆酱菜为龙头,选用人们日常生活中经常食用的蔬菜为主料,突出色美味浓、盐香适合的特点,利用酱、炖、拌、炒等烹调方法,生产出了五大类150个品种小土豆酱菜系列的品种菜。"小土豆"迷住了所有顾客,出现了这样一句口头禅:"好吃吃不够,沈阳小土豆。"一时间,小土豆美食风靡沈城,生意火爆。不到两年时间,刘新赚下了逾百万资产,从1999年开始,沈阳市小

土豆餐饮有限公司设在北京、天津、吉林、内蒙古、河北、河南、陕西、深圳、江苏等地的分公司先后开张营业，如今在全国已发展131家连锁店。

(2) 高新技术型创业。高新技术产业的发展对全球经济有着重要的推动作用。高新技术创业企业的形成与发展是高新技术持续发展的必然结果。高新技术项目知识密集度高，带有前沿性、研究开发性质。

案例 4-13　智力资本时代的代言人：比尔·盖茨

比尔·盖茨有这样一个观点："每张书桌上会有电脑，每个家庭会有电脑。"而"每台电脑都用微软产品"则是他的梦想。回顾比尔·盖茨的创业之路我们不难发现，将目光瞄准高新技术产业，并不断创新是他取得成功的法宝。技术上，以开发 BASIC 语言软件为核心，与微型计算机发展同步，开发纸带 BASIC 语言到磁盘 BASIC 语言；随内存的扩大，开发带有扩展功能的 BASIC 软件；随 Intel 公司推出新 8086 微处理器，开发出 8086 BASIC 软件，确定了软件的技术优势。商务上，创造了软件专利转让的合同样板，成为以后不断兴起的软件贸易许可证的法律标准。把软件从个人计算机的销售搭配品发展为一种独立商品。

比尔·盖茨是一位有创造力且意识超前的创业家，他很早就看出个人计算机时代的到来，并由此推出：操作系统和应用软件的重要度绝不会亚于硬件。他20岁开始领导微软，31岁成为有史以来最年轻的亿万富翁；37岁成为美国首富；39岁身价一举超越华尔街股市大亨沃伦·巴菲特而成为世界首富。比尔·盖茨的成功，在美国经济史上创造了两项奇迹：历来的美国头号富翁都是在家族几代人的遗产基础上再发展而成，而比尔·盖茨却是在全无家族背景下迅速致富的，因而被青年人当作白手起家的楷模和偶像；其次，历来的美国首富不是"石油大王"，就是"钢铁大王"或"汽车大王"，都可以说是"硬件大王"。而比尔·盖茨却是全美乃至全世界第一位"软件大王"，他创造了软件之辉煌。

(3) 知识服务型创业。当今社会，信息量越来越大，知识更新越来越快。为了满足人们节省精力，提高效率的需求，各类知识性咨询服务机构会不断细化和增加，如律师事务所、会计事务所、管理咨询公司、广告公司等。知识服务型创业是一种投资少、见效快的创业选择。

6. 初始创业、二次创业与连续创业

(1) 初始创业。初始创业是一个从无到有的过程。创业者经过市场调查，分析自己的优势、劣势、外部环境的风险与机遇，权衡利弊，确定自己的创业类型，履行必要的法律手续，招聘员工，建立组织，设计管理模式，投入资本，营销产品或服务，不断开拓市场,实现赢利的过程就是初始创业。同时,初始创业也是一个学习过程,创业者往往边干边学。在初始创业阶段,企业的死亡率较高,风险来自多方面,有时甚至会出现停下来肯定死亡、扛下去也不知是否有生路的困境,需要承受巨大的心理压力和经济压力。所以,初始创业要尽量缩短学习过程,善用忠实之人,尽量减少失误。

案例 4-14 妈妈式服务

1999 年,53 岁党员杨秋萍,听从组织安排,放弃徐汇区科委的铁饭碗,创办徐汇软件园。至今软件园伴随科技企业的成长已经 19 年了,培育了携程旅行网、巨人网络、文思信息等 12 家上市企业。

杨秋萍的秘诀在于比"保姆"更上层楼的"妈妈式服务",以母爱之心哺育初创企业,包括史玉柱、季琦等在内的企业家们,都唤她为"杨妈妈"。"要创业找杨妈妈"成了创业圈内的口头语。

(2) 二次创业与连续创业。创业是个动态的过程,伴随着企业全部的生命周期。企业的生命周期分为投入期、成长期、成熟期和衰退期四个阶段。创业表现最明显的是在投入期和成熟期,没有投入期,就没有创业;成熟期不继续创业,企业就会死亡。成熟期再创业的,就是二次创业。它对企业的生存与发展有着举足轻重的影响。北京的电冰箱、洗衣机企业在全国曾经有过辉煌的历史,当时的海尔冰箱、洗衣机只是行业内的小兄弟。但在二次创业中,北京家电业没有迈过去,最后消亡了,而海尔在张瑞敏的率领下成功地进行二次创业,并成为跨国企业集团。

连续创业其实是沿着一条哲学法则运行的。初创型是从无到有,"有"了如何不死呢?唯一的办法是嫁接生命,把企业生命由原来所系的产品(或服务、技术)嫁接到另一种新产品(或服务、技术)上,由此产生二次创业。但是,新产品(或服务、技术)的生命也是有限的,这就需要继续创业,经过连续创业形成较大的实力和规模,增强抗风险能力,有的走向分权化、集团化,在市场上"东方不亮西方亮",达到"三生万物"的境界。

案例 4-15 娃哈哈的"三次创业"

艰辛的"一次创业"

1987 年,娃哈哈的前身——杭州市上城区校办企业经销部靠 14 万元借款起家,开始了艰辛的创业历程,靠代销汽水、棒冰及文具纸张,用勤的汗水完成了最初的原始积累。第二年,娃哈哈成功开发出儿童营养液,"喝了娃哈哈,吃饭就是香"的广告语传遍大江南北,以确切的功效赢得消费者的青睐。

1991年，仅有100余人的娃哈哈兼并了国营老厂——杭州罐头厂，创造了"小鱼吃大鱼"的兼并奇迹，娃哈哈完成了由小变大的历史性转变。

到1993年，娃哈哈年销售收入达7亿元。7年时间完成了一次创业的历程。

踏上"二次创业"的征程

1993年，娃哈哈踏上了"生产上规模、产品上档次、管理上水平"的二次创业征程。1996年，娃哈哈与法国达能集团合资，从意大利、德国等引进了大量国际一流的生产线，实现了从原料进口到产品出口的全自动化操作；1998年，娃哈哈成功推出非常可乐，打破了洋可乐不可战胜的神话。

1998年起，娃哈哈连续多年稳坐中国饮料行业老大地位，已成为全球第5大饮料生产厂家。2003年，公司销售收入超百亿，为公司长达十年的"二次创业"征程画上了圆满的句号。

吹响"三次创业"号角

2003年，宗庆后又握出了营业规模3~5年过200亿元（娃哈哈在第4年，即2007年即达到目标200亿元），5~10年达1000亿元的"三次创业"的宏伟目标。

据中新网报道，2011年娃哈哈集团实现营业收入678亿元，上缴税金54亿元，与上年同比分别增长23.65%、19.1%。各项经济指标连续14年登上中国饮料行业榜首，位列中国企业500强第148位，中国企业效益200强第60位。

根据不同的内涵，可以将各种创业进行不同的分类，而每一种不同的创业都各具特点，以及不同的获取资源和吸引顾客的途径，因而，也有着不同的成功因素和创业特点。

4.1.3 创业教育的内涵

1. 创业教育的内涵

20世纪80年代末，联合国教科文组织在面向21世纪国际教育发展趋势研讨会上，提出了"创业教育"（enterprise education）这一新的教育概念。教科文组织指出：从广义上说，创业教育是为了培养具有开拓性的个人。

创业需要综合素质，因此，创业教育是高质量的素质教育；创业的企业家是一种职业，因此，创业教育也是一种高层次、高质量的职业素质教育。包括：树立创业意识，培育创业精神，塑造创业心理品质，培养创业基本能力，传授创业基本知识。创业教育对于培养个人的首创和冒险精神、创业和独立工作的能力以及技术、社交、管理技能非常重要。

联合国教科文组织要求高等学校必须将创业技能和创业精神作为高等教育的基本

目标，要求将它提高到与学术研究和职业教育同等重要的地位。从本质上说，创业教育就是指培养学生创业意识、创业素质、创业技能的教育活动，即培养学生如何适应社会生存，提高能力，以及进行自我创业的方法和途径。

在大学生中开展创业教育，实际上是大学生素质教育的一部分，是适应经济发展、拓宽学生就业门路和构建国家创新体系的长远大计，也是高等教育功能的扩展。

创业教育是一种新的教育观念，它不仅体现了素质教育的内涵，注重学生实际能力的培养，更强调学生就业观念的转变，学生创业意识和创业能力的提高。它是继文化教育、技能教育之后的"第三本"教育护照，是世界教育发展的方向，也是21世纪中国高等教育改革的新亮点和必然选择。

创业教育，从广义上来说是指培养具有开创性的个人，因为用人机构或个人除了要求受雇者在事业上有所成就外，越来越重视受雇者的首创、冒险精神，创业和独立工作能力以及技术社交、管理技能。与此同时，创业教育还特别注重培养学生的自我意识、参与意识、创业精神和实干精神，使学生掌握创业技能，提升创业素质。

2. 创业与创业教育关系

创业失败有一个共同原因，即缺乏计划能力，既不能有效预测企业的未来和规划企业的发展，也不能有效分析出企业的潜在风险并制订出解决潜在问题的方法，所以创业需要学习培训。

中国的创业教育研究最早出现在20世纪60年代末，比较成体系的创业教育始于20世纪90年代末。进入2002年，在新的创业大潮的影响下，大学的创业教育获得了快速的发展。2012年8月教育部下文要求各高校要把创业教育教学纳入学校改革发展规划，纳入学校人才培养体系，纳入学校教育教学评估指标。高校应创造条件，面向全体学生单独开设"创业基础"必修课。教育部要求各高校加强创新创业教育课程体系建设。把创新创业教育有效纳入专业教育和文化素质教育教学计划和学分体系，建立多层次、立体化的创新创业教育课程体系。

案例4-16 海尔创新，持续发展

1984年，张瑞敏临危受命，接任当时已经资不抵债、濒临倒闭的青岛电冰箱总厂厂长。张瑞敏始终以创新的企业家精神和顺应时代潮流的超前战略决策引航海尔，持续发展。2015年，海尔集团实现全球营业额达到1887亿元，实现利润180亿元，连续九年复合增长率达30%以上，是同期营业收入年复合增长率的5.5倍。据世界权威市场调查机构欧睿国际（Euromonitor）发布的2015年全球大型家用电器调查数据显示，海尔大型家电零售量第七次蝉联全球第一。

在海尔持续创新不断壮大的过程中，张瑞敏确立的以创新为核心价值观的企业文

化发挥了重要作用。在管理实践中，张瑞敏将中国传统文化精髓与西方现代管理思想融会贯通，"兼收并蓄、创新发展、自成一家"，从"日事日毕、日清日高"的OEC管理模式，到每个人都面向市场的"市场链"管理，张瑞敏在管理领域的不断创新赢得全球管理界的关注和高度评价。"海尔文化激活休克鱼"案例被写入美国哈佛商学院案例库，张瑞敏也因此成为首位登上哈佛讲坛的中国企业家。

3. 创业教育是大学生创业的必修课

创业教育应当贯穿大学教育的始终，制订好大学生创业教育的目标；应当重在培养大学生的创业意识、创业观念和创新精神；课程应当具有实用价值，把大学生的"创业能力"作为"核心能力"加以培养，让大学生掌握创业的基本技能和知识。

（1）创业实践是大学生创业的实战场。创业教育具有实践性强的突出特点，必须开辟创业教育、创业培训、创业实践的活动场所或者基地，如"大学生创业园区""大学生创业孵化基地"，这需要大量的资金投入。高等学校开展创业教育是拓宽就业渠道的有效形式，随着高等教育大众化步伐的不断加快，培养大学生不仅仅是为了解决紧缺型人才的教育，更是为了提高整体国民素质，培养适应社会发展的应用型人才。高校不断扩招，高等教育毛入学率逐年上升，高等教育已经从精英教育转向大众化教育，大学毕业生就业也由原来的统一分配变为"双向选择、自主择业"。面对竞争激烈的就业市场，通过对学生进行创业教育，使他们了解创业教育的深刻意义，认识到自主创业是社会进步的需要，是自我生存的需要，也是大学生实现自我价值的需要，从而真正理解创业是更高层面上的就业。光在课程上进行理论学习还是不够的，尤其是那些应用性强的专业，更要去实践中实习，这样才能加强实际操作能力。

（2）高等学校开展创业教育是培养创新型人才的需要。21世纪的发展靠人才，竞争是人才的竞争。人才的竞争其实是具有创新精神和创业能力的创新型人才的竞争。为了促进社会的发展，增强自主知识产权的转化程度，高等学校必须加快创新型人才的培养速度。

（3）高等学校创业教育的途径

1）加大教改力度，把创业教育纳入到人才培养方案中。

2）培养师资队伍，设置创业教育课程体系。

3）推进教育方法的创新，不断树立学生的创新意识。

4）加强创业教育的实践基地建设，搭建学生创业平台。

5）积极开展形式多样的创业实践活动，营造创业教育的良好氛围。

4. 大学生创业教育存在的问题

大学生就业与创业是社会十分关注的一个议题。单纯依赖政府完全解决大学生就业问题是不可能的，也是不现实的。加强大学生创业教育，培养大学生创业精神与能力，鼓励大学生自主创业，无疑是解决大学生就业难的一个有效途径。大学生也许无法马上或不能自主创业而成为企业家，但是通过关注创业，接受创业教育，可以培养创业精神，提升创业能力，这对今后的职业发展具有积极意义。

4.2 创业环境和创业政策

创业环境是指那些与创业活动相关联的因素的集合，实际上就是创业活动的舞台。任何创业活动都是在一定的社会环境下进行的，大学生即将迈向社会，呈现在面前的正是一个巨大的时空舞台。

4.2.1 创业环境分析

创业环境包括宏观环境和微观环境。

宏观环境又叫总体环境，是指那些给企业造成市场机会或环境威胁的主要社会力量，内容包括政治、经济、社会、技术、自然和法律等因素。

微观环境是指企业的顾客、竞争者、营销渠道和有关公众等对企业营销活动有直接影响的各种因素。

1. 宏观环境分析

（1）政府政策支持。现在一些地方政府解决这一问题的通常方法是专项资金扶持和贴息贷款。通过这种途径在短期内扶持多数创业人。政府为大学生自主创业提供各方面的保障，主要可以采用经济、行政以及法律的手段。如：简化不必要程序，建立创业教育培训中心，免费为大学生提供项目风险评估和指导，尽快落实国家相关针对大学生创业的税收减免的优惠政策，大学生创办的企业被认定为青年就业见习基地的，可享受有关补贴等。

案例 4-17　勤工助学，励志创业

2007年19岁的苗族小伙潘文伟以雷山县高考理科第一名的成绩考入了广东省中山大学。潘文伟出生在雷山县一个普通工人家庭。家里并不宽裕。9月临近开学的时候，他谢绝了父母送他到广州上学的好意。因为他知道，如果父母送他一趟，来回的花销，对当时的家庭来说，将是很大的一笔数目。

为了减轻家里的经济负担，他怀揣着200元钱和南下广州的火车票，背着沉甸甸的行囊，只身一人来到了中山大学。开学不久，潘文伟就到学院的学工办当起了辅导员助理，在这里，他每个月可以拿到400块钱左右的工资。因为工作很出色，一个月后，他被中山大学珠海校区学工办录用。在中山大学学工办，他接触了学校里很多自食其力的同学，这促使他产生了创业的想法。

（2）创业培训。政府部门除在资金上支持大学生创业外，还通过学校等教育机构对大学生进行创业培训。培训内容包括申请贷款程序，创业者应具备的心理素质，基本的金融知识等。通过系列培训，使创业大学生能坚持理想，贯彻计划，取得最终的成功。学校环境方面，如学校政策鼓励支持，形成创业的文化，在学校建立配套科技园，加强创业教育，通过创业实践或比赛等多种形式，培养大学生创业能力。同时向大学生适度开放校内市场，以利于大学生创业实践，搭建创业服务平台。

（3）文化和社会规范。文化和社会规范是重要的创业环境要素。在我国的文化和社会规范中，鼓励人们通过个人努力取得成功，也鼓励创造和创新的精神，更鼓励通过诚实劳动致富，让创业者勇敢地承担和面对创业中的各种风险。这为建立新时代的创业文化奠定了坚实的基础。

2. 微观环境分析

（1）创业流程分析

1）制订计划书。比如，要在市区开一个卖牛仔裤的店，开店之前要制订一份计划书，要将各个环节相互联系构成一个完整的内部环境，各个环节的分工是否科学，协作是否和谐，目标是否一致，都会影响创业方案的实施。

2）确定顾客群。顾客群的不同直接影响产品的定位。比如，牛仔裤的主要客户人群非常广泛，不论男女，那么目标就是让每一个顾客都可以找到自己喜欢的牛仔裤。

3）店址的选定。

4）选货以及进货。选货要掌握当地市场行情：出现哪些新品种，销售趋势如何，存量多少，价格涨势如何，购买力状况如何？进货时，首先到市场上转一转、看一看、比一比、问一问、算一算、想一想，之后再着手落实进货。少量试销，然后再适量进货。因为是新店开张，所以款式一定要多，给顾客的选择余地大。

5）供应商。供应商是指为企业及其竞争者提供生产经营所需资源的企业或个人，包括提供原材料、设备、能源、劳务和其他用品等。因为大学生的资金比较匮乏，没有很大的进货量，所以供应商的选择应当适合自己的店面大小。

6）产品价格定位。要根据成本和市场情况，制订合适的价格。

（2）创业条件

1）家庭条件。家庭是创业者早期接受启蒙教育和健康成长的摇篮。每个创业者的家庭条件都因人而异，无论家庭条件好还是家庭条件差一些，对创业者来说都存在可以利用的有利因素。有的家庭条件相对好一些，可帮助创业者结识对其创业有利的重要人脉。也有的家庭是继承并在不断从事或扩大家庭传统的创业项目，多年的经营，为创业者提供了大量的经营项目和经营经验，加之生产或经营技术的传统垄断性，使创业者在创业活动中往往容易成功。还有一些创业者家庭条件一般，但这并没有影响创业者的自信心及其创业活动，反而磨练了意志，通过自身的艰苦努力而逐步实现了自己的理想和抱负。

2）人际条件。人具有社会属性和自然属性，其社会属性主要通过人的社会行为体现出来，具体表现在个体的人在衣食住行等方面都不可能脱离这个社会群体，总要直接或间接地与他人发生联系。这样，创业者总在自己的生活范围内逐步形成一个相对稳定的关系网络，这对于创业者来说，是一笔不可多得的财富。同时，作为创业者还要学会充分利用和调动这些有利因素，使其能最大限度地为创业活动提供援助。

3）自身素质条件。创业者的自身素质条件决定了创业者的创业活动性质和经营范围，也决定了创业者最终能否获得成功。创业者自身素质应包括其文化素质、身体素质和心理素质等智力因素和非智力因素。

(3) 大学生创业优势

1）接受新鲜事物快，甚至是潮流的引领者。

2）思维普遍活跃，不管敢不敢干，至少是敢想。

3）自信心较足，对认准的事情有激情去做。

4）年纪轻，精力旺盛。

(4) 大学生创业劣势

1）缺乏社会经验和职业经历，尤其缺乏人际关系和商业网络。

2）缺乏真正有商业前景的创业项目，许多创业点子经不起市场的考验。

3）缺乏商业信用，在校大学生信用档案与社会没有接轨，导致融资借贷困难重重。

4）心理承受能力差，遇到挫折轻易放弃，有的学生在前期听到创业艰难，没有尝试就轻易放弃了。

(5) 大学生创业机遇。现在国家政策都鼓励大学生创业，学校注重培养大学的创业技能，社会承认大学生创业，家庭也开始给予大学生一些创业的资金，大学生创业的环境在逐渐改善。

(6) 大学生创业威胁。人才竞争越来越激烈，大学生毕业走向社会的社会压力越来越大。虽然自己创业，但是市场竞争激烈，资金压力也很大。

案例 4-18 抓住机会，奋力前行

赵明晨，一个 23 岁的青年，当他的名字第一次出现在各大媒体上时，他的身份还只是个大学生，他现在的身份是"八零年代"主题餐厅的总经理。2004 年 6 月 26 日，

北京联合大学应用文理学院对一家校园餐厅的经营权进行公开招标,即将毕业的该校学生赵明晨和他的 7 名同窗一起联合参加竞标,在和另外两名来自校外的个体经营者的角逐中,凭借文化理念的优势,赵明晨最终夺得了餐厅的经营权。他的创业举动,在当时和他一同走出校门的 280 万大学毕业生中,成为大学生自主创业的一大亮点。

4.2.2 创业环境特征

1. 创业环境的特征

(1) 群体创业潮兴起,我国进入平民创业时代。

当前,我国群体性创业活动明显的特征就是表现出平民化趋势。移动电商和跨境电商的快速发展更加推动了这种平民化趋势的快速发展,这种平民化趋势表现在以下几个特点:

1) 创业的门槛低,适宜平民进入。中国的经济环境已经发生了变化,入世后市场竞争日益国际化,政府的管理趋向透明,法律更加健全,竞争环境更宽松、公平,这些都使创业的门槛降低,非常适合平民创业者的进入。

2) 创业主体来自社会基层,具平民色彩。这种平民化的创业主体格局,适宜于我国社会主义初级阶段的经济特征和多数创业者起步阶段的经济状况,具有门槛低、起点低的特征。

3) 创业营销活动具有平民化定位。这些具有平民色彩的创业企业,大都能在自己创业的过程中坚持平民化的视角和营销思路,实行平民化的价格定位和发展模式,体现出平民创业的发展特点和聚财方式。

4) 平民化创业企业显示了平民聚财的旺盛生机。这些具有平民视角的企业由于市场定位科学,就获得了最大的客户资源和市场空间。因此发展迅速显示了平民化定位的渠道优势和竞争优势,展现了旺盛的生命力。

(2) 创业教育蓬勃开展。中国政府高度重视创业教育。教育部专门研究制定相关配套文件,举办大学生"互联网+"创新创业大赛,推动创新创业教育改革。一些地方政府结合实际研究出台了专门文件,多措并举推动改革,各地创新创业教育改革呈现蓬勃发展态势。

(3) 创业培训的多种形式和巨大作用。创业培训是一个国家创业成熟度高低的重要标志,更是一个国家和地区创业能力强弱的原因之一。对中小企业实施创业辅导是世界各国、各地区政府所普遍采用的一种通行做法。据不完全统计,有 70% 左右的美国企业在创立之初曾得到过美国小企业局(SBA)的资助和辅导。在我国台湾地区,绝大部分中小企业特别是资讯科技企业都得益于创业综合辅导计划。在我国香港,不仅设有创业辅导的公共服务平台,而且在政府相关部门都设有中小企业服务机构,约有七成以上的中小企业接受过政府的创业辅导和援助。

我国依据《中华人民共和国中小企业促进法》赋予各级政府部门的职责，已经将建立中小企业创业培训体系作为完善城市功能、实现国家长治久安的重要举措。

创业培训是一种对具有创业意向和创业条件的人员，进行提升创业能力的一种培训。当前，在全民的创业热潮中，我国的创业培训正在兴起，主要分为三种层次。

1）开展《创业基础知识》为主要内容的理论知识和实际操作技能的培训。对非正规就业劳动组织负责人、新办劳动就业服务企业负责人和小型私营企业主等主要是开展提升业务能力和对开办的企业进行诊断和跟踪指导的服务；对已下岗再就业的人员进行创业培训，主要是使下岗人员增长技能，坚定信心，走自主创业之路。有的地方政府还和发放小额贷款结合起来，对经过创业培训的人员给予小额创业贷款扶植，使他们尽快找到生活的出路、致富的门路。

2）引入国际化培训课件。在群体性的创业大潮中，中华人民共和国人力资源和社会保障部与国际劳工组织宣布，以"马兰花"为"SIYB中国项目"的注册标识，塑造SIYB创业培训项目在我国的整体形象。

从调查看，当前我国创业培训的对象正在发生重大的结构变化。青年人的参培比例快速上升，创业培训正在逐步转变成为一种综合技能和素质的全面提升培训，它向所有梦想成就一番事业的人打开了大门。

3）对创业能力提升进行了心理评测的探索。良好的心态是创业成功的保障，是创业者创业能力的一种内在表现。对创业能力进行心理评测是用心理学的方法对创业者的心理承受能力、心理适应能力进行研究和评测的一种方法。在群体性创业培训中，我国许多培训机构请心理医生帮助创业者寻找"心理成功的支撑点"，研究"如何限量问题""是什么妨碍你进行有效的决策"等问题，以便进行精神疏导和心理降压，为提升创业者的创业能力构筑心理防线，纠正"归因偏差"，以便全面地提升创业者的创业能力，对创业者的健康成长，发挥了重要的作用。

（4）创业孵化器的迅速扩展。创业孵化器也叫企业孵化器（Business-Incubator或Innovation-Center），是一种新型的创业经济组织。它起源于20世纪50年代，是由美国的乔·曼库索于1959年首次提出的，通过提供低成本的研发、生产、经营用地、通信、网络办公等共享设施，系统的培训和咨询，政策、融资、法律和市场推广等方面的支持系统，使创业企业的创业成本得以降低，创业风险得以规避，创业成功率得以提高，是一种适于中小企业生存和成长的发展环境和发展空间。

企业孵化器在推动高新技术产业的发展，孵化和培育中小科技型企业，以及振兴区域经济，培养新的经济增长点等方面发挥了巨大作用。风险资本的进入已经成了加速创业企业孵化成长的重要的培育手段。目前，我国的创业孵化器已经发展为科技型创业孵化器、下岗职工创业孵化器、大学生创业孵化器、回国人员创业孵化器等多种形式。

2. 创业环境存在的问题

（1）高校对大学生创业教育的重视度有待提高。受各种因素的影响，许多高校重就业，轻创业。就业指导中，就业教育占主要内容，创业教育无论从内容，还是课时数所占比例较少，甚至没有。

（2）创业教育师资匮乏。创业教育是一门理论性、政策性和实践性极强的课程，任课教师必须具有法律法规、经济管理、市场实务等综合知识，才能担当好教学重任。

（3）创业教育经费投入不足。创业教育具有实践性强的突出特点，必须开辟创业教育、创业培训、创业实践的活动场所或者基地，如"大学生创业园区""大学生创业孵化基地"，这需要大量的资金投入。

（4）政策法规建设有待进一步规范和完善。

4.2.3 创业政策

2015年国务院发布《国务院关于大力推进大众创业万众创新若干政策措施的意见》，旨在改革完善相关体制机制，构建普惠性政策扶持体系，推动资金链引导创新创业链、创新创业支持产业链、产业链带动就业链。

各地政府为了扶持当地大学生创业，也出台了相关的政策法规，而且更加细化，更贴近实际。了解这些优惠政策，会让大学生感受到国家和政府的支持力度，更加坚定创业的决心。

4.3 树立正确的创业观

1. 要有积极创业的思想准备

创业是拓展职业生活的关键环节，在就业压力较大的社会环境中，创业意识强烈并且思想准备充分，就能获得更好的发展机会，甚至还能帮助别人就业。当今社会中增添的许多新职业，既体现了新的社会需要，又体现了创业者的智慧和贡献。

2. 具有敢于创业的信心和勇气

创业艰苦磨难多。因此，只有创业的思想准备是不够的，还需要创业的勇气，有勇气者才敢于创业、善于创业和成功创业。破除依赖心理和胆怯心理，勇敢地接受创业的挑战，做一个真正的创业者，这是当代大学生应该具有的精神品格和时代风貌。

3. 提高创业素质和能力

创业需要勇气，但需要的是智勇，而不是蛮干。创业不是追求时髦的感觉，而是要获得成功的果实。人们在创业的问题上除了要立足创业、勇于创业的思想准备之外，还要努力提高自己的创业能力，既要不拘泥于陈式，又要充分考虑自身的条件、创业的环境等各种现实因素，要打破"学历本位"的观念，树立"能力本位"的意识，努力提高自主创业的能力。

4. 树立正确的择业观和创业观

所谓择业是指个人根据自己的意愿和社会的需要，主动选择自己所从事的工作的过程。所谓创业则是通过发挥自己的主动性和创造性，开辟新的工作岗位、拓展职业活动范围、创造新的业绩的实践过程。在个人的职业生涯中，择业与创业并不是两个孤立的环节，择业是创业的基础，创业又是择业的内在要求。在实际生活中，择业和创业往往是相互联系、不能截然分开的。大学生树立正确的择业观要做到以下几点。

1）树立崇高职业理想，重视人生价值实现。树立崇高的职业理想，不仅是为了拓展职业的价值领域，更是为了提升人生观、价值观的境界。

2）服从社会需要，追求长远利益。大学生在就业问题上要更多地考虑到社会的需要，把自己对职业的期望与社会的需要统一起来，着眼现实，面向未来，既不好高骛远，也不消极被动，以积极主动的态度面对就业问题。

3）打下坚实基础，做好充分准备。择业需要以自身的能力和素质为基础。大学生应当树立独立生活意识，克服消极依赖思想，充分利用大学的美好时光，努力学习科学文化知识，打牢专业基础，锻炼能力，提高素质，完善自我。机会总是垂青于有所准备的人。一个人有了真才实学，能够适应多种岗位，就更有利于自己的就业。

大学生树立正确的创业观要做到以下几点。

1）转变择业观，树立正确的创业观。

2）牢固树立服务意识。坚信即使在平凡的工作岗位，也能创造出不平凡的业绩，做事要认真及时，不要马虎了事，时刻鞭策自己，作风要朴实，工作要扎实，任务要落实。

案例 4-19 创业是希望的种子

来自四川的郭鑫曾在汶川地震中失去亲人，他坚强地走出阴霾，如今已成长为一名"低碳达人"，他摸索出的"林业碳汇商业化模式"正在我国多地推广，郭鑫用自己的智慧和力量回报着社会。

郭鑫来自于四川省阿坝藏族自治州，汶川大地震让当时不满 16 岁的郭鑫失去了外婆和爷爷，家园变成废墟。全国四面八方好心人帮助灾区人民重建家园。郭鑫暗自下定决心：要满怀感恩之情，真心帮助他人，努力回报社会。

他以优异的成绩考入南开大学后，一次偶然的机会，郭鑫了解到一些地区的农民退耕还林后失去了稳定的经济来源，生活状况每况愈下。此后，郭鑫奔波在去农村调研的路上。他发现这些退耕还林的林地大部分都符合国际碳汇林标准。与此同时，郭鑫通过相关资料和后期的走访，发现我国东南沿海的中小型出口企业，因为碳排放超标，导致产品出口到欧美时，遭到当地海关部门的拦截，要缴纳大量碳关税。而根据国际规则，超标部分可以通过碳汇林的方式加以抵消。郭鑫意识到，可以指导农民种植碳汇林，帮碳汇林进行碳汇认证，再将碳权卖给需要的企业，使农民获得收益。

于是，在导师的帮助下，郭鑫申请了国家大学生创新科研计划。在历经了近2个月的艰苦摸索之后，他提出了"林业碳汇商业化模式"。郭鑫和他的团队，选定了之前调研的河北邯郸邱县作为自己模式的第一个试点基地，他们向当地农民传授相关技术。同时积极联系碳汇的买家，短时间内就在江浙地区建立了较为稳定的渠道。

试点基地以惊人的成绩回报了这群青年。该试点所涉及的家庭，一年户均增收2000元。他们的模式日趋成熟，现已在全国18个省100多个县推广。他的相关调研报告提交后引起政府部门重视，部分政策建议受到采纳。郭鑫还希望通过创办一家能够盈利的企业，在直接帮助农民提高收入的同时，吸引更多的人加入到碳汇产业中来，让更多的人受惠，让自己的研究成果更好地回报社会。

5. 大学生创业的优势和弊端

（1）优势

1）大学生往往对未来充满希望，他们有着年轻的血液、蓬勃的朝气，以及"初生牛犊不怕虎"的精神，这些都是一个创业者应该具备的素质。

2）大学生在学校里学到了很多理论性的东西，有着较高层次的技术优势，"用智力换资本"是大学生创业的特色和必然之路。

3）现代大学生有创新精神，有对传统观念和传统行业挑战的信心和欲望，而这种创新精神也往往造就了大学生创业的动力源泉，成为成功创业的精神基础。

（2）弊端

1）由于大学生社会经验不足，常常盲目乐观，没有充足的心理准备。对于创业中的挫折和失败，许多创业者感到十分痛苦茫然，甚至沮丧消沉。大家看到的都是成功的例子，心态自然都是理想主义的。其实，成功的背后还有更多的失败。看到成功，也看到失败，这才是真正的市场，也只有这样，才能使年轻的创业者们变得更加理智。

2）急于求成，缺乏市场意识及商业管理经验，是影响大学生成功创业的重要因素。学生们虽然掌握了一定的书本知识，但终究缺乏必要的实践能力和经营管理经验。

3）很多大学生对创业的理解还停留在美妙想法与概念上。在大学生提交的相当一部分创业计划书中，许多人还试图用一个自认为很新奇的创意来吸引投资。这样的事在今天已经是几乎不可能的了。现在的投资人看重的是创业计划中真正的技术含量有多高，商业模式在多大程度上是不可复制的，以及市场赢利的潜力有多大。因此创业者必须有一整套细致周密的可行性论证与实施计划，绝不是仅凭三言两语的一个主意就能得到投资的。

4）大学生的市场观念较为淡薄，不少大学生很乐于向投资人大谈自己的想法如何领先与独特，却很少涉及市场前景。就算谈到市场的话题，他们也多半只会计划花钱做做广告而已，而对于诸如目标市场定位与营销手段组合这些重要方面，则全然没有概念。其实，真正能引起投资人兴趣的并不一定是那些新奇的想法，相反，一些技术含量一般却能切中市场需求的产品或服务，常常会得到投资人的青睐。同时，创业者应该有非常明确的市场营销计划，能强有力地证明赢利的可能性。

4.4　综合训练

1. 什么是创业？什么是创业教育？
2. 当前，政府对大学毕业生创业有哪些优惠政策？
3. 大学生创业有哪些有利条件？有哪些不利因素？你认为应该怎么去解决？
4. 大学生创业应树立哪些观念？
5. 提升认识、主动学习、勇于实践有助于培养创业思维，请结合所学，由 5~7 名学生组成一个创业团队，通过查阅文献、网络搜索、团队头脑风暴等途径，开展一次实践调研，撰写一份调研报告，阐述团队对创业的认识。在讨论课上，每个团队派一个代表用 5~10 分钟时间向全班同学汇报，与同学们分享你们团队的收获与体会。

项目 5　创业能力

创业，做企业，其实很简单，一个强烈的欲望，我想做什么事情，我想改变什么事情。你想清楚之后，你永远坚持这一点。

——阿里巴巴集团创始人　马云

5.1　培养创业意识

5.1.1　创业意识的内涵

1. 创业意识的概念

创业意识是指人们从事创业活动的强大内驱动力，是创业活动中起动力作用的个性因素，是创业者素质系统中的驱动系统。

2. 创业意识的要素

（1）创业需要。创业需要指创业者对现有条件的不满足，并由此产生的最新的要求、愿望和意识，是创业实践活动赖以展开的最初诱因和最初动力。但仅有创业需要，不一定有创业行为，想入非非者大有人在，只有创业需要上升为创业动机时，创业行为才有可能发生。

（2）创业动机。创业动机指推动创业者从事创业实践活动的内部动因。创业动机是一种成就动机，是竭力追求获得最佳效果和优异成绩的动因。有了创业动机，才会有创业行为。

（3）创业兴趣。创业兴趣指创业者对从事创业实践活动的情绪和态度的认识指向性。它能激活创业者的深厚情感和坚强意志，使创业意识得到进一步的升华。

（4）创业理想。创业理想指创业者对从事创业实践活动的未来奋斗目标较为稳定、持续的向往和追求的心理品质。创业理想属于人生理想的一部分，主要是一种职业理想和事业理想，而非政治理想和道德理想。创业理想是创业意识的核心。

5.1.2 创业意识的内容

1. 商机意识

真正的创业者会在创业之前、创业中和创业后,始终面临着识别商机、发现市场的考验。创业者必须有足够的市场敏锐度,可以宏观地审视经济环境,洞察未来市场形势的走向,以便做出正确的决策来保证企业的持续发展。

2. 转化意识

创业者仅有商机意识是不够的,还要在机会来临时抓住它,也就是把握机会,把商机转化成实实在在的收入和公司的持续运作,最终实现自己的创业梦想。转化意识就是把商机、机会等转化为生产力;把知识转化为智力资本、人际关系资本和营销资本。

3. 战略意识

战略意识指创业者在创业初期制订一个合理的创业计划,解决如何进入市场,如何卖出产品等基本问题。创业中期需要制订整合市场、产品、人力方面的创业策略,转换创业初期战略。需要指出的是,创业战略不只有一种,也没有绝对的好坏之分,关键要找到适合自己的创业之路。在这条路上应时刻保持着战略的高度,不以朝夕得失论成败。

4. 风险意识

创业者要认真分析自己在创业过程中可能会遇到哪些风险,一旦这些风险出现,要懂得如何应对和化解。大学生是否具备风险意识和规避风险的能力,将直接影响到创业的成败。

5. 勤奋、敬业意识

李嘉诚说:"事业成功虽然有运气在其中,主要还是靠勤劳,勤劳苦干可以提高自己的能力,就有很多机会降临在你面前。"大学生创业,一定要务实,要勤奋,不能光停留在理论研究上。可以从小投资开始,逐步积累经验,不能只想着一口吃个胖子。

案例 5-1 从小做起

"很多年过去了,我依然清楚记得那一天的情景:1987 年夏天的一个下午,天气闷热,杭州的小巷子里见不到人影。我骑车出了家门,去干一件有些冒险的事情——靠借来的 14 万元钱,去接手一家连年亏损的校办工厂。"提起往事,宗庆后有些动容,他告诉记者，创业初期的条件十分艰苦，可以说是白手起家。借来的 14 万元钱，也不敢全部用完，只用了几万元钱，简单地粉刷了一下墙壁，买了几张办公桌椅，就开张了。

有了自己的事业，宗庆后憋足了劲儿，但当时他的"事业"只是蝇头小利的小生意，"我们代销冰棍、汽水，还有作业本、稿纸等，主要是为学生服务。一根冰棍4分钱，卖一根只赚几厘钱。"早年创业的艰辛，已深深刻在宗庆后的记忆里。随着时间的推移，宗庆后的业务范围也越来越广，开始为人家代加工产品。风里来雨里去忙活了一年，年底一算账，居然有了十几万元的进账。尽管赚了一些钱，但宗庆后认为，企业没有自己的产品，终究不是长远之计。

1989 年，宗庆后带领校办工厂的 100 多个员工，开始开发投产娃哈哈儿童营养液，并成立了杭州娃哈哈营养食品厂。"当时，国内食品市场的产品种类相对较少，就连方便面都是稀罕玩意儿"，娃哈哈儿童营养液一经面世便迅速走红。

1991 年，宗庆后做了一件更大胆的事：兼并了拥有 2000 多名职工的国营老厂——杭州罐头食品厂，娃哈哈食品集团公司正式成立。1991 年企业产值首次突破亿元大关，达到 2.17 亿元。

1994 年，娃哈哈响应对口支援三峡库区移民工作的号召，投身西部开发，兼并了四川涪陵地区受淹的 3 家特困企业，建立了娃哈哈第一家省外分公司涪陵公司。此后，娃哈哈迈开了"西进北上"步伐，先后在全国 29 个省市自治区建立了 160 多家分公司。

1996 年对于娃哈哈来说，是具有划时代意义的年份。这一年，宗庆后瞄准瓶装水市场，娃哈哈纯净水诞生。有经济学家曾认为，娃哈哈纯净水的出现，是宗庆后搭建商业帝国最重要的一块砖。

目前娃哈哈产品包括含乳饮料、瓶装水、桶装水等共十大类 150 多个品种。宗庆后坦言，娃哈哈在发展过程中经历了数不清的坎坷，甚至也曾走过弯路，但专心做实业、专注做品牌的信念始终没丢。

5.2 构建创业心理品质

5.2.1 创业心理品质的内涵与内容

1. 创业心理品质的内涵

创业心理品质是指在创业实践过程中对人的心理和行为起调节作用的个性特征，它与人固有的气质、性格密切相关，反映了创业者的意志和情感，是创业基本素质结构中的调节系统。创业心理品质是创业者取得成功不可缺少的要素，是取得创业成功的前提条件。

2. 创业心理品质的内容

（1）创业欲望。欲望是创业的最大推动力，一个真正的创业者一定是强烈的欲望者。《科学投资》杂志在对我国上千名成功创业者调查后认为，创业欲望应成为创业者必备的首要素质。大学生只有具备强烈的创业欲望，才有动力去创业并坚持下去。

（2）诚信。诚信乃创业者之本。创业者在创业过程中，要言出即行、讲质量、以诚信动人；如不讲信誉，就无法开创出自己的事业；失去信誉，就会寸步难行。市场经济已进入诚信时代，作为一种特殊的资本形态，诚信日益成为企业的立足之本与发展源泉。市场经济在本质上是一种信用经济，诚信是构建市场经济体制的基础，也是创业者从事创业活动的基本品质要求。创业者应具备较高的诚信意识，依法、诚信经营，这也是其立足社会的基本保证，创业者品质决定着企业的市场声誉和发展空间。不守"诚信"或可"赢一时之利"，但必然"失长久之利"。反之，则能以良好口碑带来滚滚财源，使创业渐入佳境。

（3）自信心。创业的动力、人的意志可以发挥无限力量，可以把梦想变为现实。大学生创业者往往年轻气盛、富有激情，但是创业过程不可能是一帆风顺的，可能会遇到一些意想不到的困难和挫折。对其来说，信心就是创业的动力。要对自己有信心，对未来有信心，要坚信成败并非命中注定而是全靠自己努力，更要坚信自己能战胜一切困难。因而，大学生创业者在理性选择创业目标后，一定要对自己充满信心，坚定地走下去，相信自己有能力克服困难，实现预定的创业目标。

（4）自我控制力。良好的自我控制能力是成就一番事业的重要基础，大学生创业者要善于控制自己的情绪和行为，做到在困难和挫折面前不气馁，在诱惑面前不动摇，始终保持冷静的头脑，坚定自己的创业信念和目标。

（5）冒险精神。创业是一种开创新事业的活动，创业过程充满了各种未知数，面临着较大的风险。大学生创业者要敢于冒险，具有良好的风险评估能力，并据此采取适当的行动，勇于承担风险可能带来的损失。

（6）创新意识。创业离不开创新，创新是创业的灵魂，同时也是实现创业目标的重要保障和要求。大学生创业者要发挥自己的年龄和知识等方面的优势，充分利用各种资源，大胆创新，提高创业活动的绩效。

5.2.2 创业心理品质的影响因素

创业心理品质的形成是一个长期、复杂的过程，是多种因素共同作用的结果。创业心理品质主要受到以下一些因素的影响。

1. 社会环境因素

高校处在社会大环境中，社会的变化必然会影响到校园，使身处其中的大学生在心理上受到冲击。首先是社会文化环境的影响。当前我国正处于经济转轨和社会变革期，各种思潮和价值观给大学生带来了很大的影响。如社会群体对成功和财富的追求、对创业认识上的转变以及创业氛围的日益浓厚等，激发了大学生的创业动机。但是，社会上某些人诚信意识淡薄，诚信文化缺失，对大学生诚信品质的形成产生负面影响。"以成败论英雄"、难以宽容失败等社会价值观，也不利于大学生冒险精神的培养。其次，政策和法律环境的影响。完善的法律体系能有效地规范各种市场经营行为，营造依法、诚信经营的良好环境，促进社会信用体系建设。同时，政府在税收优惠、贷款担保、设立创业专项基金等政策上的支持也能有效地推动各种创业活动的开展，并起到示范作用，带动其他社会主体关心、支持创业，在全社会形成有利于创业的良好社会氛围，激发潜在创业者的创业欲望。

2. 学校环境因素

学校环境对大学生创业心理品质的影响主要体现在三个方面：首先，很多高校在人才培养方面还是沿袭应试教育的培养模式，在课程体系设置上重视专业知识教育，对创业知识教育重视不够；重视理论教学，轻视实践教学和挫折教育，不利于大学生良好创业心理品质的培养。其次，一些老师和学生对创业还没有形成正确的认识，觉得创业是"不务正业"。当大学生的创业和学业发生冲突时，往往很难得到教师和同学的理解和支持，而当创业遭遇挫折时，甚至会受到周围人的嘲讽，从而给大学生创业者带来很大的心理压力。再次，校园里部分学生身上出现的一些享乐、拜金主义思想以及考试作弊、弄虚作假等不良现象，产生了一定的负面影响，使一些大学生变得颓废、不思进取、不讲诚信以及过于依赖他人等，影响了大学生健康创业心理品质的形成。

3. 家庭环境因素

不同的家庭教育、父母在社会上不同的地位、子女与父母之间依赖与被依赖特点等，对大学生创业心理品质的形成有不同的影响，使得来自不同家庭的大学生，在创业过程中表现出不同的心理品质。

首先，父母亲的教育方式会对子女的心理产生影响，如有的家长对子女管教严格，作风比较专制，那么就可能导致子女做事循规蹈矩、唯唯诺诺，缺乏创新、自信和冒险精神；而有的家长对子女过于溺爱，则会使子女缺乏抗挫折的能力和开创精神。其次，父母亲的言行举止也会对子女产生潜移默化的影响，如有的家长教育子女要诚信做人，但自己在为人处事方面却不讲诚信，则不利于子女诚信意识的养成。再次，很多家庭希望自己的子女将来能找一份稳定的工作，过上安稳的生活，担心创业风险很大，往往会对子女的创业持反对态度。家庭的不支持很容易扼杀一些大学生的创业欲望，即使创业也可能不敢放开手脚，影响其对风险的认知。

4. 大学生自身因素

大学生的创业心理品质在一定程度上也会受其自身因素的影响。如有的学生从小就比较胆小，做事循规蹈矩，缺乏冒险精神和创新意识，后天如不加以培养，就很难养成良好的创业心理品质。同时，有些学生过于关注自己的短处，喜欢拿自己的不足和别人的长处进行比较，妄自菲薄，在遇到挑战时往往缺乏自信。此外，有不少学生没有树立正确的价值观念，贪图安逸和享受，依赖父母，缺乏自立意识，经不起困难和挫折的考验，在内心深处有一种不安全感，对创业怀有畏惧情绪，创业欲望较低。还有一些学生受不良思潮的影响，缺乏进取精神，安于现状，对自身期望不高，做一天和尚撞一天钟，自然难以产生强烈的创业欲望。

5.2.3 创业心理品质的培养途径

良好的创业心理品质是大学生创业成功的重要前提和条件。创业心理品质固然会受先天因素的影响，但在很大程度上是可以通过后天培养获得的，主要有以下几个途径。

1. 营造良好的社会环境

创业心理品质的形成需要一个良好的社会环境。首先，国家立法机构要加快立法进程，完善与市场经济相适应的法律法规体系，为规范市场经济环境下的各种社会行为提供法律保障，营造依法办事、诚信经营、诚实做人的良好环境，增强全体公民的诚信意识。其次，相关政府部门也应发挥积极作用，要通过税收优惠、信贷担保以及设立创业专项基金等形式为大学生创业提供有效的政策支持，并加强舆论宣传，在全社会营造关心和支持大学生创业、理性看待大学生创业、宽容大学生创业失败的良好氛围。再次，相关部门和高校要加强与大学生家长的沟通工作，从思想上进行引导，让其鼓励自己的子女树立积极的竞争意识、学会独立，充分尊重子女的创业选择，并提供必要的支持，为大学生创业打造良好的家庭氛围。

2. 重视大学生创业教育

高校教育是大学生创业最大的资本和基础。作为创新创业人才培养的重要基地，高校首先应加强大学生的创业思想教育。学校可以通过创业思想教育帮助大学生端正创业态度，树立正确的人生观、价值观和创业理想，增强大学生的创业意识，使他们愿意创业、乐于创业。其次，重视大学生的创业心理健康教育。可通过开设心理健康教育课、心理辅导活动课或举办心理健康知识讲座等方式，向学生传授、普及心理健康的有关知识，协助学生改进不合理的认知模式，确立辩证科学的思维方式，帮助学生排除心理障碍，构建完善人格，有效地调控自己的心理。再次，要加强大学生的创业知识教育。改革和完善现有的人才培养模式，优化课程体系，在课程设置上加大创业相关课程的比重，鼓励学生选修创业教育课程，增强大学生对创业知识的了解，树立创业信心。

案例 5-2　陶华碧：只识三个字的亿万富翁

一个没上过一天学、仅会写自己名字的农村妇女，白手起家，居然在短短的 6 年间，创办出了一家资产达 13 亿元的私营大企业！

创造这个新童话的农村妇女名叫陶华碧。说出她的名字，许多人也许茫然不知，但提起她的"老干妈麻辣酱"，却几乎是家喻户晓，尽人皆知。陶华碧就是人们爱吃的"老干妈麻辣酱"的创始人，生产这种食菜的大企业的董事长。这个大字不识的农村"老干妈"，连文件都看不懂，她是如何创办和管理好拥有1300 多名员工的大企业？

"绝招"一：以灵起家

由于家里贫穷，陶华碧从小到大没读过一天书。为了生存，她很小就去打工和摆地摊。1989 年，陶华碧用省吃俭用积攒下来的一点钱，用四处拣来的砖头盖起了一间房子，开了个简陋的餐厅，取名"实惠餐厅"，专卖凉粉和冷面。当时，她特地制作了麻辣酱，作为专门拌凉粉的一种作料，结果生意十分兴隆。

有一天早晨，陶华碧起床后感到头很晕，就没有去菜市场买辣椒。谁知，顾客来吃饭时，一听说没有麻辣酱，居然都转身就走。她不禁感到十分困惑：怎么会这样？难道来我这里的顾客并不是喜欢吃凉粉，而是喜欢吃我做的麻辣酱？这件事对陶华碧的触动很大。机敏的她一下就看准了麻辣酱的潜力，从此潜心研究起来……经过几年的反复试制，她制作的麻辣酱风味更加独特。

"绝招"二：以情经商

1997 年 8 月，"贵阳南明老干妈风味食品有限责任公司"正式挂牌，工人一下子增加到 200 多人。此时，对于陶华碧来说，最大的难题并不是生产方面，而是来自管理上的压力。

虽然没有文化，但陶华碧明白这样一个道理：帮一个人，感动一群人；关心一群人，肯定能感动整个集体。果然，这种亲情化的"感情投资"，使陶华碧和"老干妈"公司的凝聚力一直只增不减。在员工的心目中，陶华碧就像妈妈一样可亲可爱可敬，在公司里，没有人叫她董事长，全都叫她"老干妈"。

到 2000 年末，只用了 3 年半的时间，"老干妈"公司就迅速壮大，发展到 1200人，产值近 3 亿元，上缴国家税收 4315 万元。如今，"老干妈"公司累计产值已达 13亿，每年纳税 1.8 亿，名列中国私营企业 50 强排行榜的第 5 名。

"老干妈"的成功秘诀

"老干妈麻辣酱"的创业成功,陶华碧靠了什么?论实力,丈夫早逝,20世纪90年代之前,她还拖着两个小孩到处打工和摆地摊;论机会,做的是麻辣酱,是传统产业;论知识,就更谈不上了,她不仅没有留过洋、读过大学,甚至连珠三角地区一些"洗脚上田"的小学毕业、初中毕业的老板都不如——只认识三个字,而那还是当了老板以后才学的!"什么都没有"的陶华碧,不可能没有成功的秘密。说答案人人皆知,更是实话——对机会敏感。李嘉诚的最初成功是抓住香港地产和港口发展的机会,丁磊拿捏的是互联网,朱保国稳住了保健品……陶华碧则是20世纪90年后期,在大家认为"没有大钱做不成生意"的年代,做成了大生意。想当初,她抓住的不过是卖凉粉时,拌酱料畅销的小小机会。

诚信,"做生意要诚信",这几乎谁都知道。但事实上,很多人还是做不到。陶华碧以前没听过文绉绉的"诚信",但她以一个农民的朴实本质,依靠诚信做大了生意。企业初创,仅几个人的苦干、巧干,甚至有一点蛮干就可以,但往后呢?员工多了,就要大家拧成一股绳,很多优秀企业配有股权激励、企业文化。陶华碧有"情感投资",以情感人。陶华碧不识字,不懂算账,这不要紧,她放胆请来很多专业管理人员,还将他们送出去培训、进修……只认识三个字的陶华碧,每一点心路都暗合最新最全的管理大全,因而,"老干妈"的成功是神奇,而远远不是神话。

3. 良好创业心理品质的形成重在实践训练

积极的实践能带来及时的反馈和成就感,也能带来不断成功的喜悦,使大学生切切实实地投入创业实践中去,磨炼出坚强的创业心理品质。首先,学校要通过建立创业孵化基地、创业实习基地和创业园等创业实践基地,为学生的创业实践提供便利,让其充分感受创业过程中可能出现的各种心理问题,并不断总结经验教训,努力加以克服。其次,大学生要在课余时间积极参加学校组织的各种文娱活动,如辩论赛、歌舞晚会等,以便更好地了解自己的人格和心理品质状况,为培养良好的创业心理品质做好准备。再次,大学生应充分利用学校和社会提供的各种勤工助学及社会实践机会,磨炼自己的意志,积累创业经验,增长创业才干,增强创业自信心,从而有利于养成良好的创业心理品质。

4. 进行榜样引导

榜样的力量是无穷的,一些创业成功人士身上具有的良好心理品质和积累的成功经验,值得大学生学习和借鉴。一方面,相关政府部门要积极协调各种大众传媒,广泛宣传创业成功人士的成长历程和成功经验,为大学生创业者树立良好榜样,发挥示范和引导作用，激发大学生的创业欲望和激情。另一方面，近年来，随着大学生创业活动的快速发展，校园里也出现了不少比较成功的大学生创业者，普通大学生应积极利用这种近距离交流和学习的机会，分析这些成功的同龄人身上具备的优秀创业心理品质和成功原因，找寻自身存在的差距和不足，从而培养自我良好的创业心理品质。

案例 5-3　张朝阳："创业+VC"（风险投资）中国样本

1996 年，一个年轻人拖着疲惫的身体，乘坐地铁越过查尔斯河，来到美国波士顿政府中心，注册了一个叫 Internet Technologies China 的公司。两年后，这家中文名为爱特信的公司正式更名为搜狐。

这个年轻人就是中国互联网第一代的代表人物张朝阳，恐怕他当时自己也没有想到，以他为代表的一代"数字英雄"，在创业成功的同时，还影响着中国人的生活，更改变了自古以来中国人传统的致富路径。

当世界将左脚踏入了互联网的河流之中，包括张朝阳在内的中国网络先行者也以各自的姿态奔波于这条路上。

在"互联网之父"伯纳斯发明万维网的 1993 年，张树新正在北京中关村与新婚不久的丈夫忙碌地做着传呼机的生意，三年后她创办了中国第一个网络公司瀛海威。

同样在中关村混日子的软件设计员王志东，创建了新天地电子信息技术研究所，在家里研发出"中文之星"中文软件平台，后来他创办了新浪。

那一年，马云还只是一个 28 岁的英语教师，他在杭州办了一家小小的海博翻译社；李彦宏时年 24 岁，正在美国布法罗纽约州立大学攻读计算机科学硕士学位，比他小三岁、创办了网易的丁磊则在成都一所大学里读三年级。

这一年，张朝阳取得了麻省理工学院博士学位。从西安到北京，从北京到美国，故乡渐行渐远，理想渐行渐近。

在麻省理工学院实验室里，张朝阳第一次接触到互联网。他意识到，这是自己的方向。于是，在自己的 31 岁生日那天，他选择回国创业。

在 2000 年 7 月美国纳斯达克上市前，搜狐经历了四次融资，共获得风险投资 4000 万美元。几乎同期，新浪、网易等也按照风险资本和离岸公司的模式，顺利地抢在互联网泡沫破灭前达成了纳斯达克上市的目标。"创业"和"VC"逐渐成为商务人士甚至大学生经常挂在嘴边的词汇。

第一波纳斯达克上市热潮无疑为最初的互联网偶像标注了身份。张朝阳不仅仅引入了一种全新的企业运作模式，他也颠覆了国内企业家的传统形象。他为杂志拍上身赤裸的封面、玩轮滑、买游艇、攀登珠峰传递奥运圣火等特立独行的行为方式，深刻影响了之后的创业群体。

从张朝阳到陈天桥，再到李彦宏，短短 5 年时间涌现的三波互联网偶像，从作秀时代到挟持技术，从大批空投海归到本地草根，中国互联网的变数从来没有像今天这样巨大无比。

风险投资加海外上市的模式，历练和成就了一批像张朝阳一样的企业家，他们抓住了时代赋予的迅速成功的机遇，最大限度地发挥自己的特长来获得投资人和公众的信赖。

张朝阳们的成功，给中国百姓带来了风险资本和海外融资对企业家的评价标准。在这标准的筛选和淘汰后，留下来的佼佼者，集体代表了一种新的企业家形象——他们更有创造力和激情，而行为举止上也自然会表现为不拘一格的特立独行。

这显然与百年来中国传统的企业家形象完全不符合，两者的创富路径自然也完全不同。自此，中国创业者的词典中多了"创业"和"VC"的词条。

5.3 锻炼创业能力

如今，创业已成时代的焦点。创业是极具挑战性的社会活动，是对创业者自身智慧、能力、气魄、胆识的全方位考验。一个想获得成功的创业者，不仅要具备一般人的基本素质，同时还要了解作为创业者所应具备的创业能力。

5.3.1 创业能力的内涵

创业能力是指一种能够顺利实现创业目标的特殊能力；是以智力活动为核心的、具有较强综合性和创造性的心理机能；是与个性心理倾向、特征紧密结合在一起的、在个性的制约和影响下，形成并发挥作用的心理过程；是知识、经验、技能经过类化、概括后形成的，并在创业实践活动中表现为复杂而协调的行为动作。

创业能力直接影响和制约着创业实践活动的进行，是创业实践活动赖以启动和运转的关键因素，直接影响着创业实践的成败。创业能力在创业的基本素质中具有非常重要的地位，它是创业基本素质的核心。

为什么从国家到高校到地方都要加强大学生的创业能力呢？

首先，从国家层面上讲，我国正处于工业化、城镇化高速发展的阶段，比以往任何时候都需要更多的创业者来创造新的工作岗位，减轻就业压力。其次，从时代发展层面方面讲，21世纪是以现代高技术为主导的知识经济时代，这一发展特点，要求年轻大学生掌握现代科学技术，还要富有创新精神能够担负起创业的历史责任，换句话说，培养大学生创业能力是我们高等教育改革与发展的需要，也是必经之路。另外，从当今就业形势来看，当前的就业形势要求更多有条件并具备一定创业能力的大学毕业生选择创业之路。既可以为自己寻找出路，同时也可以为社会创造更多的就业机会，带动社会劳动力就业。

5.3.2 创业者必备的创业能力

1. 创业成果公式

$$创业成果 = 创业精神 \times 知识经验及技能 \times 创业方法 + 创业环境$$

（1）创业精神。创业精神是创业的非智力因素，是创业因素中相对的软件部分，但却是起决定性作用的部分。它具体包括以下方面。

1）承诺。为了创业成功，你需要对你的企业做出承诺。承诺意味着你愿意把你的企业放在最重要的位置上，也意味着你有长期经营企业的打算，你愿意用自己的钱冒创业的风险。

2）动机。为什么你打算创办自己的企业？一个没有方向的创业者是没有办法成功的，所以动机是成功的第一步。创业者必须回答，我从哪里来，现在在哪里，将要去哪里。也就是说，应有一个清晰的企业发展和成长的蓝图，同时要有能力制订实现目标的战略和途径。

3）诚实。如果你对自己的员工、供应商和客户不诚实，你将有损于自己的信誉，名声不好对创业不利。

4）健康。经营企业是一项十分艰苦的工作，它要求创业者有良好的身体。

5）承担风险。没有绝对可靠的企业构思，创办企业必须愿意承担风险，当然仅限于合理的、深思熟虑的风险。

6）决策。把事情做好或把企业管理好是远远不够的，考验成败的关键是能否做正确的事情，也就是必须做正确的决策。外面的诱惑很多，机会也太多，而一不小心就可能掉入盲目决策的陷阱。经营企业时，抉择十分重要。领导决策能力是一个人综合能力的表现。一个创业者首先要成为一个领导决策者，他如同战场上的指挥员，要具有感召力和决策力及统揽全局和明察秋毫的能力。在混乱不堪的情况下，能比别人更快、更准确地判断问题的所在，并以自己的认识来处理问题。

（2）知识经验和技能。创业成功极其重要的是基础性智力因素，也就是知识经验和技能。任何创业都必须符合科学规律，依据科学的方法来运作，盲目的、漫无目的的创业是绝无成功的可能。这也就是大哲学家培根所说的"知识就是力量"。所以，创业者必须不断学习，改进自己。

1）技术。这是企业生产产品、提供服务所要具备的实际能力。例如，开办成衣店，你得会裁剪和缝纫。办机修厂，你要有机电知识。

2）企业经营技能。企业经营技能指的是有效经营企业所需要的能力，包括销售、成本核算、记账以及最重要的人员管理能力。经营管理能力是一种较高层次的综合能力，是运筹性能力。它涉及人员的选择、使用、组合和优化，也涉及资金聚集、核算、分配、使用、流动。作为创业者，只有学会效益管理、知人善用以及最大化地充分合理地整合资源，才能形成市场竞争优势。

3) 对同类企业的了解。俗话说"知己知彼，百战不殆"，如果创业者对同行企业有全面的了解，就能避免犯常见的错误。

4) 社交能力。目前"朋友经济"在招商中的作用日益显现。人脉圈日益成为创业信息、资金、经验的"蓄水池"，有时甚至在商业活动中能起到四两拨千斤的神奇功效。扩大社交圈，通过朋友掌握更多信息、寻求更大发展，日益成为成功创业的捷径。这里给大家提几点要求：①欲求人助，先要助人；②尽量多去发现别人的优点，并且予以赞扬；③推己及人并且设身处地为人着想，己所不欲，勿施于人；④学会倾听；⑤要气量如海、大度待人，如别人对自己有看法，应首先从自我找原因。

5) 创新能力。创业实际就是一个充满创新的事业，所以创业者必须具备创新能力，无思维定式，不墨守成规，能根据客观情况的变化，及时提出新目标、新方案，不断开拓新局面。在竞争激烈的市场中，缺乏创新的企业很难站稳脚跟。

6) 影响他人的能力。影响他人的能力就是能够让合伙人、周边员工心甘情愿地跟随自己去为了共同的理想和目标而奋斗的一种能力。只有充分的感召力和影响力才可以激励团队和自己一起前进。

7) 激励他人的能力。一个可以调动团队潜能的领军人物，才可以焕发团队每个人的事业激情，才可以振奋人心，才可以使每个人为参与到伟大的事业中而感到自豪。只有这样的团队才有生命力和活力。

8) 整合资源的能力。企业的资源不仅是人、财、物，还包括知识、时间、智慧组合、公共关系等无形的要素。如果没有把资源整合在一起的能力，就会失去竞争的优势和先机。

9) 创业者还应具备一定的文化素养。文化素养是一个看不着，但能感觉得到的品质，是在知识社会中长久保持成功所必须具备的品质。文化素质是一个人的修养，通过平常多读书，勤思考，渗透到自己的言行中，就会逐步提高自己的文化修养。

文化素养的内容十分广泛，几乎无所不包。创业者每天要辛勤地工作，没有太多的时间和精力放在文化素养的修炼上。因此，创业者也不必试图从全方位提升自己的文化修养，只要抓住文化修养的主要内容即可。一个人的文化素质一般集中体现在思想道德和专业知识上。

创业者要特别重视自己的思想道德修养。创业者放弃别的种种诱惑从事新事业的开创，也是以实现自己理想为目的的。这里所说的思想道德修养重点是指创业者对待社会的态度以及对待客户的态度。中国当前已进入了买方经济时代，作为卖方的商家必须以优质的产品、真诚的服务来赢得顾客的信赖。只有那些能为顾客带来更多便利、创造更多价值的商家，才能在商场上立于不败之地。创业者在创办商业机构的选择上，在公司的运作经营上，不要将心思全部用在如何赚钱，而应思考自己所创的事业是否给众多的人带来更多的幸福。因为，创业者辛勤创业，并非只是为了金钱，而是为了实现人生的价值。

　　10）自我剖析和改进思路的能力。开始创业历程之前，还有一道不得不做的程序——自我剖析。自我剖析能够在一定程度上帮助我们全面地认清自我，找到自己的优势、缺陷及不足，以便朝着正确的方向努力和前进，有事半功倍之效。创业是一个比想象中更漫长的过程，好比一次长征，其间艰辛也必须"爬雪山，过草地"。经历这些过程，成长起来的肯定不仅仅是你的创业团队和企业的生存能力、竞争能力，同时个人的能力与素质方面也必将有一个持续的提升，而且它们也必将随着时间的积淀而能在创业征程上发挥其更加具体和实效的作用。

　　(3) 创业方法。创业方法是取得成功的有力的智力工具，大数学家笛卡尔说过"最有价值的知识是方法的知识"。所以要想创业必须找到一个切实可行的方法，怎么找呢？具体从收集创业信息、预测创业的项目、制订创业计划、分析总结创业活动过程中的经验和教训四个方面去着手做，掌握最有价值的信息，做最有意义的行业。

　　(4) 创业环境。虽说创业环境是影响创业成功的所有外界因素，是创业的外因，但是也是极其重要的因素。意大利诗人但丁说过"要是白松的种子掉在英国的石头缝里，它只会长成一棵很矮的小树，但要是它被种在南方肥沃的土地里，它就能长成一棵大树。"所以要创业必须要有良好的政治环境、经济环境、人文环境、自然环境、法律环境等必要条件，做到天人合一。

案例 5-4　江喜允，自主创业 3 年产值超千万

　　江喜允是深圳技师学院数控技术专业 2006 届毕业生，2001 年他初中毕业后考入深圳技师学院学习数控技术，通过 5 年的刻苦学习，扎实掌握了数控机床的相关知识和技能。

　　2005 年，在学校的安排下他进入先进微电子公司实习，半年的实习大大开拓了他的眼界，他萌发了毕业后凭借一技之长自主创业的想法。2006 年，班上的同学都进入数控机床行业的相关单位工作，而江喜允却坚定地选择了创业之路。

　　他与几个志同道合的朋友创立了深圳市钜匠科技有限公司，并担任总经理。通过对深圳数控机床生产企业和市场的深入调查，他发现深圳和珠江三角洲是中国乃至世界最大的手机生产基地，与手机制造配套的数控机床需求巨大，而其中高速雕刻机和高速雕铣机存在较大的机会。通过 2 个月夜以继日的研究，第一台雕铣机终于研制出来了。经过客户试用，评价非常好，江喜允终于松了一口气，他马上开展市场推广，参加数控机床行业展览会。创业当年，营业额达到 250 万，第二年，产值达到 600 万元。江喜允继续开发新产品，重新租赁了新的厂房，进一步扩大生产规模，第三年公

司产值超过1000万元。

目前，钜匠科技公司已经成为深圳和珠三角手机行业市场占有率名列前茅的专业数控雕刻机制造企业，产品供不应求，客户需要提前半年订货，产品销往全国各地。

2. 大学生的创业能力存在的问题

（1）创业所需要的经营管理能力不足。在市场经济为主导的今天，企业要生存、要发展，创业者必须具有良好的经营管理能力。世界"钢铁大王"卡耐基生前曾说过："将我所有的工厂、设备、市场、资金全部夺去，但只要保留我的组织和人员，四年以后，我仍将是一个钢铁大王。"由此可见经营管理体系和经营管理能力的重要性。大学生普遍存在经营管理知识缺乏，对自己的管理能力不自信的问题。

（2）创业实践经验不足。创业是一项复杂而系统的工程，由于大学生市场经验和社会经验不足，同时受年龄和相应知识的限制，大学生很难拥有关于创业的直接经验与间接经验。大学生的创业知识一般也只来源于书本、电视、广播等媒体，因此，"眼高手低、纸上谈兵"是一些急于创业的学生的特点。在这种情况下，大学生创业及在公司运营中肯定会遇到各种不可预见的问题，以致创业困难。

（3）缺乏风险与竞争的市场意识。缺乏市场竞争意识，没有盈利能力，这是不少学生公司共同存在的一个问题。"拿投资人的钱，干自己想干的事"，这是缺乏市场意识的大学生创业者的心理状态。很多大学生认为创业目的是"锻炼才干"，其次才是"盈利"，这是最能说明问题的。投资人最关心的是"盈利"。这就是大学生创业公司难以得到投资人的信任，难以得到融资的关键所在。

（4）创业的抗风险能力不强。对创业风险具有清醒的认识，并充分拥有应对风险的心理承受能力，是大学生创业成功的必要条件。

案例5-5　叶国富，10元店做出12亿零售额

很多人对小饰品这种小摊式生意嗤之以鼻，叶国富却推开了这扇不起眼的财富之门。只用了5年时间，叶国富的"哎呀呀"从一家小小的10元店，发展为年零售总额12亿元的2000多家店铺。

叶国富的"哎呀呀"如同一则创业启示录，以胜利的姿态提醒人们：即使在那些不起眼的商业地带，也可能蕴藏着不可限量的宝藏。

1. 最佳业务员开小店

1998年6月10日黄昏，21岁的叶国富从湖北踏上了南下的列车。成绩名列前茅的他本该上高中、读大学，却因为拖欠学费拿不到中专毕业证。为了避免毕业即失业，他瞒着父母，南下闯广东。

在广东佛山，叶国富不停地应聘。3个月后，他终于得到了一份工作——钢管厂的业务员。厂里的业务员大多不熟悉生产流程，客户报出要货数量后，业务员往往不能立即确定交货时间，要回厂询问后才能答复。与同事们不一样的是，叶国富每天出去跑业务之前，都会到车间去转转，既熟悉了生产流程，又掌握了生产进度，客户报出要货数量，他能立即敲定交货时间，赢得了客户的信任。一年后，叶国富的业绩高居榜首。拿着12万元的销售提成，叶国富总想做点儿大事。

2001年末，在一个销售培训会上，叶国富认识了现在的妻子、当时做化妆品销售的杨云云。随着两个年轻人的心渐渐走到一起，一个想法逐步成形——叶国富懂销售，杨云云熟悉化妆品行业，何不合力开个化妆品店？

佛山人气最旺的百花商场里，一个商铺招标。这个商铺位于商场二层的过道拐角处，只有15平方米，前几个租期的服装生意都很冷清，招标底价因此低至每月1500元。叶国富认为，过道拐角处拥有可观的人流量，是难得的旺铺。化妆品是小物件，不需要像服装那么大的陈列面积，15平方米足以摆得琳琅满目。在接下来的一周，叶国富天天到这里来看人流量，决心拿下这个商铺。一份标书需要诚意金5000元，叶国富花1万元拿了两份标书，在一份标书上填上1500元。招标结果让所有人大跌眼镜，中标的那份标书上写着"1501.9元"。这是叶国富的另一份标书。

2002年初，小店开张。杨云云负责去化妆品厂进货，叶国富负责店铺销售，既卖化妆品又给顾客化妆。投入了10万元的化妆品店很快火了起来，甚至出现了顾客排队等化妆的情形，第一个月平均每天营业额收入2000元。不到一年的时间，叶国富相继在百花商场三层和四层相同位置的商铺开了化妆品店，还从广州买来大头贴拍照机。2002年，他的4家店铺净赚40多万元。

2. 10元店"哎呀呀"

"你们店一天能卖几个钱？" 2004年，一个离职去饰品店上班的前员工来拍大头贴，叶国富不屑地问她。在绝大多数人看来，小小的饰品不过是摆在地摊上、不入流的小生意，即使摆在店铺里，也赚不了多少钱。

"一天四五千元吧。"她的回答让叶国富吃惊。

在繁华的广州上下九步行街，叶国富看到，不足1000米长的街道两旁，开着十几家10元饰品店，几乎每家店都很火。叶国富不再犹豫，返回佛山，把百花商场4家化妆品店中的一家改为10元饰品店，又投资10万元，在佛山最繁华的祖庙路开了一家50多平方米的10元饰品店。

佛山追求时尚的女性很快发现，同样的东西在精品店卖18元，在叶国富的10元店只卖6元。不少人走进10元店说的第一句话是："哎呀呀，这么便宜！"消费者的感叹启发了叶国富，2004年11月，他成立了哎呀呀饰品公司，把10元店也更名为"哎呀呀"。

5.3.3 创业能力的培养途径

1. 以项目和社团为载体，增强创新意识和创业精神

首先，要教育和引导大学生增强创新意识和创业精神，凭借知识、智慧和胆识去开创能发挥个人所长的事业。鼓励学生创造性地投身于各种社会实践活动和社会公益活动中，通过开展创业教育讲座，以及各种竞赛、活动等方式，形成了以专业为依托，以项目和社团为组织形式的"创业教育"实践群体来激发大学生的创新意识和创业精神。

2. 构建创业教育课程体系，培养学生创业能力

（1）建立渗透创业教育内容的课程体系。高校必须改革传统的教学模式，增设创业教育课程，将其列为必选科目，采取多种形式的教学方式，丰富学生的创业学识，让学生了解和熟悉有关创办及管理小企业的知识和技能。

（2）开设根据创业教育的具体目标专门设计的教育活动课程。通过在课外开展创业计划大赛、创业交流，开设创业教育课讲座等丰富多彩的活动，实施创业教育课程，包括"网络教学""实地考察""企业家论坛""创业计划（设计）"等环节，以拓宽学生学习范围和视野，使课程更具启发性和实践性。

（3）创设环境类课程。创业环境建设分为硬环境和软环境两方面，硬环境如校园创业园区、小企业孵化器等。在校园内设立"创业园区"，学生可以提出项目申请，方案获通过后的学生根据自己的能力开办一些校内公司或在校内经商等。软环境如职业指导等，院系应成立由创业经验丰富的教师、企业管理人员和风险投资专家组成的创业指导小组，为学生在创业过程中提供适当的建议，从而避免学生盲目创业。

3. 构建合理的知识结构，提高创业能力

（1）大学课堂、图书馆与社团。创业者通过课堂学习能拥有一门过硬的专业知识；在图书馆通常能找到创业指导方面的报刊和图书，广泛阅读能增加对创业市场的认识；社团活动能锻炼各种综合能力，这是创业者积累经验必不可少的实践过程。

（2）媒体资讯。一是纸质媒体，人才类、经济类媒体是首要选择。例如，比较出名的《21世纪人才报》《21世纪经济报道》《IT经理人世界》等。二是网络媒体，管理类、人才类、专业创业类网站是必要选择。

（3）与商界人士广泛交流。不定期的邀请校内专家学者为学生开设更多的人文科学、自然科学讲座，邀请社会各界知名人士、校外专家学者来校举办讲座和报告，开阔学生的视野，完善学生的知识结构。

4. 加强创业实践活动环节，培养学生的创业能力

（1）组织学生参加科研和各种专业竞赛活动。大学生参加各种专业竞赛和科研活动，比如中国"互联网+"大学生创新创业大赛，对增强创新意识，锻炼和提高观察力、思维力、想象力和动手操作能力都是十分有益的。

（2）以校内外创业基地为载体，组织学生参加创业实践。创业教育的落脚点在社会实践。学校要建立多种形式的校内外创业基地，以此为载体组织学生参加创业实践。一方面通过实习环节开展创业实践。另一方面，创业基地与社会建立广泛的外部联系网络，包括各种孵化器和科技园、风险投资机构、创业培训机构、创业资质评定机构、小企业开发中心、创业者校友联合会、创业者协会等，形成了一个高校、社区、企业良性互动式发展的创业教育生态系统，有效地开发和整合社会各类创业资源

案例5-6 PP视频创始人姚欣的成功之路

早在学生时代，姚欣就有过和师兄一起创办网站的经验，但是那次他失败了。从小一帆风顺的他吸取到两个现在都受用的经验：一是互联网最大的价值在于创新；二是一支好的创业团队应该是复合型。

1999年优秀互联网企业校园行活动，姚欣在武汉的校园里看见了自己崇拜的丁磊，希望自己像他这样，于是他给自己打起了如意算盘：先出来就业，一切条件成熟后，30岁开始创业。

"2002年的世界杯，对我影响很大。想看没处看，只好15个兄弟租一个宾馆房间看球。"姚欣笑着回忆起自己对P2P技术的积累。2003年底，在考虑周详之后，姚欣办理了退学手续，开发了全球首款网络电视直播软件PPLive，后更名为PP视频。

PP视频专注用户体验。被问到见证企业成长的过程中最快乐和最痛苦的事情，姚欣说印象中几个快乐痛苦的场景都是和用户相关的。

最快乐的是一个老华侨写EMAIL到公司说自己通过PP视频终于看到自己家乡的电视节目了。而令姚欣最心烦的，就是有用户反映说"播放怎么不流畅啊"，那他就急忙把他的团队召集到一起分析问题，商量对策。

"我也看了很多企业创始人的自传，都提到了在企业刚开始做的时候专注于一件事情，那我们就是专注于提升用户体验。公司的目标很明确，就是要做好一个产品。我们是靠积聚的人气来吸引广告，也用广告来为提供版权的节目获得收益。"姚欣表示不会一味为了迎合用户，就上盗版的东西。"版权控制，用户口碑，广告商合作都是一条链，应该彼此合作彼此爱惜，才会有个更明朗的前途，更良性的发展。"

之后，PP视频相继获得了软银、苏宁、弘毅的投资，成为第五代网络新媒体中的领军企业。

案例5-7 桌游三国杀的创始人黄恺的创业之路

风靡全国的桌游三国杀,其创始人黄恺正是一位标准的大学生创业者。黄恺2004年考上中国传媒大学动画学院游戏设计专业,他在大学时期就开始"不务正业",模仿国外桌游设计出了具有中国特色,符合国人娱乐风格的桌游《三国杀》。2006年大二的黄恺开始在淘宝网上贩卖《三国杀》,没想到大受欢迎,而毕业后的黄恺并没有任何找工作的打算,而是与朋友合伙成立了全国首家桌游公司游卡桌游,并担任首席设计师,开始做起《三国杀》的生意,2009年《三国杀》成为中国被移植至网游平台的一款桌上游戏,2010年《三国杀》正版桌游售出200多万套。粗略估计,《三国杀》迄今至少给黄恺带来了几千万的收益,并且随着《三国杀》品牌的发展,收益还将会继续增加。

案例5-8 探路者创始人盛发强夫妻的创业故事

当盛发强毕业被分配到铁道部第一勘测设计院经常需要上山做地形测量时,或许就注定着他这辈子与户外用品结缘。

一个偶然的机会改变了他的命运。1994年底,盛发强在"全国专利新产品博览会"上发现了一个专利项目——折叠式休闲帐篷,他立刻与专利拥有者谈判,最终以5000元拿下。

一年后,盛发强注册了北海天惠旅游用品有限公司,投入10多万元,生产了1000顶帐篷。最初销量并不好,但这没有击垮他的信心。1999年,盛发强带着自己的梦想来到北京,租用了香山脚下的两排小平房,并正式启用"探路者"品牌,夫妻二人既当设计师又当推销员。

经过十多年的耕耘,探路者从单一的帐篷品类销售扩展到冲锋衣、冲锋裤、滑雪服、登山鞋、徒步鞋、睡袋、户外服装、速干衣服、水具、运动背包、穿越鞋、溯溪鞋、沙滩鞋等各种户外产品。

探路者2008年成为"北京奥运会特许供应商",2009年成为"中国南(北)极考察队独家专用产品"。2009年10月30日探路者公司成功登陆创业板(股票代码:300005),为公司进一步发展壮大奠定了基础。截止2015年底探路者连续七年荣列中国市场同类产品销量第一,成为中国户外用品市场的领导者。

案例5-9 80后创业变小资

2006年马勇毕业后,家人安排他进了研究所,整日闲散的工作和千余块的工资,使他既参与不了团队核心研发,也满足不了自己的日常生活,一个半月后,他选择辞职。

马勇说，他学习计算机专业，凭借自己的专业知识，辞职后在一家电脑公司任职销售，从那时起，他开始了解行业。一年的时间，他就自己成立了经营部，开始销售电脑。那时只有他和一名员工，租的办公室只能摆下两张桌子，虽然办公环境简陋，但凭借他积累的经验和人脉，第一个月就赚了8000元，给了他很大信心。

赚到的第一桶金，使他对创业更加信心十足，很快他的员工又增加了6个人，狭小的办公区明显拥挤了，马勇把办公室从楼上换到楼下，但令他没想到的是，因为没有在工商变更公司注册地点，他新进的一批货被工商查封，这使得他全部积蓄化为泡影。

马勇说，那次事故，是因为没有经验，但也令他汲取了不少经验。

2008年，当西安市政府大力鼓励大学生创业时，马勇成为政府大学生企业帮扶对象之一，不仅推荐给西安市创业办参加培训，而且顺利拿到政府贷款。

马勇说，拿到创业贷款，他的企业又向前迈了一大步，现在公司主要业务是做政府采购，主要采购打印机、电脑耗材、复印机、网络工程建设，通过政府采购中心网站定期发布的采购信息，进行投标。2010年4月，他的公司通过招标，加入政府采购体系，成为2010年政府采购协议供货商。目前，他和团队自主研发的警察专用笔记本项目，已在试用阶段，测试各方面达到要求后，开始投产并生产专利，可以进行全省全国推广。

马勇说，从把经营部转变为公司，不管是供货还是售后，他都要安排技术人员上门拜访，进行维护，通过这种方式，跟客户建立了良好的关系，经常有客户推荐客户给他，他相信，凭着优质的服务，生意定会越来越好。

案例5-10 比亚迪王传福：从第103到第1仅用一年

"在做企业之前，王传福是一名技术工程师，他希望通过技术革新让这个社会变得更美好、更健康。而在这个过程中，财富只是随之而来的东西，它并不是王传福追求的全部。"比亚迪新闻发言人王建钧如此表述比亚迪的财富观。

没有人能真正了解王传福到底有多少财富，即便是胡润。"在发布榜单（2009年胡润百富榜）之前，我并没有见到王传福。"《胡润百富》创刊人胡润在接受《中国经营报》记者采访时表示，王传福350亿元的财富数据是依据比亚迪股份[67.100.83%]（01211.HK）市值的28%计算得出。而实际上，这仅仅是王传福财富帝国中很小的一部分。比亚迪股份并不包含比亚迪汽车业务的产值，尽管胡润对王传福的评价，更多的是对比亚迪电动车及其相关业务的褒扬。但即便如此，依旧不妨碍王传福成为首富。

1995年，王传福以电池技术研究领域专家的身份辞职创业，把比亚迪从10多个人的小型电池企业成功转型成一家汽车制造企业。2008年，美国"股神"沃伦·巴菲特的旗舰公司中美能源公司，以2.3亿美元购得比亚迪10%股份。自那以来，比亚迪的股价已上涨超过7倍。而伴随着比亚迪的声名鹊起，王传福本人似乎开始刻意地隐蔽自己。近几年，除在位于深圳坪山总部"六角大楼"里接受个别国外媒体的访问外，这位比亚迪总裁很少露面，只用颇为令人意外的销量数据和对于新能源汽车的信誓旦旦，向外界传达着比亚迪对梦想的坚持。

5.4 综合训练

1. 各类市场的实地考察：包括小商品批发市场、超市、房地产市场等。请结合所学，由5~7名学生组成一个创业团队，通过查阅文献、网络搜索、实地考察、团队头脑风暴等途径，开展一次实践调研，撰写一份考察报告，阐述团队对创业机会、创业意识、创业能力的认识。在下次课上，每个团队派一个代表用5分钟时间向全班同学汇报，与同学们分享你们团队的收获与体会。

2. 创业项目哪里找？其实就在你身边，就在你的脚下，只要你处处留心，就一定能够发现适合自己的创业项目。如：健康行业商机、饮食行业商机、IT行业商机、生活时尚商机、女性市场商机、儿童市场商机、老人市场商机等，你能试一试吗？

项目6 创业资源

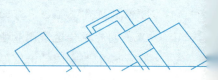

在一切大事业上,人在开始做事前,要像千眼神那样察视时机,而且进行时要像千手神那样抓住时机。

——培根

6.1 创业机会的发现

创业是一个追踪和捕获机会的过程,要想创业就要出奇制胜,发现别人未从事过的机会,即使是不起眼的小机会也可能成为大事业的开端。机会往往只眷顾第一个吃螃蟹的人,当多数人都看到机会时,其实它已经不是机会了。正如清代李渔《玉搔头·闻警》中所言"好机会,易失难逢"。因此,创业者首先要把握创业机会的内涵、特征和来源,并及时发展机会窗口。

案例6-1 牛仔裤的诞生

大家都知道牛仔裤的发明人是犹太人利维·斯特劳斯。当初他跟着一大批人去美国西部淘金,途中一条大河拦住了去路,许多人感到愤怒,但李维斯却说"棒极了。"他设法租了一条船给想过河的人摆渡,结果赚了不少钱。不久摆渡的生意被人抢走了,利维又说"棒极了。"因为采矿出汗很多饮用水很紧张,于是别人采矿他卖水,又赚了不少钱。后来卖水的生意又被抢走了,利维又说"棒极了。"因为采矿时工人跪在地上,裤子的膝盖部分特别容易磨破,而矿区里却有许多被人丢弃的帆布帐篷,利维就把这些旧帐篷收集起来洗干净,做成裤子,销量很好,"牛仔裤"就是这样诞生的。

利维从问题当中发现了机会,在别人的不经意中实现了致富梦想。变化是创业机会的重要来源,没有变化,就没有创业机会。一个想创业的人,需要知道什么是创业机会、在哪里去发现创业机会、如何识别出创业机会。

6.1.1 创业机会的内涵与特征

1. 创业机会的内涵

创业机会是指创业者可以利用的商业机会或市场机会。创业机会可以为购买者或使用者创造或增加价值的产品或服务,或者可以引入新产品、新服务、新原材料和新组织方式;也可以是一种新的"方法——目的(Means-End)"关系。

创业机会和创意之间是有很大区别的。创意(idea)只是一种思想、概念和想法,它可能满足也可能不满足机会的标准。许多企业失败并不是因为创业者没有努力工作,而是因为没有找到真正的机会。

变化是创业机会的重要来源,没有变化,就没有创业机会。我们正处于一个前所未有的变革时代,经济变化,社会人口变化,技术变化,政治与制度变化,产业结构变化、面对同样的变化,为什么有的人发现了商机,有的人却没有?大多数创业者都是把握了商业机会从而成功创业。例如,蒙牛的牛根生看到了乳业市场的商机,好利来的罗红看到了蛋糕市场的商机。在现实生活中,这样的例子不胜枚举。但是,仅有少数创业者能够把握创业机会,从而成功创业,一旦创业成功,不仅会改变人们的生活和休闲方式,甚至能创造出新的产业。随着人们对创业机会价值潜力的探索,会逐渐衍生出一系列的商业机会,从而产生更多的创业活动。

2. 创业机会的特征

对于创业成功,创业机会非常重要。只有抓住了创业机会,创业者才能去实现自己的创业梦想。创业机会要具有能给企业带来良好赢利的可能性,其特征如下。

(1)客观性。创业机会是客观存在的,不依赖于人的主观想象,无论创业企业是否意识到,它都会客观存在于一定的社会经济环境之中。尽管有时是企业在创造一些市场机会,但是这些所谓"创造"的创业机会仍然是早就客观存在的,只是被创业企业所最先发现和利用而已。创业机会对所有人都是公开的,每个创业者都有可能发现,不存在独占权。

(2)偶然性。创业机会不会明显地摆在创业者面前,创业机会的发现常常具有一定的偶然性,关键要靠创业者去努力寻找。创业机会无处不在、无时不有,关键在于寻找和识别,要从不断变化的必然规律中预测和把握创业机会。

创业机会具有一定的偶然性,常常会突然显现,容易使得创业者缺乏思想准备,在机遇面前犹豫不决,看不准也就抓不住。机会的出现都有一定偶然性,但这种偶然性隐含着必然性,只是一般人难以预测和把握。如果创业者无论是自觉还是不自觉,总是努力地寻找创业机会,那么他们发现机会的可能性就大了。

（3）时效性。时效性是指创业机会必须在机会窗口存续的时间内被发现并利用。机会窗口是指商业想法推广到市场上所花费的时间，若竞争对手已经有了同样的思想，并已把产品推向市场，那么机会窗口也就关闭了。事物总是不断发展变化的，当事物发展对创业有利时，这就是创业机会，创业机会如果不加以利用就会因为发展变化而消失。对于创业者来说，要抓住创业机会并及时利用，越早发现创业机会并采取措施将其付诸实施，成功的可能性也就越大。

（4）行业吸引力。不同行业的利润空间、进入成本和资源要求不同，其行业的吸引力自然存在差异。一般来说，最具有吸引力的持续成长的行业，它有不断增长的市场空间、长期利润的预期和对新进入者较少的限制。此外，当产品对消费者必不可少时，如生活的必需消费品，消费者对该产品存在刚性需求，这也会提升行业吸引力。

行业的选择是创业者选择创业机会首要考虑的问题，对于任何创业者，应首选进入那些大部分参与者都能获得良好效益的行业，而不要选择那些很多公司为了生存而拼命挣扎的行业。迈克尔·波特认为，企业战略的核心是获取竞争优势，而获取竞争优势的因素之一是企业所处产业的整体赢利能力，即产业的吸引力。因此，更多的创业机会应该来自具有潜在高利润的产业。

（5）创造或增加价值。创业机会能够为顾客或最终用户创造或增加极大的价值，能够解决一项重大问题或者满足某项重大需求或愿望。正如世界著名的市场营销学权威菲利普·科特勒所说，顾客是价值最大化者，所谓满足顾客的需求，就是要为顾客提供最好、最多、最大的价值。因此，创业者在选择创业机会时的核心问题是：我们创办的企业能为顾客或最终用户提供什么样的价值。

（6）不确定性。创业机会总是存在的，但机会的发展在事先往往难以预料。创业机会在一定的条件下产生，当条件改变，结果往往也会随之而改变。

案例6-2　如家酒店是如何创建的

2014年，如家酒店以4.2亿美元的品牌价值入选中国品牌100强，居当时酒店行业之首。那么如家快捷酒店是如何创建的？

创始人之一季琦发现最受欢迎的酒店客房的价格是在200~300元之间，很多消费者虽然入住三星、四星酒店，但其实所需要的仅仅就是客房，而酒店所提供的会议室、宴会厅、功能厅等设施一般都用不上。越来越多的商务旅行人士和经济富裕出外旅游的人，他们需要充足的睡眠、方便的地理位置，同时不希望花费太多的金钱在住宿上。

所以他设想把豪华气派的酒店进行创新，不设门童，改为自助；没有豪华、气派的大堂；舍弃投资巨大、利用率低的康乐中心，没有桑拿、KTV、酒吧等娱乐设施；采用分体式空调，冬天使用暖气；只建小餐厅，把更多的空间变成客房，餐厅不对外服务，甚至如果附近有餐馆，干脆就不建餐厅。对于顾客来说，重要的是房间有干净的地板和卫生间、干净的被套、方便的衣架、叠好的双色浴巾、备齐的沐浴液和洗发水。2002年他创立了"建国客栈",后改名叫"如家"。

6.1.2 创业机会的来源

变化是创业机会的重要来源,没有变化,就没有创业机会。创业机会可以经由系统性的研究来发掘,也可能来自于创业者对工作和生活的长期体验和仔细观察。

1. 技术机会

技术机会是指由于技术进步、技术变化带来的创业机会,是将新技术成功应用于生产的可能性。新的技术突破为创业者提供了创业的"技术来源",这些技术来源有可能触发创业机会。

技术机会体现在新技术和新功能的出现,或者技术产生了新应用方式,表现在产品技术创新、工艺技术创新和生产设备技术创新。通常,由于创业者掌握了某种先进技术,或者对现有技术进行了重大改良,能够有助于获得竞争优势,从而促进创业的成功。

创业者通过对引进技术的消化、吸收与改进,也能够形成技术机会。创业者可以进行创造性模仿,消化、吸收引进技术,减少对技术提供方的依赖,实现更大的经济效益,甚至在新旧技术结构的相互适应下形成新颖的技术结构。创业者还能够逐步形成自主研究开发的能力,进而根据市场需要,通过自主的研究和开发,进行改进型创新。后续开发能够促进创业者对技术的消化,并提高自我发展的能力,是建立技术机会的重要途径。

案例6-3　空气中抓汽油技术成就千万富翁

"空气中抓汽油"是通过把弥漫在空气中的汽油进行分离来实现油气回收,其核心技术是分离膜,通过这层膜将油气、空气分离开,使油气从气态转为液态,重新变为汽油,以便回收利用。该项技术既消除了空气中汽油的刺鼻味道,又解决了空气污染问题。

为了在该项技术上取得突破,赵新在读研究生的4年里放弃了丰富的课外生活,每天都把自己关在研究室,反复实验。功夫不负有心人,2006年研究生毕业时,赵新终于研发出了有机气体分离膜,不过,他并没有匆忙注册公司,而是去了一家中美合资企业做了一名技术员,他要在自己当老板前,先在这家企业积累一定的管理经验。

2007年,国家出台了储油库大气污染物排放标准、加油站大气污染物排放标准、汽油运输大气污染物排放标准。根据新标准,北京、天津、河北等地的储油库、加油站不能直接将油气排入大气中,必须在2008年5月,赶在奥运会之前全部进行改造处理。赵新敏锐地意识到这一系列国标的出台，打开了创业的机会窗口。当年10月，赵新辞职并成立南京天膜科技有限公司，正式开始了自己的创业之路，并通过与北京5家民营企业的储油库合作，挖到了创业的第一桶金。

然而，随着奥运会结束，赵新的好日子也很快结束了。整个2009年，他的企业几乎没有接到一笔业务，企业资金出现了严重问题。但赵新自信地认为，21世纪是膜分离的时代，于是他选择了坚守。伴随上海世博会、广州亚运会的召开，赵新和他的企业又迎来了机遇。2010年，仅借着世博会这股春风，他就成功将企业产品推销给了6家储油库，并成功将产品打入了中石油、中石化这样的大企业。赵新研究的有机气体分离膜，被评为南京市十佳优秀专利，他本人也被评为南京市科技型创业家。

赵新表示，南京加油站年销售汽油约100万吨，这等于排放了8000吨油气进入大气，如果将每年"漏"掉的油气都回收起来，不仅可以改善空气质量，还能带来经济效益。企业的目标是争取在2015年左右实现公司上市，但上市也好，盈利也罢，这只是企业追求的一部分，其更大的意义在于环保。

2. 市场机会

企业市场营销的前提是市场上存在尚未满足需求的市场机会，这种机会必须要有吸引力，要能给企业带来赢利，如果没有成功获得利润的可能性，不论有多大的吸引力都不是市场机会。创业市场机会是市场中那些创业企业本身没有涉及过的领域，没有生产过的产品和没有进入过的市场，而这些领域、产品和市场可能是其他企业已经进入的，但是这些领域、产品和市场对创业企业本身具有极大的吸引力，而且创业企业本身也具备进入并获取高利润的成功条件的机会。

案例6-4　90后大学生智能手机维修市场年收入20万

当刘询大学毕业后，对家人、朋友说出"创业"这个词时，大家都认为这是个玩笑。因为在那张稚嫩的脸上，人们很难把创业的艰难与之联系起来。但是他却在众人对自己的否定下，怀揣创业梦想踏上了创业之路。

创业的想法是在大二的时候开始萌芽的，那一年他报名参加大学生创业计划书大赛，对创业有了更进一步的认识，对创业项目的选择、创业项目的运作都有了更深的想法。2009年寒假，刘询回到家里仔细考察了当地的市场环境，发现：在当地，手机市场是发展最快的，短短几年时间，在这个小小的县城里，智能手机已经风靡大半。回学校后，他又在网上查智能手机的特点，发现虽然功能很多，但是故障率也一定会相对较高。也就是说，现在是智能手机刚刚开始风行的时候，那么等半年后，肯定是智能手机维修需求量开始逐渐加大的时候。

分析好市场需求后，刘询确定了自己的创业项目：开一家智能手机维修店。2010

年上半年，刘询除了学习上的事情外，找了多份兼职积攒创业资金，每天经常只睡两三个小时。到当年7月，终于攒够了自己的第一笔创业资金。2011年8月，刘询的"任你飞"手机维修店红红火火的开起来了。截至2012年7月，刘询的小店已掘金20多万。但是刘询并没有满足于现状，2012年8月，刘询在原来手机维修的基础上，加入手机美容、配件销售等业务，打通手机后续服务产业链，并开始品牌化的道路。

谈起创业感受，刘询认为大学生创业，不仅要有启动资金，有毅力和决心，更重要的是要抓住市场机会，自己的成功就得益于抓住了智能手机市场高速增长的市场机会，选择了很多大学生较少关注的智能手机维修项目。

3. 环境机会

外部环境对创业者来说是可变的，同时也是不可控的，既包含创业发展的机遇也包含可能面临的挑战。创业者要善于发现和把握对自身有利的环境因素，积极利用环境机会，规避创业风险。环境机会包括以下几点。

（1）宏观环境机会。政策法规调整、经济发展、社会进步、技术进步、自然环境条件。

（2）地区环境机会。创业者对该地区的熟悉程度；创业者在该地区的影响力；新创企业在这个地区内将会有何影响；地区的人文和社区支持体系是否完善；创业者是否有特别的人际关系；地区的基础设施可行性如何；民情风俗是否对创业产生影响等。

（3）行业发展机会。

1）行业竞争要素分析。迈克尔·波特的五种力量模型较好地反映了创新企业的行业环境因素。他认为，潜在的进入者、现有市场竞争者、供应商和购买商决定了一个产业的竞争力，构成了行业环境要素。

2）行业生命周期分析。行业是由产品和市场组成的，而任何产品都要经历一个从投入、成长、成熟到衰退的生命周期。清楚地了解行业和产品所处生命周期，才能更好地制定产品开发和运营的策略，从而更好地实现企业目标。

6.1.3 机会窗口

机会窗口是一种隐喻，以描述企业实际进入市场的时间期限。一旦新产品市场建立起来，机会窗口就会打开。创业者利用创业机会时，机会窗口必须是敞开的。随着市场成长，企业进入市场并设法建立有利可图的地位。在某个时间节点，市场成熟，机会窗口关闭。

创业机会都有一定的潜在性，它有三个重要特点：一是会持续一段时间；二是市场会成长；三是创业者有条件利用。创业者选择了适当的创业机会，还需要在"适当的时间段"内启动创业、进入市场。这个适当的时间段，就是创业的机会窗口。如果创业者在机会窗口敞开之前或之后行动，那都可能血本无归。一般而言，特定机会的时间跨度越大，前景市场的成长性越好，相应地机会窗口也就会越大。

创业者必须在多数人还没有醒悟过来之前就瞄准"机会窗口"打开的时间段，一旦时机成熟，在第一时间进入，才能占据有利地位，提高创业的成功性。

图 6-1 中曲线描述的是一个典型的新兴行业的快速生长模式与生命周期，市场随着时间的变化以不同的速度增长，并且随着市场规模的迅速扩大，往往会出现越来越多的机会。

阶段1，当市场处于引入期时，市场规模太小，机会窗口尚未打开；阶段2，当市场进入成长期，市场扩展到足够大的程度并呈现高速增长的态势，机会窗口正式打开；阶段3，当市场已经成熟，机会窗口也就关闭了。

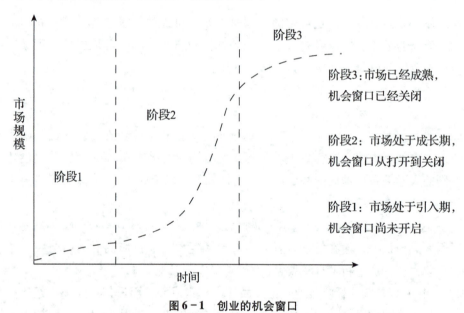

图 6-1 创业的机会窗口

6.1.4 创业机会识别

1. 创业机会识别的影响要素

正确地识别和筛选创业机会是创业者成功必备的重要素质之一。创业机会识别的影响要素包含先前经验、创业警觉、创造性思维以及社会关系网络。

社会关系网络对创业机会识别的内在作用机理可以是创业者通过社会网络与更大范围的经济活动参与者紧密联系，创业者花费时间和经历构建和维护个人关系网络是因为社会关系网络能够为创业者提供各种信息资源支持，创业者可以利用社会关系网络获得有价值的信息、经营担保、资金、设备和土地。因此，社会关系网络通过提供信息和获取资源来直接影响创业机会识别。

创业警觉反映的是一种持续关注的能力，是一种对信息的敏感性把握，主要表现在对市场的精准感知、对关键要素的精准识别、对要素间关系的精确判断，创业者通过专注于敏感信息从而增加在市场环境异动中觉察到潜在商业机会的可能性。创业者的创业警觉越高，识别创业机会的可能性也就越高。

在特定产业中的先前经验有助于创业者识别创业机会。有调查发现，70%左右的创业机会，其实是在复制或修改以前的想法或创意，而不是全新创业机会的发现。

创造性思维是一种整合不同类型信息的认知思维方式，贯穿于整个机会识别过程，创造性思维的存在增大了创业机会识别的可能性，而创业机会的识别本质上是为了维持超额利润的行为，同时有学者认为机会识别乃至创业行为是一种对可行性技术创新的尝试。

2. 创业机会识别的方法

人们常常认为成功的创业者们有着某种特别敏锐的、与众不同的洞察能力；或具有特殊能力知道如何来开发这个创业机会。事实上，在创业机会发现过程中灵感和创造力确实十分重要，但是创业者在实际发现和评价创业机会过程中的艰苦努力和所采用的正确方法也同样不容忽视。以下是发现创业机会的一些方法介绍。

（1）正确处理顾客的抱怨或建议。一个很好的创业机会也许就隐藏在顾客的抱怨或建议之中。如果顾客认为其需要没有得到满足，往往会基于对自己需求的认识，提出各种各样的抱怨甚至提出建议可以采取的各种方式。现实生活中，顾客会积极主动地向供应商"逆向营销"他们的需求，并向供应商提出需求要求满足。双门冰箱的开发设计就是得益于顾客的抱怨。总之，只要顾客提出抱怨或建议，无论采取什么方式，一个有效的创业者都应当热情地听取并做出相应的反应，因为这也许是一个非常好的商业机会。

（2）在偶然之中寻找机会。索尼公司董事长盛田昭夫喜欢一边打网球，一边听音乐。因此，他必须在球场上装麦克风、扬声器及唱盘。他想，总该有较好的方法来解决这个麻烦。随身听（walkman）就在这种需求下产生，这是索尼公司有史以来最具革命性与利润性的产品之一。

（3）善于捕捉意外发现。美国普强制药公司在进行降低高血压固态晶片的反应测试时，意外地发现这些药不仅可以控制高血压，还有促进毛发生长的效果，因此他们积极改良开发生发剂的产品市场。

（4）变不利为有利，在有害的偶然事件中寻找机会。汤姆·休士顿（Tom Houston）是一位出色的水管装配工。1979年，他不幸从鹰架上摔落，腰部以下半身瘫痪。在友人雷·莫兹格（Ray Metzger）的协助下，休士顿利用他的技巧，发明出一种能让他站立起来的轮椅。利用这个轮椅，他甚至能够与他的孙子打排球。今天，他的公司推出以 HiRier 为名的"步行轮椅"在市场上销售，售价高达 1.15 万美元。

（5）问题分析法——提出问题，解决问题。该方法起始于个人或组织的需求及其所面临的问题，核心在于"提出问题，解决问题"。一个有益的、有效的解决方案就代表着创业者的基础。

（6）启发式方法。启发式方法与创业者的创造性联系最为密切。它首先是分析，即选取一个特定的市场或产品领域并弄清楚与这一领域相联系的概念；然后是综合，即将这些概念以一种提供一个新视角的方式归到一起。这个过程是相互作用、相互启发的，每一个分析—综合的循环都改进了对机会的洞察并使之更加清晰。

（7）市场坐标图法。市场坐标图的具体做法是：根据产品的价格、质量和功能等参数来定义某一产品种类的维度，将顾客的特性参数作为另一类维度，这两类维度构成一种市场坐标图，产品基于在坐标图中的位置被定位于不同的组，即坐标图中不同的象限。这种二维的市场坐标图不仅可以分析目前的产品在市场坐标图中所处的位置，而且可以表明产品之间的相互关系及留下的市场空缺。

（8）特性延伸法。应用特性延伸法的技巧是，以一系列适应的形容词来试验每个特性，如"更大""更强""更快""更经常""更多乐趣""更方便"等。例如，"傻瓜"相机是以使用者的"更方便"取胜的，计算机的更新换代是以其芯片运行"速度更快"为标志的，低度白酒受欢迎是沿着"度数更低"特性展开的。当然，特性延伸也可采取更加复杂、混合的方式，将来自不同产品的特性混合在一起来创造新产品。实践证明，在产品的特性延伸上，孕育着巨大的潜在商机。

案例 6-5 一个发现"原创"商机的范例

王晓芹手术后喝弟弟送的甲鱼汤，对比病友，自己恢复得更快更好，于是产生疑问：为何甲鱼没有进入百姓的餐桌？原因有四点：一是不敢杀，因为甲鱼咬人；二是不会杀；三是不会去腥，甲鱼的腥味儿会严重影响甲鱼汤的鲜美；四是不会炖，掌握不好火候、时间与配料。1999 年她创立大连晓芹食品有限公司，主营海参、甲鱼、鲍鱼、虾、贝等，公司独创的"甲鱼四步去腥法"，使甲鱼这一滋补佳品走进了百姓家中。2012 年公司荣膺"中国驰名商标"。

6.2 创办企业的基础知识

创办企业需要名正言顺，开店、办工厂、办公司，都需要具有相应的营业资格，办理相应的手续。这些手续包括工商注册、银行开户、税务登记、各种行业的相关审批等。

6.2.1 创办企业所需条件

创办有限责任公司所需条件如下。

(1) 人员条件。有限责任公司由 2 人以上 50 人以下股东共同出资设立。

(2) 申请人身份证明。独资经营的,提供本人身份证明;合伙经营的,提交合伙各方的身份证明。

(3) 公司章程。有限责任公司申请登记时,应提交公司章程。章程包括下列事项。

1) 公司名称和住所。

2) 公司经营范围。

3) 公司注册资本。

4) 股东的姓名或者名称。

5) 股东的权利和义务。

6) 股东的出资方式和出资额。

7) 股东转让出资的条件。

8) 公司的机构及其产生办法、职权、议事规则。

9) 公司的法定代表人。

10) 公司的破产事由与清算办法。

11) 股东认为需要规定的其他事项。

(4) 资金条件。私营企业申请的注册资本数额须符合国家规定,与企业实有财产相一致,并与其生产经营和服务规模相适应。

1) 私营有限责任公司的注册资本:以生产经营为主的公司,其注册资本不得少于 50 万元(人民币,下同);以商品批发为主的公司,注册资本不得少于 30 万元;科技开发、咨询服务性公司的注册资本不得少于 10 万元。私营独资企业、合伙企业的注册资本一般不得少于 3 万元。

2) 保持一定数额的自有流动资金:生产性公司不得少于 10 万元;以批发业务为主的商业性公司不得少于 20 万元;以零售业务为主的商业性公司不得少于 10 万元;咨询服务性公司不得少于 5 万元。

(5) 验资证明。验资证明是会计师事务所出具的资金证明的文件。

(6) 技术资格证明。私营企业应提供与经营范围有关的主要专业人员(包括会计、技术人员等)的技术资格证明,法律法规另有规定的除外。

(7) 场地条件。有固定的经营场所和必要设施,并与企业经营范围和规模相适应。

(8) 场地使用证明。

1) 自有的经营场所应提交产权证明。

2）租赁的，应提交产权证明和租赁协议，租赁期必须在1年以上。

（9）特殊行业审批文件。申请经营国家有关专项规定的行业，应提交有关部门的审批证件，主要有：运输业、饮食业、食品加工和销售业、资源开采、建筑设计、施工、旅店、外贸、刻字业、印刷业、文化娱乐业等。

6.2.2 企业法人登记注册

1. 企业法人的条件

企业法人是按照法定程序成立的，具有固定的组织机构，拥有独立的财产，并能以自己的名义取得权利和承担义务的社会组织。作为法人组织必须具备以下条件。

（1）按照法定程序成立，即经过上级主管部门审核批准；在工商行政管理部门申请注册登记，领取营业执照。

（2）具有固定的组织机构和活动场所。

（3）拥有独立支配的财产或经费。支配的财产可能表现为所有权，也可能表现为经营权。

（4）以自己的名义享受权利，承担义务。

（5）为维护自身合法权益，有权向人民法院起诉、应诉。

2. 企业申请法人登记注册具备的条件

（1）有企业名称、组织机构、章程。

（2）有固定的经营场所和必要的设施。

（3）有符合国家规定并与其生产经营和服务规模相适应的资金额和从业人员。

（4）能够独立承担民事责任。

（5）符合国家法律、法规和政策规定的经营范围，企业办理法人登记，由该企业组建负责人申请。

3. 企业法人登记注册的内容

企业法人登记注册的内容包括：企业法人名称、住所、法定代表人、企业类型、经营期限、注册资本等。

4. 企业名称

（1）企业名称结构要完整。根据《＜中华人民共和国企业法人登记管理条例＞实施细则》的规定，企业名称一般由行政区划名称、字号（商号）、所属行业或经营特点、组织形式等部分组成。外商投资企业名称前可以不冠行政区划名称。

（2）企业名称应名副其实，反映所属行业或经营特点。企业名称所反映的行业或经营特点，应与生产经营范围、方式和所从事的行业或经营特点一致。

（3）企业不得登记使用与已登记的企业名称相同或混同的名称。

（4）挂"总公司"名称的企业，必须有所属"分公司"，反之亦然；除全国性公司和国家工商行政管理总局核准的以外，企业不得使用"中国""中华"等字样的名称。

5. 不得担任法定代表人的情况

有下列情况之一的不得担任法定代表人：

（1）无民事行为能力或限制行为能力的人。

（2）因犯贪污、贿赂、侵占财产、挪用财产罪或破坏社会经济秩序，被判处刑罚，执行期满未逾5年，或因犯罪被剥夺政治权利执行期满未逾5年的。

（3）担任因经营不善破产清算的企业董事长、厂长、经理，并对该公司破产负有个人责任的，自该公司破产清算完结之日起，未逾3年的。

（4）担任因违法被吊销营业执照的公司企业法定代表人，并负有个人责任的，自该公司、企业被吊销营业执照之日起，未逾3年的。

（5）个人所负数额较大的债务，到期未偿还清的。

（6）《公司法》规定，国家公务员不得兼任公司董事、监事、经理。

6. 注册资本

注册资本为企业法人独立占有，脱离原所有者，当投资者按合同、协议投出认缴的资本金后，在企业法人存续期间，投资者除依法转让股权外，不得以任何形式抽回。

总之，开始创业前需要了解我国的基本法律环境。创业伊始，设立企业从事经营活动，必须到工商行政管理部门办理登记手续，领取营业执照。企业设立后，需要了解企业应缴纳哪些税，还需要了解企业基本财务制度。

对于科技创新企业而言，需要处理知识产权问题，需要了解著作权、商标、域名、商号、专利、技术秘密等各自的保护方法。

当企业发展到一定的程度时，需要了解我国的相关产业政策，关注我国外商投资、股票发行和上市方面的法律要求。

6.2.3 创业融资知识

创业需要充足的启动资金，创业者在创业之初，需要了解融资的基础知识。即投资需要通过一定的渠道，采取一定的融资方式来进行，不同的融资方式各有其特点和适用性，为此创业者需要了解不同的融资方式的内容。

融资就是资金的融通，有"汇纳百川、融为一体"的意思。所谓创业融资，是指创业者为了将某种创意演化为商业现实，根据未来新创企业经营策略与发展需要，经过科学的预测和决策，通过不同渠道、采用不同方式向风险投资者或债权人筹集资本，组织创业启动资本的一种经济行为。新创企业的融资方式主要有以下几种。

1. 银行信贷

银行信贷是各类自然人或企业法人按照信贷合同从银行等金融机构、借贷机构借贷长期或短期债权资金的融资方式。银行在评估贷款项目时，以"营利性、安全性、迹动性"为基本原则，审查的因素被称作6C。

1）品德资信（Character），指借款者对其所欠债务是否愿意归还，一般通过考察其过去的资信情况，以及通过同借款人面谈来做出判断。

2）经营能力（Capacity），银行越是相信创业者的发展前途不可限量，也就越不会计较抵押物需要符合什么要求，因此，创业计划书的收益可行性、创业者的个人商业信用和偿还贷款能力都是非常重要的。

3）资本（Capital），指借款人财务报表上的总资产、总负债情况，资本结构，资产负债和抵后的净值，即借款人的财富状况。

4）担保物价值（Collateral），指借款人用作借款担保物的质量，通常要求超过贷款人的财务或赢利作担保。

5）经营环境（Condition），指借款人在经济衰退及其他事件中的脆弱性，或说他在最糟糕的情况下的还款能力。

6）事业的连续性（Continuity），指借款人能否在日益竞争的环境中生存与发展。

目前比较适合创业者的银行贷款形式主要有抵押贷款和担保贷款两种。缺乏经营历史和信用积累的创业者比较难以获得银行的信用贷款。

抵押贷款是指借款人以其所拥有的财产做抵押，作为担保以获得银行贷款的借款方式。在抵押期间，借款人可以继续使用其用于抵押的财产。抵押贷款有以下几种方式。

不动产抵押：创业者可以用土地、房屋等不动产做抵押，从银行获取贷款。

动产抵押：创业者可以用股票、国债、企业债券等银行承认的有价证券，以及金银珠宝首饰等动产做抵押，从银行获取贷款。

无形资产抵押：是一种新的抵押贷款形式，适用于拥有专利技术、专利产品的创业者。创业者可以用专利权、著作权等无形资产向银行做抵押或质押获取贷款。

担保贷款是指借款方向银行提供符合法定条件的第三方保证人作为还款保证的借款方式。当借款方不能履约还款时，银行有权按照约定要求保证人履行或承担清偿贷款连带责任。

2. 创业担保

创业担保是由专业创业担保公司为中小企业向商业银行提供贷款担保。对银行来说，降低了风险，对企业来说，获得了资金。与银行相比，创业担保公司对抵押物的要求更为灵活，其优势在于持现率高于银行，比银行融资更为灵活。

3. 融资租赁

融资租赁是指出租人对承租人所选定的租赁物件，进行以其融资为目的的购买，然后再以收取租金为条件，将该租赁物件中长期出租给该承租人使用。融资租赁的主要特征是：由于租赁物件的所有权只是出租人为了控制承租人偿还租赁的风险而采取的一种形式所有权，在合同结束时最终有可能转移给承租人，因此租赁物件的购买由承租人选择，维修保养也由承租人负责，出租人只提供金融服务。这里的承租人即创业者。

4. 商业信用

商业信用是企业通过赊购商品、预收货款等商品交易行为筹集短期债权资本的一种筹资方式。

5. 创业合伙式入股

在创业的时候，寻找具有经济实力并且愿意出资的合作伙伴，对资金短缺的创业者来说，也是一个利好。如果合伙人都对企业投入资金的话，合伙的企业就能获得较充足的启动资金。而这种资金的集合对创业者初期的创业活动可能是非常有益的。所以，如果你准备创业而资金又不足，寻找一个或几个合伙人或发起人是一种理想的方法，因为这种形式可以分散风险。

6. 私人借贷

私人借贷是指创业者从家人或朋友那里借来资金。家庭和朋友一般都是创业者理想的贷款人，许多成功创业者在创业初期都借用过家人或朋友的资金。从家人或朋友那里筹集资金，有时候甚至是创业者唯一可行的选择。当然，这并不意味着没有风险，而是风险在加大。如果创业者经营失败，就无法偿还从家人或朋友那里得到的贷款，至少在短时期内是这样的，这会给创业者的家人或朋友带来许多困难。也许对他们来说，借出的那一笔钱是不小的数目，而且由于这种贷款把亲情、友情和金钱搅在了一起，有可能会带来更多的麻烦。对于私人借贷，尤其需要注意的是，在整个过程中，创业者要在一定程度上把个人关系与借贷关系区别开来，应注意下面两个原则。

1)"亲兄弟，明算账"。无论创业者是从家人还是朋友那里借款，都要打借条，写明借款的时间、地点、数目与条件。其中的"条件"可以参照当时的银行利率予以支付利息。

2）开诚布公，告以实情。在借款之前，你最好向家人或朋友如实地说明你经营情况与项目，包括投资额度、预期收入与风险，然后把你的资金状况和缺口告诉他们，看看他们是否愿意将钱借给你，不要让家人或朋友陷入一种尴尬的境地。如果你获得了他们的支持和贷款，你也要注意使他们不断地获得关于你真实的经营状况和信息，尽可能地避免他们内心对你产生不信任。

6.3 创业管理的基础知识

创业管理是一个系统的组合，并非某一因素起作用就能导致企业的成功。决定持续创业成功的系统必然包括创新活力、冒险精神、执行能力以及团队精神等，通过这样的系统来把握机会、环境、资源和团队。创业管理的根本特征在于创新，创新并不一定是发明创造，而更多是对已有技术和要素的重新组合；创业并不是无限制地冒险，而是理性地控制风险；创业管理若没有一套有效的成本控制措施以及强有力的执行方案，只能导致竞争力的缺失；创业管理更强调团队中不同层级员工的创业，而不是单打独斗式的创业。

创业管理重点是新企业的生存管理、新企业成长的驱动因素、新企业成长管理的技巧与策略以及新企业的风险控制和化解等内容。

6.3.1 新企业的生存管理

新企业的运作需要一个从无到有的展开过程，包括开始建立相应的内部流程并获得外界认可，该过程中的任何环节出问题都会带来难以估计的麻烦。所以新企业的生存管理是十分重要的，管理得当会使企业发展成为成功的企业，管理不当可能会面临倒闭的风险。在新企业的生存管理中，要详细了解新企业管理的方式。

1. 伦理管理

企业伦理也称商业伦理。所谓企业伦理（又称为企业道德），是企业经营本身的伦理。不仅企业，凡是与经营有关的组织都包含有伦理问题。只要由人组成的集合体在进行经营活动时，在本质上始终都存在着伦理问题。一个有道德的企业应当重视人性，不与社会发生冲突与摩擦，积极采取对社会有益的行为。有人认为，企业是将赚钱作为主要目标的，伦理则是追求的道德规范，企业的经营目标与企业社会责任没有必然联系，甚至是水火不相容的，因此认为企业的经营目标和经营伦理是相矛盾的。其实这不过是表面现象，追求利润为唯一目标的思维方式是落后于新时代的。在当今时代，如果企业只追求利润而不考虑企业伦理，那么企业的经营活动会越来越为社会所不容，必定会被时代所淘汰。也就是说，如果在企业经营活动中没有必要的伦理观指导，经营本身也就不能成功。树立企业伦理的观念，体现了重视企业经营活动中人与社会要素的理念。其根本的出发点就是将"经营"与"伦理"相结合。实行伦理管理需要通过三方面的工作来完成。

（1）企业内部必须实行人本管理，如企业与员工间的劳资伦理，即劳资双方如何互信、劳资双方如何拥有和谐关系等。

（2）对企业外部即企业与顾客之间、企业与企业之间、企业与社会之间进行和谐的伦理管理。顾客是企业经营的主角，是企业存在的重要价值；企业与同业间的竞争伦理不可采取削价竞争（恶性竞争）、散播不实谣言（黑函、恶意中伤）、恶性挖角、窃取商业机密……企业与社会息息相关，企业无法脱离社会而独立运作，取之于社会、用之于社会，要重视社会公益，提升企业形象。政府的政策需要企业界的配合与支持，金融是国家经济发展的重要产业之一，因而金融政策更是政府施政的重点，企业不但要遵守政府相关的法规，更要响应与配合政府的金融政策。

（3）在企业与自然之间实现生态伦理管理，谋求企业发展与环境保护之间的平衡。
很明显，伦理管理是未来企业生存和发展的基础。

2. 柔性管理

人既是管理的主体，又是管理的客体。对人的管理既可以凭借制度约束、纪律监督，直至惩处、强迫等手段进行刚性管理；也可以依靠激励、感召、启发、诱导等方法进行柔性管理。柔性管理就是指依据组织的共同价值观和文化、精神氛围进行的人格化管理，其本质是一种"以人为中心"的"人性化管理"，它在研究人的心理和行为规律的基础上，采用非强制性方式，在员工中产生一种潜在说服力，从而把组织意志变为个人的自觉行为。它具有三个特点：① 柔性管理的内在驱动性。这是柔性管理的最大特点，它不是依靠权力，而是依赖从每个员工内心深处激发的主动性、内在潜力和创造精神。而只有当组织规范内化于员工的自觉行动之中，内在驱动力、自我约束力才会产生。② 柔性管理的影响持久性。柔性管理要求员工把外在的规定转变为内心的承诺，最终变为自己的行动。这需要一段时间，然而一旦协调一致，便具有很大的独立性，对员工的影响是巨大的。③ 柔性管理的激励有效性。按照马斯洛的需求层次理论，柔性管理的方式属于满足员工的高层需求，具有激励因素，因而是有效的。

3. 企业"规模"管理

它包括两方面的含义：① 通过兼并、资产重组、合并等方式来扩大企业的规模，形成"大公司化"。②"小公司化"，所谓小公司化并不是真的分成独立的小公司，而是实现新的工作制，即小组协作制。它就像一个独立的小公司，小公司的生存与发展都关系到小组的前途，因此，每一位成员都必须为这个小组献计献策，为小组的一切尽心尽职。这是一种新的工作方式，它创造了新的企业文化，促进了员工之间的协作与交流，增加了员工参与公司工作的热情与责任感。美国的 IBM 公司及瑞典的爱立信公司均为这一模式良好运行的典范。

4. 企业的定置管理

20 世纪 80 年代后，消费者的需求日益多样化，企业为满足这一需求，必须增加成本和库存。为此，西方企业推出了适应市场多样化的新举措，即定制生产。定制生产方式是根据消费者的特别需求而定制生产产品，哪怕需求数量只有一件。它实现了产品制造过程与营销过程的紧密结合，改变了生产与营销分离。例如，美国的惠普公司、通用汽车公司，我国的海尔公司等，因实行定制生产而取得很大成功，它能够比竞争对手更快地提供更符合消费者需求的特制产品。

5. 供应链管理

进入 21 世纪以来，供应链思想已经在全球范围内得到广泛关注，成为学术界研究的一个热门领域。我国一些著名的国际公司都在实施供应链管理思想，并取得了很好的效果。供应链的合作模式就是"双赢模式"。市场份额对企业的重要性是不言而喻的。供应链管理是一种全新的管理思想，它强调企业必须和其他企业建立战略合作关系，巩固和发展自己的核心能力和核心业务，利用自己的优势资源，通过技术程序的重新设计和业务流程的快速重组，做好本企业能创造特殊价值的、具有长期竞争力的关键业务，这就是供应链的合作模式的关键所在。可以说，谁拥有了这种合作模式，谁就能取得供应链的成功。

6. 管理创新思想

管理创新，首先要在管理思想上创新。这是其他一切创新的前提，没有这个前提，就谈不上创新。企业管理创新也有一个机制，这个机制产生于企业内部环境与企业创新的氛围中。具有创新机制的企业，对管理创新具有推动和激发的作用，反之则不能有效推出管理创新。

（1）从传统企业和管理目标多元化向管理目标单一化转变。每年企业都有明确的目标，公司的领导、公司的各项管理工作都围绕这一目标而展开，追求管理的卓越和创新，从而带来最佳的经济效益。

（2）从企业被动型管理向企业自主化管理转变。让企业成为管理的主体。公司内部要建立质量、财务、安全等内部审计制度，形成自我检查、自我整改、自我完善、自我发展的机制，调动管理人员的积极性和主动性，发挥管理人员的智能和潜能，创造性地开展创新活动。

（3）从企业内部管理的计划经济模式向市场经济模式转变。企业将市场占有率作为衡量企业经营好坏的重要标准。只有提高市场占有率，才能保证企业的生存和发展。要坚持各项经营管理工作都以市场为导向，一切为市场需要服务，在营销工作中，要坚持加强市场研究，讲究市场策略，重视市场投资，完善营销机制。针对产品的特性及其特定的用户，要确定"自销与通过商业渠道销售并举"的原则，立足"甩掉"，而不满足于"卖掉"，以形成销售、服务、消费、制造的良性循环。

（4）从封闭型的企业管理向国际通行的现代管理转变，并密切注意吸取国外现代管理的信息，不断进行管理创新。

6.3.2 新企业成长的驱动因素

新企业成长的驱动因素不仅包括自身的潜在发展能力内部因素，还包括其外部环境特征，而且企业家和投资者也都在一定程度上驱动着企业的发展。

1. 新企业成长驱动的内部因素

新企业成长的驱动内部因素主要包括企业文化建设、企业经营管理、知识管理能力、人力资源管理、相关利益管理以及服务能力。

（1）企业文化建设。企业文化建设主要是指企业的信誉、公司形象、组织文化、知识型团队建设等内容。企业文化是一个组织由其价值观、信念、仪式、符号、处事方式等组成的特有的文化形象。美国学者迪尔和肯尼迪把企业文化整个理论系统概述为5个要素，即企业环境、价值观、英雄人物、文化仪式和文化网络。

（2）企业经营管理。企业经营管理主要体现在公司体制选择、经营模式、社会分工细化程度以及经营程序的规范程度等方面。

（3）知识管理能力。知识管理能力主要包括知识及产品的获取、存储、探索和共享以及咨询工具，不断深化的企业信息化程度等。

（4）人力资源管理。人力资源管理基本上反映了不同类型人才整合的合理性，高级专业人员和低级专业人员人数比例，员工与合伙人的培训、成长机制，以及稳定和激励优秀人才的机制等方面的内容。其中人才整合、搭配比例、培训、激励和成长机制的设置都是人力资源管理的基本内容。

（5）相关利益管理。相关利益管理主要包括与战略伙伴的合作深度、广度，客户信誉，与客户企业互动共同成长以及与企业合作实行基地建设等内容。战略伙伴、客户、竞争对手以及合作企业等都是新企业的外部群体环境，属于利益相关者的内容。

（6）服务能力。服务能力主要体现在服务人员的职业道德（客观、独立、公正的地位）、提供高质量服务的能力、国际化理念与本土化方案有机结合能力以及有关专家的专业能力、经验和技能等方面。

综上所述，对新企业的成长影响最大的是人力资源管理，其次是相关利益管理与知识管理能力，再次是企业经营管理，之后是服务能力，最后是企业文化建设。

以上罗列的是新企业成长驱动因素的内部因素，当然也只是主要部分。企业的内部资源、创业者的能力、市场条件、组织资源、管理者的素质、企业的内在发展速度、企业业务发展的战略范围等都在一定程度上驱动着企业的发展。

2. 新企业成长的外部环境特征

新企业的成长性不仅由其自身的潜在发展能力决定，还取决于其外部环境特征。其中，外部环境特征突出表现为企业所属行业的成长性，具体包括行业所处的生命周期阶段及政策因素。新企业自身的发展潜力具体包括企业的技术能力、企业经营的素质、产品的市场潜力、企业的经营效率及企业对外文化等。

3. 企业家对企业的驱动

除了环境对企业成长有影响外，企业家自身也在很大程度上影响了企业的发展。企业家是企业的灵魂和引擎，决定着企业生产什么，如何生产和如何分配，对企业的发展起着关键性的作用，所以，企业的持续成长和业务长期依赖于企业家的锐意创新和超越进取。因此，可以说企业家是企业成长的核心因素、经济发展的动力之源和社会进步的重要力量。企业家人力资本是依存于企业家身上，能够影响未来收益的价值存量。企业家人力资本包括精神资本、能力资本和社会资本三个维度。企业家对企业成长的灵魂和引擎作用正是通过企业家资本来承载和体现的。在企业家资本中，物质资本是基础性的，即财富；精神资本是动力性的，即商魂；能力资本是效率性的，即能力；社会资本是交易性的，即情商。一个出色的企业家是这四种资本的优良组合优化配置的体现，也正是这样的企业家才能够对新企业产生驱动作用，使之蓬勃发展。

企业家的人际关系和社交范围也是新企业发展的重要动力。新企业在发展初期，没有信用保证，自然就不会有客户找上门来攀谈磋商，也就不会有业务业绩利润所谈。在企业发展初期，企业家的社交范围起到了巨大的作用。如果企业家的周围有很多同为企业家的朋友，自然会在很大程度上帮助这个新兴的企业。企业家的社交能力是企业维持顾客关系的重要保障，虽然很多企业都设立了自己的公共关系部，专门处理企业内外部的各种社会关系，但是在新企业创立之时很可能没有这样一笔附加的投资。所有的关系维持都要凭企业家的社交能力和交往范围。

新企业的发展路程不会一路顺风，自然会遇到磕磕碰碰，现在看似驱动力的因素或许在以后会变成阻力，所以新企业若想能够长久地发展，还要结合自身的情况具体问题具体分析，即时改变经营策略。

6.3.3 新企业成长管理的技巧与策略

在经受了创业的艰苦，成功地建立起自己的公司之后，它的成长问题便自然而然地摆在了你的面前。很多人都以为，创业的初期对于公司的存活来说，是最危险的时期。然而，事实是公司的成长阶段可能更危机重重，因为这些危机往往是在创业者毫无准备的情况下凸显出来的。

对于一个创业者，如果不能在创业后的一定时期内使企业健康地成长起来，将会使创业家壮志未酬。成长是一个适者生存、自然淘汰的过程，强调了纯粹竞争市场条件下的企业成长。在传统企业理论中，成长的目标在于利润最大化，边际成本等于边际收益是追求这一目标的基本原理，企业成长的市场环境由完全竞争发展到垄断竞争或不完全竞争。成长期的新企业与创立初期的新企业相比，管理重点相应发生了变化，表现在以下几个方面。

1. 留意影响公司成长的因素

扩展业务就像上战场作战一样，知己知彼，才能百战百胜。如果你不了解成长过程中可能遇到的各种障碍，就无法做出应对。影响公司成长的因素有如下几个。

（1）创业者的意图。事实上，有些创业者通常由于信心不足而选择不成长或缓慢成长。创业者必须明白，除非真心想要扩展业务，否则是无法将该做的事做好的。

（2）目标市场的性质。目标市场的规模及其购买力对公司成长的程度及速度会起制约作用。而通过全球市场营销或增加公司的产品、服务，则可以解除这类限制。

（3）竞争的性质。选择哪些人作为对手，取决于即将进入的市场竞争空间的界定。如果创业者打算与规模更大、根基稳固的老字号硬碰硬，就是在自找麻烦。最好是进入一个尚未有强势对手存在的客户市场空间，以便在大公司插足此项服务之前先站稳脚跟。

（4）业界对于创新的态度。如果有幸身处于一个缺乏创新的产业，创业者可以通过引进新产品或新作风的方式来取得竞争优势。反之，如果对于创业者所处的产业来说，创新是市场准入的代价，那么要挣扎生存就需要庞大的资金资源。

（5）产业前景的可预测性。容易预测的生意自然好做些，但事实上却使得创业者很难突出自己而在市场上有所表现。通常来说，小公司在容易预测产业前景的情况下得到的好处是最多的，因为创业的管理费用较低，能够顺应市场所需迅速地调整营运轨道。

（6）进入该产业的障碍有多大。创业者想介入的产业往往不是那么友善，已有一定根基的老企业会在项目研发、厂房、设备以及业界规定等方面制定出一些高标准为新手的进入制造障碍。拥有核心技术的老企业只要拒绝授权让你使用该技术，就能有效地将创业者拒于产业大门之外。了解清楚哪些因素会对实现目标造成障碍，就可以在企业到达成长阶段之前成功地找出突破之道。

2. 制定新企业在成长过程的管理策略

成长期的新企业相对于成立的新企业其管理策略是不同的，为了新企业的健康成长，制定新的管理策略是必需的。新的管理策略包括：确立制度，善加管控，有效地管理企业的成长，建立能干、专业的管理团队；寻找并保持企业的竞争优势；塑造成长导向型的企业文化；拟定完善的科技策略，并使其成为公司的竞争优势；创建能够随机应变的弹性组织；企业每一环节都应顾及整体质量；找寻新客户并留住老客户；公司的整体成长策略应有全球观；策略联盟可以加速成长。

3. 管理好保持企业持续成长的人力资本

快速成长企业的一个共同成功要素是其强有力的人力资源管理。快速成长企业的经营者并不一定要受过高等教育，但他们要雇用一大批有能力的下属，他们通过构建规模较大的管理团队以便让更多的人参与决策。管理者需要为企业人才的发展提供良好的环境、成长机会，使员工有机会分享企业的成功。

4. 注重品牌的打造

企业品牌是企业成长管理中的一个重要问题，有的企业往往忽视了品牌的培育，或者采取错误的策略而导致失败。

5. 注重整合外部资源，追求外部成长

中小企业的人力、财力、物力资源相对匮乏，注重借助别人（既包括竞争对手，也包括合作者）的力量，发展壮大自身，便显得更加重要。这也是快速成长企业特别擅长的策略。而通过上市获得短缺资源并迅速扩大规模是实现成长的捷径之一。

6. 管好用好资源

从创造资源到管好用好资源，新企业的成长是靠资源的积累实现的。管理上需要从注重创造资源转向管理好已经创造出来的资源，从资源的"开创"到资源的"开发利用"。同时，需要采取必要的措施，管理好客户资源，管理好有形、无形资产，通过现有资源创造最大价值。

7. 形成比较固定的企业价值观和文化氛围

企业价值观是支持企业发展的灵魂，虽然是无形的，却渗透到企业发展的方方面面。大多数快速成长企业都有比较固定的企业价值观，用以支持企业的健康发展。快速成长企业的创建者非常热爱自己所从事的事业，审时度势，制定符合社会发展的价值观念，并倾注全部心血使企业的价值观延续下去。这就是企业文化管理。

8. 成长问题管理

每个企业在成长过程中都会遇到各种各样的障碍，有的企业在障碍面前止步不前，甚至衰败了，有的企业则将阻碍变成动力，适时变革，积极应对，实现了新的发展。通过对企业实际做法的考察发现，差别在于经营者应对障碍的方式不同：一般中小企业经营者采取的是被动的方式，用"救火式"的方法应对发生的各种问题，结果是"按下葫芦起来瓢"，问题反而更多、更复杂；企业家则采取了另外的方法，他们注重变革和创新，用成长的方式解决成长过程中出现的问题，其本质是推动并领导变革。解决成长中的问题，主要从以下几方面入手：注重在成长阶段主动变革，善于把握变革的切入点，重视人力资源的开发，注重系统建设。只有解决了这些成长过程中出现的问题，新企业才能更好更快地发展。

6.3.4 新企业的风险控制和化解

随着市场经济的进一步发展，我国经济开始全面实现与国际经济接轨，国内市场和国际市场将融为一体，市场、金融以及经济全球化扩张，导致企业面临的不确定性因素越来越多，加之信息的不完备与非对称性，更加大了企业风险的形成。因此，如何防范和化解企业在生存和发展过程中面临的各种风险，使之在市场竞争中健康发展、立于不败之地，就成为企业管理者所面对的首要问题。为了化解和控制新企业所面临的风险，就必领建立健全企业内部控制制度和应对外部威胁的措施，以防范企业风险。同时，应当加强风险管理，适时化解企业风险，使企业在市场竞争中健康发展。针对新企业的风险控制和化解，有以下解决措施。

1. 健全内部控制制度，防范企业风险

内部控制是作为防范企业风险的机制而存在的，按其控制的目的不同，可分为管理控制和会计控制。前者以提高企业经营效益和工作效率，保证经营方针、决策的贯彻执行以及经营目标的实现为目的；后者则是以保护企业财产物资的安全，确保会计信息的真实与完整以及财务活动的合法性为目的。两者相互联系、相互影响，有些控制措施可以用于会计控制，也可用于管理控制。

（1）以人为核心的管理控制。管理控制的范围很广，包括企业内部除了会计控制之外的所有控制，如企业发展战略、组织结构、人事管理、安全和质量管理、部门间的关系协调、企业负责人和高层管理决策及行为等方面的控制，但重点是与人的行为紧密相关的组织结构、人事管理控制等。

1）推进现代企业制度建设，完善法人治理结构。在现代企业制度下，通过建立健全法人治理结构，在股东会、董事会、监事会和经理层之间合理配置权限、公平分配利益，明确决策、执行和监督责任，在企业内部形成一种有效的激励、监督和制衡机制。这既是内部管理控制的重要内容，也是企业内部控制制度建立的基础和有效运行的前提。因此，针对我国目前在建立现代企业制度过程中，公司治理结构尚不十分健全，运行也不规范，存在董事会"空壳""内部人"控制、权力过分集中等情况，企业需要做好强化董事会的功能，扩大独立董事在董事会的比例以及完善监事会制度等工作。

2）改进人力资源管理机制，提高企业人员素质。一个企业的人力资源政策直接影响到企业中每一个人的表现和业绩。良好的人力资源政策对培养企业人员，提高企业人员的素质，更好地贯彻和执行企业内部控制有很大的帮助。因此，企业应面向人才市场，引入竞争机制，合理配置企业人力资源，形成任人唯贤、优胜劣汰的用人机制。

（2）以会计系统为核心的会计控制。根据《会计法》和财政部颁布的《内部会计控制规范——基本规范（试行）》的规定，结合企业现状，现代企业会计控制应重点抓好以下几方面工作。

1）实行全面的预算管理，做到企业收支心中有数。"凡事预则立，不预则废"，企业经营也不例外，必须实行有效的预算管理。预算管理是指企业为达到既定目标而编制的经营、资本、财务等年度收支计划，这是企业管理现代化的重要标志。预算是控制的基础，只有在预算体系正确完整的基础上，才能谈得上完善的内部控制。

2）加强会计系统控制，确保会计信息真实、完整。会计系统是企业为了汇总、分析、分类、记录、报告企业交易，并保持对相关资产与负债的受托责任而建立的方法和记录。会计作为一个控制信息系统，对内向管理层提供经营管理的诸多信息，对外向投资者、债权人等提供用于投资等决策的信息，是有效实施会计控制的核心。

3）建立和完善内部审计制度，促使企业的经营管理正常进行。内部审计是企业对其内部各项经济活动和管理制度是否合理、合规、有效所进行的监督和评价，它是其他内部控制的再控制。内部审计有助于企业发现经营管理中存在的问题，对于促进企业依法经营、提高会计信息质量有着十分重要的作用。

2. 加强风险管理，化解企业风险

内部控制虽然可以防范企业风险，并构成风险管理的必要环节，但内部控制并不等于风险管理本身，它不能转嫁、承担、化解或分散企业风险，因此，企业必须加强风险管理。只有这样，当企业风险产生并威胁到企业的生存和发展时，通过风险管理才能转嫁、承担、化解或分散企业风险。

（1）明确风险控制的目标责任。在健全的法人治理结构下，企业经营者全盘负责本单位的风险管理，建立从董事会到各职能部门、员工个人的严密、畅通的信息网络，形成以各部门、各小组为单位的风险责任中心，确定风险控制的目标责任至具体每个人。一旦发现问题，能够及时寻找负责对象，并结合有效的奖惩制度，促使责任人在未来经营期间不再重蹈覆辙。在确定业务创新的同时，明确现金流量、投资回报、资金周转等具体的财务指标，使风险控制细化到基层，企业的每个员工都承担风险控制的责任。

（2）建立风险预警机制，规避事前风险。风险的预警、评估既是现代企业内部控制的重要组成内容，更是企业风险管理的基础。企业一旦有风险的苗头出现，通过预警系统，即可及时进行防堵，把风险消灭在萌芽状态，以避免或减弱对企业的破坏程度。企业在编制预算时，每个部门应制定清晰的风险管理战略，将各部门可能出现的商业风险和财务风险细化分析，预设能够承受的各种目标，一旦超出这些目标，就进行调整，使企业按既定目标运行。

（3）事中风险、事后风险的管理。在企业经营活动过程中，在风险与危机可能存在的前提下，应运用各种定量、定性分析方法，观察监督风险状况，及时预防、阻止、抑制不利因素的发展，使风险减少到最低限度。例如，企业通过参加保险、签订合同、要求担保、承包和租赁等方式，将风险损失及其有关财务后果转嫁给其他单位或组织，实现风险社会化。企业进行多元化经营或筹资，使项目之间盈亏互补，增加企业销售和盈余的稳定性，把投资风险不同程度地分散给股东、债权人和供应商等。在风险已经发生的情况下，企业应合理处置，最大限度地减少风险给企业带来的不利影响，确保继续生存、维持企业资金正常运营，并吸取教训，做出必要的总结和调整。

6.4 创业营销策略的选择

市场营销活动的核心就在于制定并实施有效的市场营销策略。最基本的是对产品、价格、渠道、促销采取适合的策略。初创企业不具备成熟期的企业所拥有的营销基础条件，因此要结合实际来运用最基本的营销策略。

6.4.1 产品策略

1. 产品策略的含义

企业在制定经营战略过程中，首先面临的问题就是能为顾客提供怎样的新产品和服务，即产品策略问题。产品策略主要是指企业以向目标市场提供各种适合消费者需求的有形和无形产品的方式来实现其营销目标。其中包括对与产品有关的品种、规格、式样、质量、包装、特色、商标、品牌以及各种服务措施等可控因素的组合和运用。

产品是企业整个营销活动的关键所在，企业要高度重视客户价值，为目标客户提供能满足其需求并达到客户满意和忠诚的产品或服务，并从客户的购买中实现企业收益。

客户价值是指客户从企业为其提供的产品和服务中所得到的满足。客户价值包括产品和服务对客户的经济价值、功能价值和心理价值。客户价值具有三个维度，一是产品或服务的基本特征：功能、质量、价格。二是产品的形象与利益：品牌形象和利益，这是产品的附加值。三是与客户的关系：客户对产品或服务的忠诚度带来的长期价值。不同的企业服务的客户细分市场会不同，而且对客户价值的描述也有差异，但是离不开这三个维度。

初创企业必须要重视产品的功能开发和实施品牌战略，使产品有独特的卖点，增加产品的附加值，让目标顾客得到增加价值的同时，自己也获得大的收益。

当今世界已进入品牌竞争的时代，初创企业从创业一开始就要实施品牌战略。这是因为，一方面，消费者对产品的认识逐步加深，对选择产品的条件更为苛刻，他们认为，品牌商标就象征着高质量。因此，企业必须在创品牌上下功夫、更好地满足消费者的需求。企业有了消费者认可的品牌产品，才能更好地开创未来。另一方面，在科技高度发达、信息快速传播的今天，产品、技术及管理诀窍等容易被对手模仿，难以成为核心专长，而企业品牌一旦树立，则不可模仿，因为品牌是一种消费者认知，是一种心理感觉，这种认知和感觉不能被轻易模仿。从 20 世纪末起，我国商品市场的竞争主要表现为品牌之间的竞争。

市场营销，说到底就是"销售网络+品牌"的影响力。销售网络如同人体的血管，靠有力的销售完成资金的循环，滋养着企业的成长，而品牌是给拥有者和目标客户带来溢价、产生增值的一种无形资产。然而，当前许多初创企业尚未意识到品牌战略的重要性，只要看到别人生产什么，自己就生产什么，没有自己的特色，更没有自己的品牌。

2. 初创企业创立品牌的方法

（1）要制定品牌战略。企业要根据自己的具体情况，确立不同阶段的目标规划、可行性的实施步骤。

（2）要把质量创新作为产品的根基和企业的生命。企业创品牌应当在质量管理上下功夫，不能一味追求"上档次""高售价"。

（3）要不断进行产品创新。当今市场竞争的一个主要内容是科技竞争。在这方面，企业要通过技术创新，广泛采用新技术、新工艺、新材料，不断改进产品设计，开发新产品，这样企业的产品才可以走在市场前列。

6.4.2 价格策略

价格策略主要是指企业以按照市场规律制定价格方式来实现营销目标，其中包括与定价有关的基本价格、折扣价格、付款期限、商业信用以及各种定价方法和定价技巧等可控因素的组合和运用。定价一般有四种方法：撇脂定价法、渗透定价法、成本定价法和价值定价法。

1. 撇脂定价法

撇脂定价法是指在产品生命周期的最初阶段，把产品的价格定得很高，以赚取最大利润。企业在新产品刚投入市场时，因为没有竞争对手所以能采取高价策略。作为初创企业，如果所设计生产的产品具有独特的品质，且能够吸引相当数量的消费者对企业产品的需求，产品价格弹性较小，可以采取这种定价策略，以便尽快收回新产品的高额研制费用和成本。

案例6-6 苹果的"撇脂定价"

苹果在每代新产品问世前，就已在广大消费者心中激起了无限的好奇与期待，而当新产品一出现在市场，其价格也是相当高，以至于让很多的消费者望而却步。然而，尽管其价格相对较高，但并没有因此而降低其销售量，反而更加坚固了"苹果"在消费者心中的高端形象，使其迅速在市场上畅销，同时也吸引来了越来越多的"苹果粉丝""苹果迷"，给苹果带来了更多的忠实顾客。然而，就在其销路甚好的时候，市场并未饱和的状态时，苹果又开始研发出最新一代的产品，之前的产品随之而迅速降价，让利于消费者，在最新产品尚未上市之前，当前的产品已成了市场的热销产品，市场覆盖已达到一个相当的高度，为新产品的问世更是开辟了一条更为宽广的销路，而在最新产品出来的时候，其产品的价格比上一代产品还要高，其销售仍然很好，从而"苹果"在其产品中"撇到了更多的脂"。苹果的"撇脂定价"获得了很好的成效，其原因如下。

（1）高定价高利润。新产品制定较高的价格，使其产品在一定销量下的利润总额尽可能大，有利于快速收回新产品的前期投资，为进一步扩大规模提供资本。我们都知道，任何一种新产品，企业在其前期的投入会很大，而且新产品初步进入市场时销量不会立即猛增，此时企业为尽快收回前期投入，尽可能快地获得利润，在其销量短期内并不会迅猛提升的情况下确定一个较高的价位，自然是一个很好的选择。

（2）高身价自然要有高定价的衬托。我们都知道，苹果自始以来就以一个"高端、时尚、独特、尊贵"的形象出现在消费者心中，并且苹果的目标市场定位就是一种高端消费品，其目标顾客也是高端消费人群。因而，苹果的每一款产品定价都相对较高，在市场上，同类型的产品是无法与之匹敌的。从这点上来看，由于苹果的高端定位及在消费者心中的高贵形象，苹果的高端定价也就成了必然。

（3）抑制竞争对手。将新产品定价较高，在一定程度上可以阻止新的竞争对手进入该产品市场。因为很多企业决策者都知道新产品定高价的绝大部分可能情况是随之而来的降价。特别是对于那些时尚性的、市场寿命周期较短的产品更是如此。这也是苹果公司为何在其最新产品尚未完全上市前，其上一代产品仍大有获利空间的时候却依然决定降价，以快速销售的重要原因。

（4）迎合消费者心理需求。苹果之所以选择了这种定价策略，其最根本的原因还是在于其对消费者心理需求的考虑。所谓的"苹果粉丝""苹果迷"，都有一些共同的心理特征：好奇心理、追求时尚、寻求个性等。苹果也正是看到了消费者的这种消费心理，新产品通过前期宣传、高端定价吸引众多消费者的眼球，激发潜在消费者的购买欲望。当其产品市场的需求达到一定的程度时，毅然选择降价、投放最新一代产品，在很大程度上迎合了消费者的消费心理，苹果的成功也就成了一种必然。

撇脂定价法的风险：把新产品的价格定得很高，有时不利于打开市场，而且高价高利会导致竞争白热化，使价格下降，盈利减少。因此新创企业在选择撇脂定价法时，必须具备的条件是：良好的产品品质及功能以吸引消费者愿意出高价；有充足的市场需求量；市场价格敏感度低，需求弹性小；高价不会吸引竞争者都在短期内加入市场竞争；在小规模的生产成本下，仍有充足的利润。

2. 渗透定价法

渗透定价法是指企业把其创新产品的价格定得相对较低，以吸引大量顾客，提高市场占有率。与撇脂定价法相反，渗透定价法是一种低价策略，即在新产品投放市场初期，企业把新产品价格定得低于人们的预期价格，以吸引顾客，挤入市场，提高市场占有率。低价能使企业在短期内加速产品成长，取得最大的产品销售量，并且能够限制竞争者的加入。

案例6-7 吉利汽车的"渗透定价"

尽管吉利在轿车领域资历很浅，但它"为中国百姓造车"的气魄却对中国轿车市场带来了大冲击，引发了一波又一波的汽车价格战。在2001年中国汽车市场价格战的短期战役中，吉利成功了。吉利在新车型，新技术的开发和配件的配套协作上，采取全球"技术共享，为我所用"的策略，控制投资、优化组合资源形成了吉利的成本优势。

采取渗透定价法的产品一般要具备的条件是：产品有高度的价格敏感度及需求；有足够大的市场需求；企业的产品生产供应能力较大，并且能够大量生产，能产生显著的规模经济效益。

初创企业在定价时，要综合考虑企业的成本、利润、品牌、顾客可以接受的价格、企业竞争策略等因素，制定价格策略。新产品推出时，要慎用低价推销产品的方式，因为一方面消费者感知产品质量一般采用产品的价格作为标准，特别是在企业没有知名度的情况下，价格太低，消费者会认为质量不好。另一方面，初创企业没有足够的实力打价格战。初创企业在给自己产品定价时，要综合考虑竞争对手的价格策略以及消费者的购买行为和自己的实际情况。

3. 成本定价法

在成本定价法中，价格是由在产品成本基础上加上预期利润得来的。这种方法的优势在于直截了当，较容易理解产品或服务的价格，但这种方法没有考虑顾客和品牌因素。对于新创企业尤其是经济资源实力不太强的小企业，为了减少创业风险，在产品刚进入市场的阶段，可以采用中间价格定价策略。所谓中间价格定价策略，又称满意定价策略或折中定价策略，它是把价格定在高价与低价之间，在产品成本的基础上加适当利润。

4. 价值定价法

价值定价法是指价格是在估计消费者购买产品时愿意支付的金额基础上制定的。

消费者愿意支付的价格，取决于他对产品价值的感知以及产品的稀有度，企业可以通过产品定位、品牌等因素确定产品价格，企业品牌的含金量高，产品的定价就高。

6.4.3 渠道策略

案例6-8　营销渠道的重要性

营销渠道系统（marketing channel system）是公司分销渠道中的一个特别组成部分，关于营销渠道系统的决策是管理者面临的最重要的问题之一。在美国，分销商们赚取了最终售价的30%~50%的毛利。对比一下，广告费用通常只占到最终售价的5%~7%。营销渠道实际上也是一项重要的机会成本，主要作用之一是将潜在的顾客转换成有利润的订单。营销渠道不仅仅是服务于市场，他们更要创造市场。

渠道选择会影响其他所有的营销决策。公司的定价取决于它是使用大商场还是高档的专卖店。公司的销售力量和广告决策也取决于分销商需要公司提供多少培训和激励。此外，渠道选择包括对其他公司所做的相对长期的承诺以及一系列政策和程序。当一个汽车制造商授权独立的经销商销售其汽车的时候，制造商不能第二天就买回其经销权而代之以自己的经销点。同时，渠道选择本身取决于公司基于市场细分、目标市场和定位考虑而制定的营销战略。

好的销售工作，首先要有好的销售渠道，正确运用销售渠道，可以使企业迅速及时地将产品转移到消费者手中，达到扩大商品销售，加速资金周转，降低流动费用的目的。任何一个企业要把自己的产品顺利地销售出去，就需要正确地选择产品的销售渠道。渠道是指新产品从生产到消费所经过的路径。按照商品在交易过程中是否经过中间环节来分类，可以分为直接销售方式和间接销售方式。

1. 直接销售方式

直接销售方式是以面对面方式将产品直接销售给消费者的经销方式。直接销售把中间环节减少，流程缩短，产品由生产商直接送到消费者手中，省去了层层中间商，这样不但把产品的价格降低了，也使生产商获得了更大的销售利润，这对生产商和消费者都有利。直接销售方式的优势还在于能够控制产品从生产商向消费者转移的整个过程。直接销售方式的劣势在于需要企业自己寻找顾客。传统的直销需要庞大的销售队伍，销售费用高。互联网的飞速发展为直销提供了优越的直销条件，企业通过建立电子商务网站，在更大范围内直销产品，企业可赚取更多的利润。直接销售方式具有中间费用少，便于控制价格，及时了解市场，有利于提供服务等优点，但是此方法使生产者花费较多的投资、场地和人力，所以在销售范围广、市场规模大的商品时，不宜采用这种方法。一般来讲，在以下情况下适合采取直接销售方式的销售策略：①市场集中，销售范围小；②技术性高或者制造成本和售后差异大的产品，以及易变质或者易破损的商品；③企业自身有市场营销技术，管理能力较强，经验丰富，财力雄厚，或者需要高度控制商品的营销情况。

2. 间接销售

间接销售方式主要是指通过中间商销售。通过中间商销售的流程是：生产商—总代理—省代理—市代理—批发商—商店—消费者。这里的中间商包括批发环节中的各种类型的代理商、批发商和零售商。通过中间商销售的方式的优势在于企业无须自己拥有庞大的分销渠道，还可依靠分销商建立销售网点。中间商销售的方式，每个环节都需要管理费用，如员工工资、运输费用等，随着环节的增加，产品的价格也越高，而且销售过程中还需要广告费，这些费用最后都由消费者承担，到达消费者手中时，一元钱成本的产品，价格可能达到六、七元钱。由于中间流通费用太大，造成消费者或生产厂家的利益受到损失。

初创企业要根据自己的实际情况，合理进行渠道设计和渠道合作伙伴选择。初创企业的渠道建设一般都是从零起步，缺乏资金、人员，又缺乏筹建和管理渠道的经验，而且招商、批发、自建办事处还是建立电子商务网站，都需要有一个认识和摸索的过程。因此，初创企业不宜销售点布局太广，战线拉得太长，否则管理跟不上，各种差旅费和异地公关都会消耗宝贵而有限的企业财力和人力。一个好的、适合的营销渠道及营销方式对初创企业的发展起着至关重要的作用。初创企业不仅要在企业设立之初，同时要在企业发展的不同时期及阶段对营销渠道做出不同的调整，进而更好地促进企业的发展。在以下情况下适合采取间接销售方式的销售策略：①市场分散，销售范围广，如大部分消费品；②非技术性或者制造成本和售价差异小的商品，以及不易变质及非易碎商品、日用品、标准品等；③企业自身缺乏市场营销的技术和经验，管理能力较差，财力薄弱，对其商品和市场营销的控制要求不高。

应当尽量减少中间环节，选择短渠道。但是也不要认为中间环节越少越好，在多数情况下，批发商的作用是生产者和零售商无法替代的。因此，采用长渠道策略还是短渠道策略，必须综合考虑商品的特点、市场的特点、企业本身的条件以及策略实施的效果等。一般来讲在以下情况下适合采取短渠道销售策略：①从产品的特点来看，易腐、易损、价格贵、高度时尚、新潮、售后服务要求高而且技术性强；②零售市场相对集中，需求数量大；③企业的销售能力强，推销人员素质好，资金雄厚，或者增加的收益能够补偿花费的销售费用。反之，在以下情况下适合采取长渠道策略：①从产品特点来看，非易腐、易损、价格低、选择性不强、技术要求不高；②零售市场较为分散，各市场需求量较小；③企业的销售能力弱，推销人员素质较差，缺乏资金，或者增加的收入不能够补偿多花费的销售费用。构成渠道产业链的任何一个组成部分，都是一个渠道成员。因此厂商、代理商、经销商以及用户都是渠道成员，而且是基本渠道成员，因为它们拥有产品或服务的所有权并相应地承担实质性的风险。除基本渠道成员之外，像广告公司、公关公司、市场研究机构、运输公司等，它们并不拥有产品或服务的所有权，也不承担相应的市场风险，但是它们对产品或服务从厂商转移到用户手中这个过程具有促进作用，因此这类渠道成员被归属为特殊渠道成员。相对于特殊渠道成员来说，基本渠道成员对该产业链系统的良性发展起着更为关键的作用，因此，基本渠道成员是营销渠道管理的主要关注对象。

在管理中间商的时候，公司必须决定将多少精力分别用于推进和拉动战略。推进战略使用制造商销售队伍，用促销资金或其他方法推动中间商购进，促销以及销售给最终使用者。适用推进战略的情况包括在品类中品牌忠诚度较低，品牌选择在商店现场进行，出于冲动才会购买的品牌，以及商品的好处是众所知的。在拉动战略中，制造商使用广告、促销和其他沟通方式来吸引消费者向中间商购买产品，以激励中间商订货。拉动战略适用的情况包括高品牌忠诚度、高产品涉入，即人们能够认知不同品牌间的差异以及人们在去商店之前就选好购买哪个品牌。

6.4.4 促销策略

促销就是营销者向消费者传递有关本企业及产品的各种信息，说服或吸引消费者购买其产品，以达到扩大销售量的目的。促销实质上是一种沟通活动。促销策略主要是指企业利用各种信息传播手段刺激消费者购买欲望、促进产品销售的方式来实现其营销目标，其中包括广告、人员推销、营业推广、公共关系以及免费赠送、折价等促销手段等可控因素的组合和运用。

初创企业采取促销手段推广产品，可以缩短产品入市的进程，激励消费者初次购买，达到使用目的，激励使用者再次购买，建立消费习惯，增加销售业绩。对于初创企业而言，开展促销活动必须谨慎。要认清初入市场的劣势：一是其品牌不为人所知，其信誉度和知名度尚无从谈起；二是宣传预算捉襟见肘，靠最初的创业资金能够实现产品研发和定型已属不易，很难像成熟企业那样"砸"广告；三是销售网络还在初步建设中。因此，初创企业要尽可能避免打"阵地战"——做规模化的广告投入和斥巨资自建销售渠道。总之，要在自己的实力基础上，开展有效的促销活动。初创企业可采取的促销策略有以下几种。

（1）在人口密集高的城市开展促销活动。初创企业可在消费水平高的城市投入自己的人、财、物，展开"扁平式"营销，城市本身的销售终端数量巨大，可产生较大的真实销售额。同时，地缘上的方便，可以和客户见面交接，不但运营成本低，也使销售回款得以保障，避免异地销售导致的各种呆坏账风险。

（2）采取"借势营销"。所谓借势，就是审时度势、开动脑筋发现可以利用的外在机会，巧妙地借助免费的社会资源，如公众关注点、新闻事件，实现自己项目的推广。

（3）合作双赢。要尽量寻找互利的合作机会，实现相互借力，共同发展。

案例6-9 谭木匠的成功之路

谭木匠是一家主要生产木梳和镜子的木制品生产企业，创立于20世纪90年代初期，以十年之功，打造了木梳行业第一品牌"谭木匠"。2009年年末，谭木匠在香港上市。能把木梳、小镜子这种产品做到这样的规模，在全国范围内仅此一家，创造了一个奇迹。谭木匠最具特色的成功经验是其品牌建设以及与品牌相配套的产品定位、销售渠道战略。

1. 品牌标识

"谭木匠"是一个很好的品牌名称，"木匠"是对中国传统木工手艺人的称呼，"木匠"前冠以"谭"字，符合中国传统商号的取名习惯，念出来给人一种沧桑、厚实的历史感。这三个字的造型也称得上匠心独运，"谭"用隶书，"木"是几块木板搭成的，"匠"则配以木工作坊劳作图，极具中国传统文化特色。

对于这个名字，谭木匠老板谭传华曾经这样总结："做品牌首先得有一个好名字，过去我们准备取名'三峡'牌，心想三峡挺有名气，用'三峡'一定不会错。后来到商标所一查才发现竟然有几百个商标都叫'三峡'。商标的特点就是要有独立性，这么多产品都叫'三峡'，还有什么个性可言。我马上想出新的名称，注册了'先生''小姐'商标。'先生''小姐'牌黄杨木梳，广告打了不少，可是，谁也记不住'先生''小姐'是品牌，他们认为就是先生、小姐用的梳子。我的广告打到哪里，跟风者就走到哪里。吃一堑，长一智，我明白了，知名品牌不是随便找个名字打点广告就能成功的，要反复推敲，认真琢磨才行。我是木匠世家，何不干脆取名为'谭木匠'呢？"

2. 销售场所

谭木匠的销售场所有两个特点。

（1）连锁专卖店。专卖店大小约10平方米，面积虽然不大，但是地点都选在城市闹市区，人流量大、消费能力高。

（2）特色陈列。谭木匠采用品牌特许经营方式，店面统一风格，包括"好木沉香""谭木匠"等，店头全木包装，店内木质展台的精巧设计，四壁挂满精致的小梳子，给人置身于木梳小王国的感觉，增强了人们的购物安全感，也满足了人们购物的享受心理。销售地点的选择和极具特色的装修、陈列，与其他木梳品牌简陋的销售场所形成鲜明对比，传递出谭木匠木梳的品牌定位。陈列和装饰的文化氛围，彰显了独特的品牌个性，很容易让路过的人留下深刻印象，进而成为谭木匠的客户，甚至老客户。谭木匠在建设专卖店初期，在装修和装饰方面没有什么特色，当时各地的加盟店反馈回来的信息是：店小，不能引人注意；产品价格高，消费者难以接受。为了解决这个问题，谭木匠创新性地重新设计了店面装修和装饰，既传统又现代，以中国传统文化为基调的新店面设计方案很快得到落实。

新店面设计古朴、典雅，首先是易于辨认，其次是有浓厚的文化品位，充分展示了"谭木匠，手工造"的悠久韵味，大大提升了谭木匠梳子的品牌文化内涵。按照新方案装修的第一个店的销售额比原来多了一倍有余。推广之后，立即在行业内外引起轰动，高价位的木梳因文化的烘托，也似乎让消费者觉得物有所值了。口碑相传之下，要求加入谭木匠特许经营网络的人数剧增。从此，谭木匠的生意一下子火了起来。

3. 定价策略

价格与包装一样，能够体现出品牌地位。谭木匠的定价策略有以下三点。

（1）高价。谭木匠的梳子最贵的超过200元，普通的黄杨木梳子的价格是38元。和我们在地摊或商店中看到的几元钱一把的梳子相比，价格的差距非常大。谭木匠的高价不仅使谭本匠获得了很高的毛利，而且也与其专卖店的销售方式和专卖店的地理位置相协调，还能体现出品牌定位与众不同。

（2）统一定价。所有专卖店的价格都是一样的。

（3）不还价。一律按照标价出售，没有折扣，这符合专卖店经营的规律。高价格与不还价是一切高档品牌或产品的共同特点。谭木匠通过价格策略向消费者传递的信息是：谭木匠的梳子与其他梳子存在很大差别、谭木匠产品物有所值，从而也增加了消费者的购物信心。

4. 产品系列化

谭木匠梳子系列产品，将传统工艺与现代专利抛光技术、插齿技术结合起来，用料考究，具有防静电、保健、顺发等基本功能。产品开发概念丰富：有牡丹、翠竹组成的"花开富贵，竹报平安"，以及"凤求凰"系列产品，突出民族特色，符合中国人的口味，为产品增添了文化特色。按照木材质地划分，产品包括黄杨木系列、各种檀木系列、牛角系列等产品。按照用途划分，产品包括普通桃木梳、护发梳、婚庆梳，"凤求凰"系列、"鹊桥仙"系列等产品，以及相关的发夹、镜子、佛珠等木制系列产品。

（1）在包装方面。高档木梳有礼品盒包装，普通木梳的外包装是黑色或篮底白花的中式小布口袋，富有中国传统特色。礼品袋、礼品盒的设计使谭木匠的产品不仅有实用价值，还成了馈赠佳品。

丰富的产品系列不仅使消费者有了更多的挑选余地、扩大了消费群体，还体现了谭木匠优秀的产品研发和设计能力，这是高档品牌应该给客户留下的印象。做梳子不仅仅是做产品，同时也是做文化、提升品位。只有这样，做出来的东西才会更有价值、更受人喜爱。正是基于这种理念，谭传华始终坚持对传统文化的探索和挖掘，并不断将研究的成果应用到产品的设计中，使产品更具文化气息。正是这种浓郁的文化特色，使谭木匠的产品在高档木制品市场上独占鳌头，尤其在高档木质梳市场上，几乎形成了垄断局面。

（2）产品开发方面。谭木匠围绕"亲情、友情、爱情、风土人情"的主题，年年推出数百种新款式的产品，以品种繁多的优势吸引顾客，也令所有的竞争对手望尘莫及。由于产品的快速更新，不仅能不断地吸引新老顾客，还能有效地提高加盟商的赢利能力。谭木匠还有效地整合了社会资源，长期举办"有奖征稿"活动，收集民间创意，从中筛选出新产品的设计创意，给中标者一定的奖励。这种做法不仅使谭木匠得到了大量新颖的设计创意，而且还节约了设计成本，比完全依靠自己设计研发好得多。

谭木匠综合性地运用了品牌接触模型中的多个要素：品牌标识、销售场所选择、定价策略、产品系列化、产品设计和产品制造工艺的创新。在谭木匠品牌的塑造过程中，人的作用也不可忽视。谭木匠的老板谭传华这样总结："首先，我善于沟通，国内很多新闻媒体都有我的朋友，我们在一起能够相互学习、交流、取长补短，老朋友经营一家企业，他们当然很关注。其次，我善于策划，能抓住机遇扩大品牌知名度。1997年，谭木匠也遭遇了中小企业的贷款难题，我没有逆来顺受，主动在媒体上公开招聘银行，引发海内外上千家媒体都参与讨论此事，谭木匠一夜之间成了全国知名品牌。最后，我个人艰苦创业的经历也成了媒体追逐的焦点。"

谭木匠用于宣传的费用不高，却取得了较高的知名度，与其各项策略的科学运用不无关系。

6.5 综合训练

1. 试举出一些企业为新产品定价时成功或不够成功的事例。谈谈你的看法。

2. 调查本地瓶装水市场，结合产品决策的相关理论及营销策略，调研分析瓶装水产品品牌及包装策略的新思路。

（1）以小组为工作团队，到超市进行实地调研。

（2）调研了解主要的瓶装水企业所采取的品牌及包装策略。

（3）了解市场上有哪些创新的做法。

（4）在调查的基础上，提出自己的分析和看法。

参考文献

[1] 夏晓. 思维训练教程 [M]. 北京：机械工业出版社，2009
[2] 尹登海. 创新能力考试指导 [M]. 北京：机械工业出版社，2010
[3] 许湘岳，邓峰. 创新创业教程 [M]. 北京：人民出版社，2011
[4] 王英杰，郭晓平. 创业教育与指导 [M]. 北京：机械工业出版社，2015